기독교문서선교회 (Christian Literature Center: 약칭 CLC)는 1941년 영국 콜체스터에서 켄 아담스에 의해 시작되었으며 국제 본부는 미국 필라델피아에 있습니다. 국제 CLC는 59개 나라에서 180개의 본부를 두고, 약 650여 명의 선교사들이 이동 도서차량 40대를 이용하여 문서 보급에 힘쓰고 있으며 이메일 주문을 통해 130여 국으로 책을 공급하고 있습니다. 한국 CLC는 청교도적 복음주의 신학과 신앙 서적을 출판하는 문서선교기관으로서, 한 영혼이라도 구원되길 소망하면서 주님이 오시는 그날까지 최선을 다할 것입니다.

추천사

이 승 진 박사
합동신학대학원대학교 예배·설교학 교수

현대 독일의 개신교 교회에서나 한국의 정통 기독교 교회에서 세례 예식이 지나치게 사사화(privatization)되거나 또는 전도를 통한 교회의 부흥이 일회성 프로그램 중심으로 변질되고 본래 세례 예식에 담긴 회심과 성화로의 출발에 관한 풍성한 신학적 의미를 제대로 드러내지 못하고 있다.

이 책의 저자 크리스티안 그레트라인(Christian Grethlein) 박사는 이런 문제점을 해소하고자 먼저 세례 예식의 2000년 교회 역사에 대한 탄탄한 신학적인 이해를 제시한다. 예를 들어, 저자가 소개하는 세례 예식은 악마의 옭아맴으로부터의 해방의 성사이고 새로운 창조의 성사, 받아들임의 성사, 교제의 성사, 기독교 일치의 성사다. 저자는 계속해서 이러한 신학적 이해에 근거하여 현대 개신교 교회에서 시행되고 있는 세례 예식의 신학적 빈곤의 문제를 지적하며 앞으로 바람직한 세례 프락시스의 실천신학적인 토대를 제시했다.

저자가 세례 프락시스를 바라보는 거대한 실천신학의 프레임 속에는 다양한 신학 사상들이 녹아들어 있다. 예를 들어, 저자는 의사소통의 네 귀 모델을 세례 프락시스에 적용해서 세례의 내용과 세례를 통한 하나님의 자기 계시, 세례 참여자들과 삼위 하나님 사이의 언약 관계, 입교자들의 성화를 향한 호소의 네 차원에 관한 소통 이론의 관점에서 세례 프락시스의 풍성한 신학적 의미를 이해할 것을 제안하고 있다. 기독교 세례의 풍부한 신학적인 의미와 그 실천 방안에 관해 관심을 가지는 모든 목회자와 신학생에게 일독을 권한다.

최승근 박사
웨스트민스터신학대학원대학교 예배학 교수

세례에 관한 좋은 책들이 한국어로 출판되고 있지만, 다른 주제에 비해 그 수는 여전히 많이 부족한 편이다. 그래서 크리스티안 그레트라인(Christian Grethlein) 박사의 『세례 프락시스: 과거, 현재, 미래』가 한국어로 번역되어 출간된다는 것은 매우 반가운 소식이다.

크리스티안 그레트라인 박사의 『세례 프락시스: 과거, 현재, 미래』는 제목에서 암시하듯이 다음과 같이 요약된다.

제1부에서는 먼저 세례의 역사를 다룬다. 한국어로 출간된 예배 또는 세례 관련 책 중에서 세례의 역사를 다루는 책이 꽤 있지만 대개 선별적으로 특정한 시기들의 역사만을 다루는 경향을 보인다. 그러나 이 책은 간략하기는 하지만 예수 그리스도의 세례부터 시작하여 지금까지 세례의 역사를 다루면서, 약 2000년이라는 세월 속에서 교회들이 직면했던 다양한 상황 속에서 기독교의 세례가 무엇을 지켰고, 무엇을 잃었고, 무엇을 강조했고, 무엇을 왜곡했는지 등을 살펴보고 평가한다. 세례의 역사에 관심 있는 이들은 이 책의 제1부에서 매우 유익한 정보를 많이 얻으리라 생각한다.

제2부에서는 오늘날 교회가 직면하고 있는 세례의 다양한 현 상황을 다룬다. 저자는 제2부에서 현재 독일교회의 세례 프락시스만을 다루고 있어서 그 내용이 한국교회의 상황에는 그리 적절하지 않을 수도 있다. 그러나 한국교회의 세례에 관한 연구가 그리 많지 않고, 있다고 해도 피상적이거나 추상적인 측면에 치우치는 경우가 많은데, 이 책의 제2부에서 제시되고 소개된 구체적이면서 통계적인 방법론과 다양한 세례 모델은 한국교회의 세례를 좀 더 심도 있게 연구하고자 하는 이들에게 큰 도움이 되리라 확신한다.

제3부에서는 교회의 세례가 나가야 할 방향을 제시한다. 오늘날 세례의 문제는 세례가 복음의 표징이라는 사실을 망각한 데에서 기인한다고 생각한다. 이런 점에서 복음의 커뮤니케이션이라는 개념을 가지고 세례를 복음과 연결하고 생각하고 실천해야 한다고 주장하는 저자의 주장은 매우 적절하다. 현재 한국교회는 개혁의 요구를 교회 안팎에서 받고 있다. 저명한 신학자인 도널드 블러쉬(Donald Bloesch) 박사가 "교회의 개혁은 세례의 개혁에서 시작한다"라고 말한 것이 있는데, 저자의 통찰력은 더 나은 세례 프락시스뿐 아니라 더 나은 교회의 모습으로 변화되기를 원하는 많은 그리스도인에게 귀한 방향성을 제시할 것이다. 아무쪼록 세례와 교회의 변화를 위해 기도하고 노력하는 이들에게 이 책이 많이 읽히길 바란다.

이처럼 귀한 책을 발견하고 번역하여 한국 독자들에게 소개하신 김상구 박사님과 김은주 박사님 그리고 예배에 관한 좋은 책들을 계속해서 출간해 주시는 기독교문서선교회(CLC) 사역자분들에게 깊은 감사의 말씀을 드린다.

세례 프락시스

과거, 현재, 미래

Taufpraxis in Geschichte, Gegenwart und Zukunft
Written by Christian Grethlein
Translated by Sangkoo Kim, Eunju Kim

Copyright ⓒ 2014 by Christian Grethlein
Originally published in German under the title
Taufpraxis in Geschichte, Gegenwart und Zukunft
by Evangelische Verlagsanstalt GmbH
Blumenstraβ e 76, 04155 Leipzig, Germany
All rights reserved.

Translated and printed by permission of Evangelische Verlagsanstalt GmbH.
Korean Edition Copyright ⓒ 2020 by Christian Literature Center, Seoul, Korea.

세례 프락시스: 과거, 현재, 미래

2020년 7월 10일 초판 발행

지은이	크리스티안 그레트라인
옮긴이	김상구, 김은주
편 집	박민구, 고윤석
디자인	박나라, 김현진
펴낸곳	(사)기독교문서선교회
등 록	제16-25호(1980.1.18.)
주 소	서울특별시 서초구 방배로 68
전 화	02-586-8761~3(본사) 031-942-8761(영업부)
팩 스	02-523-0131(본사) 031-942-8763(영업부)
이메일	clckor@gmail.com
홈페이지	www.clcbook.com
송금계좌	기업은행 073-000308-04-020 (사)기독교문서선교회

ISBN 978-89-341-2145-9(93230)

이 도서의 국립중앙도서관 출판예정도서목록(CIP)은 서지정보유통지원시스템 홈페이지 (http://seoji.nl.go.kr)와 국가자료종합목록 구축시스템(http://kolis-net.nl.go.kr)에서 이용하실 수 있습니다. (CIP제어번호: CIP2020019638)

이 한국어판 저작권은 Evangelische Verlagsanstalt GmbH와 독점 계약한 (사)기독교문서선교회가 소유합니다. 신저작권법에 의하여 한국 내에서 보호를 받는 저작물이므로 무단 전재와 무단 복제를 금합니다.

CLC 예배학 시리즈 31

세례 프락시스

―과거, 현재, 미래―

크리스티안 그레트라인 지음
김상구 · 김은주 옮김

CLC

목차

추천사 이승진 박사(합동신학대학원대학교 예배·설교학 교수) 1
         최승근 박사(웨스트민스터신학대학원대학교 예배학 교수) 2

저자 서문 8
한국어판 서문 11
역자 서문 13

서론 15

제1부 세례 프락시스의 역사: 연속성과 변화 20
제1장 그리스도를 모방하는 삶의 전환에서 교회 가입으로(300년까지) 27
제2장 확장과 축소(300년-600년) 49
제3장 국가에 의한 강제적이고 형식화된 예식으로의 발전(600년-900년) 62
제4장 기독교가 우세하던 시기(900년-1200년) 71
제5장 스콜라주의와 민중의 경건 사이에서(1200년-1500년) 77
제6장 인간에 대한 방향 설정(1500년-1800년) 87
제7장 분화된 사회에서(1800년-1990년) 105
제8장 요약 122

제2부 오늘날의 세례 프락시스: 당연함과 선택 사이의 다양화 126
제1장 경험: 지속성과 변화 사이 129
제2장 교회 행정적 측면: 법적 규정과 교회를 이끄는 방향 162
제3장 비교: 에큐메니즘 185
제4장 실천: 자극들과 모델들 210
제5장 요약 228

제3부 세례 프락시스에 대한 전망: 소통적이며 생활 실천적인 가능성   232
제1장 교회와의 배타적인 관련성의 문제   236
제2장 개념적 틀로서 복음의 커뮤니케이션   244
제3장 그리스도인 됨을 이해하기 위한 토대로서 세례 예식의 징표들   267
제4장 전망: 교회에 올바른 방향을 제시하는 세례 프락시스   280

저자 서문

크리스티안 그레트라인 박사
뮌스터대학교 명예교수

"세례 프락시스"는 내가 신학을 전공하기 시작하면서부터 줄곧 나의 관심 영역이었다. 첫 학기(1973/74) 신약신학 초급 세미나에서 마태복음 28:16-20에 대한 석의 리포트를 제출하면서부터 줄곧 "세례"에 관해 연구했다.

개인적으로는 나의 두 아이 요나스(Jonas)와 한나(Hannah)가 태어나면서, "어린아이들에게 세례를 베풀어도 되는가?"

위와 같이 당시로써는 신학적으로 위험한 질문을 던지게 됐다. 그런 계기를 통해 전념했던 것들이 「오늘날의 세례 프락시스」(*Taufpraxis heute*, 1986)라는 나의 교수 자격 취득 논문(Habilitationsschrift)에 녹아들게 됐다. 그러므로 이 책은 내가 지난 30년 동안 대학의 실천신학 영역에서 남겨놓은 여정의 결과이기도 하다.

그 사이 나의 손자, 메를레(Merle)와 필리네(Philine)의 출생이 다시금 개인적으로 세례라는 주제로 이끌었다. 나는 손자들에게 세례를 베풀어달라는 부탁을 받았고, 아마도 22세기까지 살게 될 사람들에게 적합한 세례 프락시스에 대한 질문을 다시 한번 새롭게 던지게 됐다.

몇십 년 동안 해온 세례에 관한 연구는 수많은 동료들과의 대화와 밀접하게 관련돼 있다. 그들은 나의 후배들이지만 때로 나의 실천-신학의 스승들이었고, 여전히 그렇다. 그에 대해 나는 정말 감사한다. 이번에는 프란치스카 베췬(Franziska Beetschen), 미하엘 돔스겐(Michael Domsgen), 루츠 프리드리히스(Lutz Friedrichs), 에르하르트 홀체(Erhard Holze), 크리스티네 유르겐스(Christine Jürgens), 클라우디아 뤼디거(Claudia Rüdiger), 마르켈 자스(Marcell Saß)가 이 책을 미리 읽고 나에게 중요한 조언을 아끼지 않았다. 정말 감사하다!

다른 한편으로 세례 프락시스라는 주제에 대한 오랜 작업은 (고백하지 않을 수 없이) 나를 조급하게 했다. 소위 주일 대예배에 "끼워넣은" 세례는 나에게는 견디기 어려운 것이었고, "사람들"이 세례가 매우 형식적이라는 목회적인 비판은 나를 슬프게 했으며, "세례통계"에 대한 세평은 나를 화나게 했다.

그래서 나는 이 책에서 두 가지를 의도했다.

첫째, 삶을 열어주는 세례의 가능성을 발견하는 것이다.
둘째, 세례를 수용하는 데 방해가 되는 것이 무엇인지 연구하는 것이다.

30년 전에 했던 말로 표현하자면, "'독일개신교연합'(EKD) 영역에서 신학직으로 책임 있는 세례 프락시스 표현 방식에 관한 실천신학 연구"를 내놓는 것이다. 이것은 다시 한번 미완의 시도일 뿐이다. 독자들은 내가 지난 몇십 년 동안 발전했는지, 혹은 어쩌면 혼란에 빠졌는지 판단할 수 있을 것이다. 두 가지 의도를 위해 세례-신학의 역사는 많은 예시를 제공하고 있다.

형식적인 측면에서 인용할 때 보통 이탤릭체나 진한 글씨체로 쓰지 않았다. 그 이유는 인용에 대한 정말 다양한 시금석들이 넘치고 있는 것 같기 때문이다. 모든 이탤릭 인쇄는 나와 관련된 것들이다. 약어와 관련해서는 ⁴ RGG(Religion in Geschichte und Gegenwart 4판)의 약어 표시를 참조했다.

나의 형제 토마스 요한네스 그레트라인(Thomas Johannes Grethlein)에게 이 책을 바친다. 나는 그에게 너무 많은 신세를 졌다.

2014년 1월 뮌스터에서

한국어판 서문

크리스티안 그레트라인 박사

뮌스터대학교 명예교수

세례는 기독교인의 삶의 토대이고 기준점이다. 사람들은 세례를 통해 스스로도 세례를 받으셨던 예수님을 따르게 된다. 그와 함께 세례는 전 세계적으로 기독교 교회와 모든 교회 공동체의 토대이기도 하다.

하지만 세례 프락시스(실천)는 수백 년이 흐르면서 여러 번 변해왔다. 먼저, 세례는 하나의 위험한 입회의식이었다가, 주류종교의 당연한 표현이 되기도 했다. 개신교에서 세례는 부분적으로 "말씀"에 종속됐다. 그럼에도 사람들은 세례를 회상하고, 계속해서 어려운 삶의 상황 속에 있을 때 위로와 용기를 주는 것으로 세례를 받아들였다. 그 사이 세례는 다원화된 사회에서 다시금 새로운 의미를 얻고 있다. 세례에서 그리스도인이라는 것이 무엇을 의미하는지가 상징석으로 압축돼 행해시고 있다.

이 책은 기독교 역사와 세례 프락시스를 위해 관찰 가능한 다양한 변화를 분석하는 것으로 제1부를 시작한다. 그 다음 현재와 관련이 있는 제2부에서는 오랫동안 기독교 역사가 있으나, 기독교인이 되는 것에 대한 당연함이 줄어들고 있는 독일에서의 상황이 전면에 등장한다.

이러한 상황에서 세례는 교회 사역에서 새로운 주목을 받고 있다. 몇몇 교회 사역의 변화된 구상들은 기독교인이 소수를 차지하고 있는 나라들에서도 자극이 되고 있다. 미래에는 기독교적 전통이 강한 나라들과 나중에 선교화된 나라들 사이의 교회적 상황들이 균등해질 것이다.

김은주 박사는 "독일의 어린이 예배와 한국의 주일학교를 비교"한 박사학위 논문에서 공통되는 도전을 강조하고 있다. 미래에는 제도로서 교회의 존재 정당성보다 선교에 더 집중해야 한다는 것이다.[1] 또한, 세례 프락시스를 구체적으로 표현할 때 예전과 설교를 적절하게 관련짓는 것이 중요하다. 이와 관련해서는 김상구 박사가 "예배의 예전 방식에 대한 근본적인 성찰을" 통해 중요한 부분에 기여했다.[2]

그러므로 나의 두 동료인 김상구 박사와 김은주 박사가 『세례 프락시스: 과거, 현재, 미래』에 대한 이 책을 번역하게 된 것이 너무나 기쁘다. 두 사람은 독일 뮌스터대학교에서 개신교 신학을 전공했다. 예배와 교회 구조의 문제에 대해 그들과 함께 나누었던 대화와 고민이 떠오르곤 한다.

내가 2014년 11월에 한국에 잠깐 머무를 때도 그들에게 참 감사했는데, 그 기간에도 두 사람은 나의 연구를 위해 중요한 자극을 제공해 주었다. 그들은 탁월한 독일어 실력과 독일교회 상황에 대한 지식 외에도, 한국에서의 교수 사역을 통해 학문적 탁월성을 입증하고 있으며, 이 책을 한국어로 번역할 수 있는 탁월한 능력을 갖추고 있다. 그들의 노고에 진심으로 고마운 마음을 전한다.

뮌스터에서

---

[1] Eun-Ju Kim, Kindergottesdienst in der Krise, Norderstedt 2011, 186.
[2] Sank-Koo Kim, Die Predigt als Bestandteil des Gottesdienstes. Überlegungen zur liturgischen Gestaltung des Gottesdienstes in Korea, angeregt durch P. Brunners und E. Langes Konzept, Münster 2000.

역자 서문

김 상 구 박사
백석대학교 신학대학원 및 기독교전문대학원 실천신학 교수

최근 들어 한국교회에서 세례에 관한 논의가 활발하게 이뤄지고 있다. 예를 들면, 지적 장애인 세례와 어린이 세례, 세례 연령층에 대한 논의 등이 그 예라 할 수 있다. 이러한 논의는 각 교단마다 목회 현장에서 대두되고 있는 세례 프락시스에 대한 문제 의식에서 야기되고 있으며, 이에 따라 다양한 실천신학적 대응이 요청되기도 한다.

이러한 문제의식 때문에 역자 또한 유학 기간 관심 있게 세례 실천을 공부하기도 했다. 이 책의 저자인 그레트라인 교수가 쓴 『오늘날의 세례 프락시스』(*Taufpraxis heute*, 1986)는 세례 프락시스에 대한 폭넓은 안목을 제공해 주었다.

역자는 이 책을 통해 실천신학적 방법론을 배울 수 있었으며, 세례의 성경적 관점과 독일인들이 세례를 어떻게 인식하고 있는가에 대한 통계 자료 분석, 그리고 세례 예식과 교육 및 개선 방안들을 연구할 수 있었다.

이후 저자가 세례 프락시스에 관한 연구를 심화시켜 출간한 책이 『세례 프락시스: 과거, 현재, 미래』(*Taufpraxis in Geschichte, Gegenwart unf Zukunft*)다. 이 책은 저자가 출간한 세례 프락시스에 관한 두 번째 연구서다. 이 책을 한국교회에 소개하고 싶은 이유는 다음과 같다.

첫째, 초대교회로부터 현대에 이르기까지 세례 역사를 간략하면서도 일목요연하게 소개하고 있고(I),

둘째, 오늘날의 세례 실천을 당연함과 옵션 사이의 다양화로 분석하면서 세례 프락시스의 현실 상황을 이해할 수 있으며(II),

셋째, 세례 실천에 대한 전망을 통해 세례의 소통적이고 생활 실천적인 가능성을 제시하고 있다(III).

그럼에도 저자가 독일교회의 상황하에서 세례 프락시스의 실천 방안을 제안하고 있기 때문에 한국교회 상황과는 거리감이 있어 보인다. 하지만 세례 실천에 관해 연구하고자 하는 신학자와 목회자와 신학생들에게 매우 유익한 정보를 줄 수 있을 것이다.

이 번역서가 나오기까지 도움을 주었던 손길을 잊을 수 없다. 무엇보다도 김은주 박사님과 함께 번역하면서 나눴던 학문적인 논의에 감사를 드린다. 초역을 세심하게 읽고 이 번역서의 가독성을 돋보이게 해주신 배영민 박사님께도 감사를 드린다.

끝으로 늘 제자의 사역에 관심을 두고 격려해 주신 이 책의 저자인 크리스티안 그레트라인 교수님께도 깊은 감사를 드린다. 교수님은 역자가 2년 전 독일 뮌스터에 계신 교수님의 가정을 방문했을 때 김은주 박사님과 이 책을 공역하려고 계획하고 있다고 하자 너무나 기뻐하셨다. 2019/20년 겨울 학기로 뮌스터대학교 교수직을 퇴임하고, 이후 양로원 원목으로 사역할 것을 기대하며 행복해하셨던 그레트라인 교수님께 이 번역서를 헌정한다.

2020년 1월, 방배동 연구실에서

서론

세례 프락시스:
과거, 현재, 미래

일반적인 이해에 따르면, 세례는 본질적으로 그리스도인 됨에 속한 것이다. 그래서 로마 가톨릭 예배학자인 라인하르트 메스너(Reinhard Meßner)는 다음과 같이 확언한다.

> 세례 예배는 그리스도인이 된 상태를 상징적으로 표현하는 것이고 그럼으로써 그리스도인이 되는 것이다. 그리스도인 됨과 교회는 세례 없이, 즉 입회 과정 없이 생각할 수 없다.[1]

이것은 오늘날의 개신교 입장과도 동일하다. 독일개신교연합(EKD)에서 실시한 교인 설문 조사의 결과가 이를 잘 보여주고 있다. 그 결과에 따르면, 응답자 중 90% 이상이 "세례를 받는 것은 절대적으로 개신교인 됨에 속한 것"이라는 항목에 긍정적으로 답했다.[2] 지역적으로 현저한 차이

---

[1] Reinhard Meßner, Einführung in die Liturgiewissenschaft, Paderborn ²2009, 60. 계속해서 나는 세 번째 장(3.2)에서 언급한 근거로 종종 사용하는 상징 개념에 대해 징표의 개념을 더 선호할 것이다. 물론 이 개념은 문헌에 나타나 있고 나 역시 수용했다. 사실 결정적인 것은 세 개의 관계(기표, 기의, 징표)와 그와 더불어 표징의 의사소통적인 구조가 의식적이라는 것이다.

[2] Wolfang Huber/Johannes Friedrich/Peter Steinacker (Hg.), Kirche in der Vielfalt der Lebensbezüge. Die vierte EKD-Erhebung über Kirchenmitgliedschaft, Gütersloh 2006, 440.

가 있기는 하지만, 실제로 지난 수백 년 동안 오늘날 독일 지역에 살고 있던 대부분 사람들이 세례를 받았다.

청소년들도 세례와 그 의미에 대해 특별한 관심이 있는 것으로 보인다. 입교 교육생들에게 행한 설문 조사에 따르면, 세례는 다른 신학적인 주제 중에서 압도적으로 우위를 차지했다.[3] 마지막으로 독일개신교연합(EKD)-총회(세례의 해, 2011)가 진행되는 가운데 행해진 세례 축제는 세례에 대한 높은 인기를 보여주었다. 때로는 수백 명의 사람이 이 세례 축제 예배에 참여했다.

신학적으로도 세례는 성공적 모델인 것 같다. 초기에 다양한 교회들 사이에서 서로 간의 승인을 둘러싸고 격한 논쟁들이 있었는데, 이러한 논쟁들은 세례가 교회 일치를 위한 초석을 형성한다는 견해 뒤로 한 발짝 물러났다. 이러한 변화가 독일에서는 2007년 소위 막데부르크 성명(Magdeburger Erklärung)의 서명을 통해 강하게 표현됐다. 여기에서 개신교, 가톨릭, 정교회 전통의 열한 교회 대표자들이 다음과 같은 사실을 확인했다.

> 모든 기독교인의 일치 표시로서 세례는 이러한 일치의 근본이신 예수 그리스도와 연결돼 있다. 교회에 대한 이해의 다양성에도 불구하고 우리 사이에는 세례에 대한 근본 동의가 있다.[4]

그러나 한편으로 독일 사회가 다원화되면서 이제는 세례를 받는 것이 당연되지 않고, 하나의 옵션으로 바뀌었다는 것을 간과해서는 안 된다. 그 사이 독일에 사는 많은 사람이 기독교나 세례와 상관없이 살아가고 있다.

---

[3] Wolfgang Ilg/Fredrich Schweitzer/Volker Elsenbast, Konfirmandenarbeit in Deutschland. Empirische Einblicke - Herausforderungen - Perspktiven. Mit Beiträgen aus den Landeskirchen (Konfirmandenarbeit erforschen und gestalten 3), Gütersloh 2009, 367 (Cl01).

[4] Presse-Mitteilung der EKD vom 23. April 2007에서 인용.

특히 종교적인 확신에 대해 여전히 회의적인 대다수의 동독 주민들이 그렇고, 무슬림 시민들의 수도 증가하고 있다.

다른 한편으로 독일 개신교 교회의 구체적인 목회 현장을 좀 더 정확하게 살펴보면, 세례 영역에서의 엄청난 갈등들이 발견되고 있다. 그중 우선 언급해야 할 것은, 1960년대 후반 이후 급증한 수백만 명에 달하는 교회 탈퇴자들[5]의 문제다. 이들은 세례를 받기는 했으나, 더 이상 제도적인 교회에는 속하지 않는 사람들이다. 거의 모든 목사가 통과 의례의 영역에서 발생하는 세례와 관련된 논쟁에 대해 이야기하고 있다.

세례는 받았지만, 교회를 탈퇴한 사람의 장례를 교회에서 치러도 되는 것인가?

혹은 반드시 교회에서 치러야 하는 것인가?

위와 같은 문제들이다. 또한, 대부분 교회 규정에 나와 있는 대부직(Patenamt)도 특히 최근의 논쟁점으로 떠오르고 있다. 자녀에게 세례를 베풀길 원하지만, 대부나 대모를 교인으로 지명하지 못하는 부모의 수가 확실히 증가하고 있다. 대부가 개신교인이여야만 한다는 교회법의 규정을 느슨하게 한다고 하더라도, 그것 역시 어떤 근본적인 해결책이 되는 것은 아니다. 왜냐하면, 어떤 부모들은 교회에 소속돼 있는 대부를 전혀 세울 수가 없기 때문이다. 하지만 그들은 자신들의 자녀가 세례 받기를 원한다.

이러한 점들은 다음과 같은 사실을 보여준다. 세례는 우리 사회의 많은 사람에게서 큰 호감을 받고 있지만 그럼에도 세례는 결코 당연한 것은 아니다. 따라서 세례의 내용이 설득력 있게 소통돼야 한다. 더 나아가 교회법의 영역에서 언급된 문제들은 세례와 교회 혹은 공동체와의 관계에 대

---

5   이것과 관련된 그래프 개관과 해석은 Jan Hermelink, Kirchenaustritt: Bedingungen, Begründungen, Handlungsoptionen, in: Ders./Thorsten Latzel (Hg.), Kirche empirisch. Ein Werkbuch zur vierten EKD-Erhebung über Kirchenmitgliedschaft und zu anderen empirischen Studien, Gütersloh 2008, 95-116을 보라.

한 보다 상세한 규정을 요구하고 있다.

나는 이 책에서 독일 개신교 교회 세례 프락시스의 개념을 다음과 같이 신중하게 규정하고자 한다. 즉 세례는 복음과의 소통을 지원하고 있다는 것이다. 여기에서 "세례 프락시스"라는 개념은 한편으로는 세례의 근본적인 과정성을 강조하는 데 유용하다. 세례는—부분적으로는 일 년 동안의— 준비와 근본적으로는 일생동안 지속하는 회상으로 완성된다. 이 점에서 세례의 이론은 그리스도인 됨의 이론을 핵심적으로 함유하고 있다.

다른 한편으로 "세례 프락시스"는 세례의 다양성에 주목하게 한다. 이러한 것은 유아 세례를 성인 세례와 비교할 때 가장 눈에 띈다. 다양한 생활 환경이나 다양한 인지적 능력 같은 것들 역시 구체적인 세례 축제와 준비, 그 후의 회상을 위해 중요하다. 신학적으로 이러한 다양화는 전통적으로 세례와 믿음의 관계라는 규정에서 논의됐다.

이렇게 파악된 세례 프락시스를 이해하기 위해서는 우선 기독교 역사를 살펴보는 것이 도움이 될 것이다. 역사를 살펴보면, 당시의 상황이나 혹은 특정한 담론에 따르기 위해서 세례가 내용적인 면과 의사소통적인 면에서 변형된 다층적인 모습에 이르게 된다는 사실을 알게 된다. 그 당시에 적절했던 해석들과 '배제'와 같은 표현 형식들은 그러한 것이 생겨났고 관련된 환경이 변했음에도 불구하고 부분적으로는 여전히 영향을 미치고 있다. 이러한 발전의 발자취를 찾는 최고의 방법은 회고(Retrospektive)다.

이를 위해 (기독교적으로) 살아가는데 도전이 됐던 당시 상황과 세례 프락시스가 어떤 관련성이 있는지 질문해 보아야 한다. 그럴 때, 오늘날의 프락시스를 위해 도움이 되는 자극들을 기대할 수 있고, 세례를 위태롭게 하는 것에 대한 통찰들도 기대할 수 있기 때문이다.

이러한 분석은 현재의 세례 프락시스 상황을 상세하게 이해하는데 도움을 준다. (그 당시의) 다른 종파들과 비교하는 것도 여기에 속한다. 이러한 비교는 (아마도 저항하면서 그리고 저항을 통해) 개신교 세례 프락시스를 자극할 수 있는 세례 이해와 형식에 접근할 수 있게 한다.

이러한 배경하에서 독일개신교연합(EKD)의 영역에 있는 세례 프락시스를 좀 더 정확하게 이해할 수 있을 것이다. 구체적으로 교회 회원 규정에 대한 적합한 표현 방식이 교회 이론과 교회법적으로 중요한 과제라는 것이 분명해질 것이다. 그와 함께 새로운 실천신학적인 구상들과 종교 사회학적 통찰들이 수용돼야 한다.

끝으로 이러한 성찰들은 행동 지향적인 부분으로 귀결된다. 이 부분은 앞으로 복음과 소통하기 위한 세례의 생활 실천적이고 신학적인 잠재력을 풍성하게 할 수 있다. 더불어 다뤄야 할 것은, 앞에서 이뤄진 통찰들과 현재의 개혁 시도들에 근거하고 있는 지침들이다.

이러한 세 개의 영역에서 이뤄지는 논증들 속에서 나는 모든 소통은 상황과 관련을 맺고 있다는 통찰을 견지할 것이다. 로날드 그림스(Ronald Grimes)는 예전 행위의 영역을 위해 여기에서 생겨난 역동성을 분명하게 다음과 같이 표현했다.

> 의식들(rites)은 진공 상태에서 성장하는 것이 아니다. 그것들은 문화적 가치와 세계관의 변화에 따라 바뀐다. 만약 변하지 않는다면 그것들은 타당성을 잃어버리고 죽게 된다. 의식들과 전통들은 살아남기 위해 끊임없이 새로워질 필요가 있다. 살아있는 의식은 전통과 연결되는 동시에 근본 가치와 기본 원리, 상황에 적응하는 이미지들 속에서 중요한 변화에 순응한다.[6]

---

6 Ronal Grimes, Deeply into the Bone. Re-Inventing Rites of Passage, Berkeley 2002. (2000), 60.

제1부

세례 프락시스의 역사: 연속성과 변화

제1장 그리스도를 모방하는 삶의 전환에서 교회 가입으로
  (300년까지)
제2장 확장과 축소(300년-600년)
제3장 국가에 의한 강제적이고 형식화된 예식으로의 발전
  (600년-900년)
제4장 우세한 기독교의 부분(900년-1200년)
제5장 스콜라주의와 민중의 경건 사이(1200년-1500년)
제6장 인간에 대한 방향 설정(1500년-1800년)
제7장 분화된 사회 안에서(1800년-1990년)
제8장 요약

세례는 복음과 소통하는 하나의 특별한 형식이다. 기독교가 시작된 이래 사람들은 세례 의식(儀式)[1]을 사용해 그리스도인이 되겠다는 의사를 전달해 왔다. 아래의 내용은 세례가 성취되기 위해서 본질적인 것이다.

① 세례받는 사람과 세례 베푸는 사람의 구분
② 물의 사용
③ 예수 그리스도와의 분명한 연관성
④ 행위의 단회성

이렇게 살펴본 각각의 특징들은 다른 요소들을 광범위하게 포함하고 있어서 해석과 변형의 여지를 열어준다.

기독교 세례는 다른 사람을 통해 이뤄진다는 사실, 즉—다른 문화에서 흔한—자가 목욕 재계(Selbstwaschung)가 제외된다는 것은, 근본적으로 다른 사람이 필요함을 강조하고 있다. 정말로 소중한 것은 그저 받아들일 수 있을 뿐이지, 스스로 해내는 것이 아니다.[2] 그와 함께 인간 삶의 연대성이 기본적인 방식으로 고려되고 있고, 동시에 그리스도인이 된다는 것에 대해 특별한 의사소통의 성격이 표현되고 있다.

물을 사용한다는 것은 근본적인 면에서 생명을 최초로 가능하게 한 물질적인 세계와 의식(Ritus)을 연결해 준다. 신학적으로 표현하자면, 창조와 연결해 준다. 모든 사람은 물에 의존적이고, 동시에 물의 위협을 받기도 한다.[3] 종교사적 혹은 문화사적으로 봤을 때, 제의에서 물을 사용하는 것

---

[1] 실천신학의 컨텍스트에서 의식 개념과 예전 개념에 대해서는 Thomas Klie, Fremde Heimat Liturgie. Ästhetik gottesdienstlicher Stücke (PTHe 104), Stuttgart 2010, 183-204를 보라.
[2] 조직신학적으로 볼 때, 세례는 바울이—그리고 그와 연결된 종교 개혁가들이—이신칭의 교리의 개념으로 표현했던 것의 예식적인 형태다.
[3] 조직신학인 전망에서 보자면, 세례에서 창조 행위와 구원 행위의 결합이 일어난다.

과 순결과 불결을 구분하는 것 사이에는 연관성이 존재한다.

세례 예식은 예수 그리스도를 지시함으로써 내용적으로 특별한 방향을 지니게 된다. 세례에서 인간은 나사렛(Nazareth) 출신의 한 남자와 명시적인 관계로 나가게 된다.[4] 그는 몸소 요단강에서 세례 요한에게 세례를 받으셨다. 복음서의 보고에 따르면 세례받은 후 예수 그리스도의 사역이 시작됐다.

마지막으로, 처음부터 존속하고 있었던 세례의 단회성은 시간과의 특별한 관계를 포함한다. 과거, 현재, 미래가 특별한 방식에서 일치하는 것은 반복될 수 없다는 것이다.[5] 어릴 때 다른 곳에서 세례를 받은 사람을 성인이 돼서 세례를 베푸는 공동체도 이러한 것을 고수한다. 그들은 그 전에 이뤄진 수세 행위는 유효하지 않다고 주장하기 때문이다.

거기에 더해 기독교 역사의 흐름 속에서 좀 더 확장된 표현 형태가 등장했다—안수와 축성, 기름 부음, 축귀, 세족식, 특별한 의상 등등. 이런 것들은 원래 각각 위의 네 개의 본질적인 요소와 연관돼 있고 상응하는 자체 동력으로 세례의 토착화가 이뤄졌음을 보여주고 있다.

나의 연구는 세례를 존재 설정과 가치 설정 영역에서 커뮤니케이션 실행이라고 보는 신학적[6] 접근을 취할 것이다. 그와 함께—커뮤니케이션 이론으로 봤을 때—세례를 통해서나, 세례 안에서 이뤄지는 의사소통 과정은 근본적으로 개방적이다.[7] 그러나 세례가 그리스도 이름의 언급을 통해

---

[4] 세례는 그리스도론의 일대기와 관련된 하나의 예식 형태다.
[5] 조직신학적으로 봤을 때, 세례는 기독교의 특수한 시간이해 속으로 들어갔다.
[6] 교리적인 관점에서 예를 들어 세례의 성례적 특징은 성찰의 중심에 놓여 있다. 그에 상응하는 고전적인 입장과 그 문제들에 대해서는 Ulrich Kühn, Sakramente (HST 11), Gütersloh 1985; 성례 개념과 관련된 조직신학적인 문제들에 대해서는 Eberhard Jüngel, Das Sakrament - was ist das?, in: EvTh 26 (1966), 320-336; III. 3.을 보라.
[7] 이것과 관련해 중요한 커뮤니케이션학의 견해에 대해서는 Christian Grethlein, Praktische Theologie, Berlin 2012, 145-157을 보라.

규정되는 한, 임의적인 것은 아니다. 중요한 것은 특정한 한 사람이 일대기적, 정치적, 사회적, 문화적인 구체적 상황 속에서 그리스도인이 된다는 것이고, 그와 함께 나사렛 예수의 사역과 죽음에 근거하고 있는 자극을 개인적으로 지속시킨다는 것이다.

제1부에서 살펴볼 세례 프락시스에 대한 역사적 회고는[8] 방법론적으로 담론 이론[9]과 지식 사회학[10]의 통찰로부터 중요한 자극을 얻고 있다. 담론 이론과 지식 사회학이 제시하고 있는 방대한 이론적 논쟁들에 대해서는 대략적으로라도 다룰 수 없으므로,[11] 거기에서 나온 가정들이 짧게 언급될 것이다.

세례 프락시스는 매번 시대적 담론들과 연관돼 왔다. 여기에서 나는 라이너 켈러(Reiner Keller)와 마찬가지로 담론을 다음과 같은 것으로 이해한다.

> (담론은) 제도화된 화술로서 역사적으로 상징적인 상호 작용의 다양성에서 유래한 것이고 창발적인(emergenter) 표현 관련성으로서 의사소통 행위의 다양성으로부터 유래한 것이다. 이것은 일정 기간 동안 안정적인 구조화 형식을 받아들이고(받아들일 수 있고) 또 다시 사라진다(사라질 수 있다). 담론은 구체적인 의사소통적 행위에서 생산되고, 재생산되고 변화된다.[12]

---

[8] 이러한 개념에 대해서는 Thomas Schlag, Horizonte demokratischer Bildung. Evangelische Religionspädagogik in politischer Perspektive (RPG 14), Freiburg 2010, 81이하를 보라.

[9] 이것에 대해 근본적인 것은 Michel Foucault, Archäologie des Wissens, Frankfurt 2008 (1969); ders., Die Ordnung der Dinge. Eine Archäologie der Humanwissenschaften, Frankfurt 2009 (1966)이다.

[10] 이것과 관련해 근본적인 것은, Peter Berger/Thomas Luckmann, Die gesellschaftliche Konstruktion der Wirklichkeit. Eine Theorie der Wissenssoziologie, Frankfurt [24]2012 (1966)이다.

[11] Marcell Saß, Schulanfang und Gottesdienst. Religionspädagogische Studien zur Feierpraxis im Kontext der Einschulung (APrTh45), Leipzig 2010, 209-226.

[12] Reiner Keller, Kommunikative Konstruktion und diskursive Konstruktion, in: Ders./Hu-

담론은 구조화된 의사소통 행위로서 혹은 징표 또는 상징 사용을 실천함으로써 생겨난다. (…) 담론은 사회-공적인 영역이나 사회 부분적인 영역에서 일어나는데, 거기에 집단적이고 (조직적인) 행위자와 마찬가지로 개인적인 행위자도 참여할 수 있다.¹³

구체적으로 말해서, 세례 프락시스는 여러 담론으로부터 자극들을 수용하고 있다. 예를 들어, 언어적인 표현 외에 건축과 같은 다른 징표들도 담론에 포함될 수 있다. 이때 세례 프락시스는 거기에 적응하기도 하고 혹은 아예 종속되거나 그것들과 경계를 긋기도 하며, 그에 대항하기도 한다. 해석학적으로 이러한 것은 복음의 토착화와 문화 비판 사이의 긴장 속에 근거하고 있다.¹⁴

그와 더불어 신학적인 이유에서 미셸 푸코(Mischel Foucault)에 의해 부각된 배제의 과정에서 나타나는 담론의 권력적 특성에 (→ III 2. 1) 특별한 주의를 기울여야 한다. 왜냐하면, 그에 반해 예수의 사역과 죽음에 근거해 기독교 세례를 규정하고 있는 기본 동인은 근본적으로 포용적(inklusiv)이기 때문이다.

포용은 이데올로기(법)로 이해돼서는 안 된다. 오히려 하나님 안에 내재해 있는 관계의 풍요로움을 신앙의 사회적 형태 속에서 드러내는 것을 목표로 하는 하나의 과정으로 이해해야 한다.¹⁵

---

bert Knoblauch/Jo Reichertz (Hg.), Kommunikativer Konstruktivismus. Theoretische und empirische Arbeiten zu einem neuen wissenssoziologischen Ansatz, Wiesbaden 2013, 69-94, 71.
13 A. a. O. 90.
14 Christian Grethlein, Praktische Theologie, Berlin 2012, 187-192에 보다 상세하게 거론돼 있다.
15 Ralph Kunz, Inklusive Gemeinde. Die christliche Gemeinde im Horizont ihrer gesellschaft-

이러한 자극은 예수가 종족적, 사회적, 성별적인 관점[16]에서 사람들을 포용함으로써 당시 통상적이던 정결 사상을 뛰어넘었음을 보여주었던 것처럼, 모든 사람을 향한 것이다. 모든 사람은 세례로 초청받는다. 그러나 강요돼서는 안 된다. 그러므로 일상에서 통상적인 배제를 지닌 담론들은 복음이라는 커뮤니케이션 사건의 포용적인 근본 방향을 위협한다.

세례에 대한 이러한 회고는—실제 커뮤니케이션의 분석이 모두 그러한 것처럼—일차적으로 개별 사례를 염두에 두고 있다. 세례는 일반적으로 구체적인 텍스트, 예식, 건물, 사건 등에 근거하고 있다. 따라서 나는 역사적인 관련성을 구축하는 것은 단념할 것이다. (1세기의 원전이 부족한 상태에서 이러한 역사적 관련성은 진척되지 않는다. 반대로 후대에는 많은 양의 자료들이 생겨났다. 이 자료들은 전혀 체계적으로 정리되지 않은 예식 형태의 다양함과 고도로 복합적인 상호의존성을 드러내 보인다.)

이러한 양태로 인해 나는 복음의 소통에 대해 실천-신학적 구상을 하며 연구했던 것처럼, 근본적으로 소통적이고, 더불어 당시의 구체적인 사람들과 연관된 복음의 특징을 고려할 것이다.[17] 그에 상응해 이러한 회고는 문자화된 텍스트의 문헌학적인 해석을 목표로 하는 것이 아니다. 오히려 중요한 것은 커뮤니케이션의 실제를 알아내는 것이다. 그것을 위해 커뮤니케이션에 대한 당시의 배경을 분석하는 것이 필수불가결하다. 여기에 세례의 장소, 공간, 시기와 집이나 가정, 교회, 국가와 같은 사회 형태와의 관련성, 그 외 사회적이고 문화적 편성과 발달과의 관련성이 속하게 된다.

---

lichen Verortung, in: Ders./Ulf Liedke (Hg.), Handbuch Inklusion in der Kirchengemeinde, Göttingen 2013, 53-84, 59.

16 이에 관한 신약성경적인 본문을 위해서는 Jens Schröter, Jesus von Nazaret. Jude aus Galiläa – Retter der Welt (Biblische Gestalten 16), Leipzig ²2010, 179-188을 보라.

17 Grethlein, Praktische Theologie, Berlin 2012, 137-326을 보라.

거기에서 특별히 중요한 것은 세례와 인간 활동의 다른 영역과의 관련성들로서 예를 들면 교육, 정치, 법규 같은 것들이다. 이러한 배경 하에 비로소 문자화된 텍스트에서는 세례가 어떻게 나타나고 있는지, 세례에 대한 당시의 의미가 구체적인 윤곽을 얻을 수 있을 것이다.

나는 이 글을 배열할 때, 마틴 스트링거(Martin Stringer)가 사회학적으로 본 예배 역사의 설명을 따를 것이다. 거기에서는 (대략) 300년이 하나의 단위를 이루고 있다.[18] 나는 세례 프락시스에 대한 다양화를 표현하고 동시에 일목요연한 배열이라는 교수법적인 필요 외에 다음과 같은 사실 때문에 그의 의견에 찬성한다. 즉 "기독교 역사에서 대부분 중요한 사건 중 많은 사건이 4세기 초나, 10세기 초 또는 16세기 초 등등에 일어난 것처럼 보이기 때문이다."[19] 거기에 더해 이러한 방식의 분명한 구성은 역사적으로 통일성 있게 표준적인 발전이 이뤄졌다는 환상을 막는다.

내용적으로 나는 현재와 관련이 깊고 실천-신학적인 관심과 일치하는 서방교회의 영역과 16세기부터는 개혁교회에 집중할 것이다. 더 나아가 신약성경 본문에 기록된 것처럼, 초기에 있었던 세례의 발전에 큰 의미가 부여될 것이다. 왜냐하면, 예수의 사역과 죽음에서 그의 세례 받으심이 후기 세례 발전을 판단하기 위한 근본적인 척도를 형성하기 때문이다. 기독교의 에큐메니컬한 기본 특징으로 인해 포기할 수 없는 다른 전통과의 비교는 제2부에서 최소한 예시적으로나마 다뤄질 것이다.

---

[18] Martin Stringer, A Sociological History of Christian Worship, Cambridge 2005.
[19] A. a. O. 24.

제1장

그리스도를 모방하는 삶의 전환에서 교회가입으로(300년까지)

처음 300년 동안에 있었던 세례 프락시스를 이해하기 위해서 기본이 되는 것은 징표를 매개로 한(zeichenvermittelt) 소규모 공동체의 커뮤니케이션이다. 이 공동체는 합법적인 종교(religio licita)[1]인 유대교로부터 떨어져 나왔고, 당시 지배적이던[2] 로마-헬레니즘 문화의 변두리에 있었던 공동체다. 이러한 상황은 4세기에 교회가 국가 주도의 종교 기능을 넘겨받으면서 변하게 됐다.

우선적으로 나는 세례가 어떻게 생겨났고, 자리 잡게 됐는지에 대해 성경 본문을 통해 살펴볼 것이다.

그다음 고대교회의 텍스트들을 살펴볼 것이다. 여기에서는 다양한 해석이 덧붙여진 실제 세례 프락시스가 중심을 이룰 것이다. 예시로『사도 전승』(Tradition Apostolica)에 대해 언급할 것이다.[3] 그 외 시리아의 두라 유로포스(Dura

---

[1] 이러한 법적 칭호를 통해 유대인들은 황제 숭배에 참여하는 것에 대해 자유로웠다- 2세기부터는 더 이상 기독교인들에게는 유효하지 않고 황제 숭배 참여를 거절함으로 순교를 당할 수 있었다.
[2] 'dominat'와 'demiotic' 담론 사이의 차이에 대해서는 Martin Stringer, A Sociological History of Christian Worship, Cambridge 2005, 13을 보라.
[3] 마찬가지로 Alfons Fürst, Die Liturgie der Alten Kirche. Geschichte und Theologie, Münster 2008. 을 보라. 그는—많은 전승 문제와 연대문제에도 불구하고—『사도 전승』의 예시적 특징에 주의를 기울이고 있다.

Europos)에 있었던 가정교회의 발굴은 3세기의 세례에 대한 흥미 있는 통찰을 제공해 준다.

그다음에 세례 프락시스에 대한 논쟁과 그 주변 환경에 대해 짧게 주목할 것이다. 그 논쟁은 결국 근본적으로 신학적인 문제였다.

마지막으로 나는 위의 결과로부터 생겨난 몇 개의 중요한 신학적인 통찰들을 종합할 것이다.

1. 신약성경 마가복음 1:4-12과 사도행전 8:26-39은 세례 프락시스의 시작에 대한 확실한 통찰을 제공해 준다[4]

마가복음 1:4-12은 요한의 세례에 대해 보고하고 있다. 이에 대해 마르쿠스 욀러(Markus Öhler)는 "유대 정결 의식의 맥락에서 보면, 요한의 세례는 (…) 다양한 요소들이 독특하게 결합 됐음을 보여 준다"라고 지적한다.[5]

특히, 동시대의 다른 정결 의식이나 침수와는 달리 셀프 세례가 행해지지 않았다는 점에 있어서 그렇다. 이것은 이어지는 기독교 세례의 기본 특징으로 남는다.[6] 그러므로 세례 장소로 가는 것만이 수세자의 적극적인 행위이다. 세례 행위에서 수세자는 물 부음을 받고 믿음에 대해 질문을 받는다. 결국, 이러한 것을 커뮤니케이션 과정이라고 할 수 있는데, 수세자는 그 가운데에서 반응하는 것이다.

---

[4] 나는 여기에서 Markus Öhler, Einheit und Vielfalt: Die Taufe in neutestamentlicher Perspektive, in: Ders. (Hg.), Taufe (Themen der Theologie 5), Tübingen 2012, 39-81, 39를 따를 것이다.

[5] A. a. O. 41; 보다 정확하고 풍부한 자료를 위해서는 Öhler, Einheit und Vielfalt: Die Taufe in neutestamentlicher Perspektive, in: Ders. (Hg.), Taufe, 41 이하를 보라.

[6] Gerhard Barth, Zwei vernachlässigte Gesichtspunkte zum Verständnis der Taufe im Neuen Testament, in: ZThK 70 (1973), 137-161, 145이하를 보라.

유대인인 요한의 세례는 예언자적 징표 행위라는 전통 속에서 행해졌고 "유추화의 원칙, 즉 과거와 현재, 미래에 대한 구원사적-모형에 상응하는 원리를"[7] 따른 것이다. 요단(Jordan)이라는 장소는 하나님의 근본적인 구원 행위로서의 출애굽을 연상시키고, 동시에 미래의 최후 심판을 위해서 세례받은 자의 인침이 일어나는 곳이다.

세례 요한의 의복과 음식은 이스라엘 민족이 홍해를 건넌 뒤 지나야 했던 광야를 환기시킨다. 이것은 요한의 세례가 회개와 죄용서의 예전이라는 신학적인 기본 특징을 강조한다.

"껄끄러움"(Anstößigkeit)[8]이라는 해석학적 시금석에 따르면, 요한에게서 예수가 세례를 받았다는 것은 예수 생애의 가장 확실한 사실에 속한다. 예수가 친히 세례를 베풀었는지는 (요 4:1 이하에도 불구하고 혹은 그 때문에) 논쟁의 여지가 있다.

분명 바울은 예수가 죽은 지 약 5년 후에 세례를 받았고,[9] 바울의 대부분 서신서[10]에서 세례는 기독교 예식으로서 당연한 것으로 전제돼 있다. 더불어 바울은 세례에 대한 근거를 확장하거나 변형시키고 있다.[11] 사도 바울은 어디에서도 세례 요한에 대해 언급하지 않고 있고, 세례를 모형론

---

[7] Reinhard Meßner, Einführung in die Liturgiewissenschaft, Paderborn ²2009, 65.
[8] Michael Labahn, Kreative Erinnerung als nachösterliche Nachschöpfung. Der Ursprung der christlichen Taufe, in: David Hellholm u. a. (Hg.), Abluition, Initiation, and Baptism. Waschungen, Initiation und Taufe (BZNW 176/1), Berlin 2011, 337 376, 345를 보라.
[9] Lars Hartman, Usages-Some Notes on the Baptismal Name-Formulae, in: David Hellhom u. a. (Hg.), Abluition, Initiation, and Baptism. Waschungen, Initiation und Taufe (BZNW 176/1), Berlin 2011, 397-413, 399을 보라.
[10] 바울에게서 나타나는 세례 의미에 대한 동요에 대해서는 David Hellhom, Vergeformte Tauftraditionen un deren Benutzung in den Paulusbriefen, in: Ders. u.a. (Hg.), Abluition, Initiation, and Baptism. Waschungen, Initiation und Taufe (BZNW 176/1), Berlin 2011, 415-495를 보라.
[11] Oda Wischmeyer, Hermeneutische Aspekte der Taufe im Neuen Testament, in: Dabid Hellhom u.a. (Hg.), Abluition, Initiation, and Baptism. Waschungen, Initiation und Taufe (BZNW 176/1), Berlin 2011, 735-763, 743 이하를 보라.

적으로 모세와 연결하고 있다(고전 10:2).[12]

또한, 바울에게 있어서—예를 들면, 로마서 6장에서—물은 해석을 위해서 특별한 중요성을 지니고 있지 않다. 오히려 그는 세례를 예수의 죽음과 연관시켰고, 거기로부터 세례받은 사람들은 그리스도의 몸을 이루게 된다는 의미를 끌어냈다(예, 고전 12:13).[13]

실제 커뮤니케이션 과정에 대한 인상을 주는 첫 사례는 사도행전 8:26-39에 나오는 이야기다. 여기에서는 이미 언급했던 세례 예전의 구성 요소 네 가지가 나타나고 있다. 그런데 세례가 공동체로의 입회 의식으로서 계속 발전한 것을 고려한다면, 세례 준비와 세례 의식을 아우르는 공동체가 빠진 것이 주목할 만하다.

세례자(빌립)와 수세자(내시)가 각자의 길을 갔는데, 세례를 받은 자는 "기쁘게" 길을 갔다. 세례 행위에 포함된 개인에 대한 강조는(개개인이 세례를 받음) 이야기식으로 묘사되고 있다. 이것은 세례가 나중에 교회의 예전으로 변형된 것과는 대조적이다. 사도행전에 나와 있는 다른 보고들은 세례가 다양한 상황에서 베풀어졌고, 더불어 세례는 항상 삶의 전환을 나타냈다는 것을 보여주고 있다.

예루살렘에서 오순절에 있었던 세례, 사마리아와 에베소에서 선교할 때, 그 외에도 개인의 세례로는, 빌립에게 세례받은 에디오피아 내시, 다마스쿠스에서의 바울, 가이사랴의 로마 백부장 고넬료, 그의 온 가족과 함께 세례를 받은 빌립보의 자색 옷감 장수 루디아, 빌립보에서 온 가족과 더불

---

[12] 이에 대해서는 Markus Öhler, Einheit und Vielfalt: Die Taufe in neutestamentlicher Perspektive, in: Ders. (Hg.), Taufe (Themen der Theologie 5), Tübingen 2012, 39-81, 56을 보라.

[13] 포함 신학적인 포함에 대해서는 Ulf Liedke, Inklusion in theologischer Perspektive, in: Ralph Kunz/Ulf Liedke (Hg.), Handbuch Inklusion in der Kirchengemeinde, Göttingen 2013, 31-52, 42을 보라.

어 세례 받은 간수, 그의 온 집안과 더불어 세례 받은 회당장 그리스보, 그 밖에 고린도에서의 많은 사람, 에베소에서 요한의 제자들의 세례에 대한 요약적인 설명들.[14]

하지만 이러한 물세례가 구체적으로 어떻게 확산되었는지는 여기에 (그리고 세례와 관련된 신약성경의 다른 곳에서도) 나타나 있지 않다. 크리스토프 마르크쉬스(Christoph Markschies)는 최근에 출판된 『1세기 세례 역사 연구』에 대한 세 권짜리 기초 연구의 서문에서 다음과 같이 밝히고 있다.

세례의 독립화 (그리고 예전화)의 이러한 과정이 그렇게 놀랍도록 짧은 시간에 정확히 어떻게 진행됐는지, 왜 그렇게 거행됐는지는 자료의 부족 때문에 어둠에 묻혀있다. 그리고 그것은 초기 기독교가 엄청나게 빠르게, 아주 역동적으로 발전했다는 하나의 징표이다.[15]

확실한 것은, 요한의 세례 예전이 새로 생겨난 공동체(기독교-역주)로 "전이"(Ritualtransfer)[16] 됐다는 사실이다. 그와 함께 (이미 2세기 초부터 세례에 대한 해석이 시사하는 것처럼) 예수가 세례 받은 것이 기독교 세례의 모델을 이루었다.[17] 영향력으로는 마태복음(28:19 이하)의 마지막 부분이 세례의

---

[14] Alfons Fürst, Die Liturgie der Alten Kirche. Geschichte und Theologie, Münster 2008, 99 (성경적 근거에 대해서는 a. a. O. 279, 각주 236).
[15] Christoph Markschies, Einführung, in: David Hellhom u.a. (Hg.), Abluition, Initiation, and Baptism. Waschungen, Initiation und Taufe (BZNW 176/1), Berlin 2011, I-XIII, II.
[16] Markus Öhler, Einheit und Vielfalt: Die Taufe in neutestamentlicher Perspektive, in: Ders. (Hg.), Taufe (Themen der Theologie 5), Tübingen 2012, 39-81, 46.
[17] 이에 상응한 본문에 대해서는 Hans Kvalbein, The Baptism of Jesus as a Model for Christian Baptism. Can the Idea be traced back to New Testament times, in: StTh 50 (1996), 67-83, 69-73; 이미 신약성경적 본문에서 이것을 증명하는 시도에 대해서는 적은 확신감을 준다 (a. a. O. 73-79).

신학적인 근거로 기능했다.

하지만 역사적으로 봤을 때, 부활하신 예수의 이 말씀들은 주목할 만한 가치가 있는 암시로 간주될 뿐이다.

> 마태 공동체가 붙잡고 있는 기억은 기독교 세례 프락시스가 부활 이후 초기에 세워졌고, 독립적인 의식으로, 새 창조의 유형으로 이해되고 있다는 것이다.[18]

요한의 세례와 기독교 세례의 초기 형태를 비교해 보면, 관찰 가능한 행위측면에서는 거의 전부를 물려받았다는 것을 알 수 있다.

① 수세 자와 세례 자의 구분, 즉 셀프 세례가 아니라는 것
② 물의 사용
③ 행위의 단회성

거기에 더해 해석의 측면에서 세례는 회개와 죄 용서의 징표를 전달하는 커뮤니케이션이다.

기독교 초기에 세례는 유대식 예전이었다. 다만 다양한 세례 문구에서 표현된 것처럼,[19] 예수 그리스도에 대한 명백한 관련성에서만 차이가 났다. 물론 엄청난 차이가 있기도 하다. 즉 처음부터 남자와 여자가 세례를 받았다는 것은 남성들의 할례만을 인정하는 유대적 배경에서 당연한 것이

---

[18] Michael Labahn, Kreative ERinnerung als nachösterliche Nachschöpfung. Der Ursprung der christlichen Taufe, in: David Hellholm u. a. (Hg.), Abluition, Initiation, and Baptism. Waschungen, Initiation und Taufe (BZNW 176/1), Berlin 2011, 337-376, 355.

[19] 이에 상응하는 해석학적인 논쟁에 대한 체계적인 요약에 대해서는 Gerhard Barth, Zwei vernachlässigte Gesichtspunkte zum Verständnis der Taufe im Neuen Testament, in: ZThK 70 (1973), 137-161, 154 이하를 보라.

아니었다.[20]

거기에 더해—정확히 전수 받은 것을 규명할 수는 없지만—"예전 간에 교류가 있었던"(interrituellen)[21] 상황을 보여주는 당시 비밀 종교 의식에서의 정결 의식은 구체적인 커뮤니케이션 과정에서 나타났다.[22] 신학적으로 이것은 (이미 세례요한에게서 볼 수 있는) 죄 용서의 선물에서 표현됐다.

구체적인 실천적 결과를 보여주는 대목은 바울이 죽은 자들의 세례에 대해 당연하게 언급한 부분인데(고전 15:29), 이에 대한 구체적인 종교 역사적 의존성을 입증할 수는 없다.[23] 확실한 것은 이러한 상황에서 예수 그리스도와의 관련성이 세례 의식(儀式)을 내용적으로 새롭게 설정했다는 것이다. 히브리서 6:4-6에서(그리고 후에는 헤르마스의 목자, Hermmand 4,3,1-3) 는 이미 세례 후에 두 번째 속죄가 있을 수 있는지에 대한 물음이 생겨났다.[24] 이러한 것은 세례의 효과에 대한 보다 정확한 내용적인 규정을 요구했다. 내용적으로 기독교 세례는 그리스도와의 관련성이라는 특징을 갖고 있다.

---

20 여자 족장들의 침수에 관한 탈무드 전통과의 가능한 연결점에 대해서는 Dieter Sänger, „Ist er heraufgestiegen, gilt er in jeder Hinsicht als ein Israelit„ (bYev 47b). Das Proselytentauchbad im frühen Judentum, in: David Hellhom u.a. (Hg.), Ablution, Initiation, and Baptism. Waschungen, Initiation und Taufe (BZNW 176/1), Berlin 2011, 291-334, 293, 319를 보라.
21 Markus Öhler, Einheit und Vielfalt: Die Taufe in neutestamentlicher Perspektive, in: Ders. (Hg.), Taufe (Themen der Theologie 5), Tübingen 2012, 39-81, 71을 보라.
22 여기에 대해서 신중히 검토한 Friz Graf, Baptism and Greece-Roman Mystery Culs, in: David Hellholm u. a. (Hg.), Ablution, Initiation, and Baptism. Waschungen, Initiation und Taufe (BZNW 176/1), Berlin 2011, 101-118을 보라.
23 여기에 대해서는 히브리서 6:2에 나와 있는 "세례들과 안수"에 대한 난해한 언급과 비교하라.
24 Andreas Müller, Tauftheologie und Taufpraxis vom 2. bis zum 19. Jahrhundert, in: Markus Öhler (Hg.), Taufe (Themen der Theologie 5), Tübingen 2012, 83-135, 88 이하를 보라.

기독교 세례는 비유대인에 대한 세례에서 보듯이, 유대교의 "종족적 범례"[25]를 뛰어 넘는다. 세례를 할례로 해석하는 것은(골 2:11-13) 유대인을 상대로 세례의 근본적인 의미에 대해 소통하는 것이다. 그와 더불어 자유인이나 노예나 동일하게 세례를 받았다는 점에서 사회적 지평에서 개방성이 드러난다. 세례를 "중생"(딛 3:5)으로 생각하는 것은 세례에 관심이 있는 헬라 사람들에게는 상황적으로 비밀 종교와 연결됐다는 이해를 가능하게 했다.

따라서 포용적이고 평등한 예수 사역의 기본 특징이 여러 번 지속되는 논쟁 속에서 연계 가능한 방식으로서, 그러나 동시에 그것들과 구분 가능한 방식으로 세례 의식에 수용됐다. 바울이 갈라디아서 3:26-28에서 단호하게 표현한 것처럼, 동족이나 성별 혹은 사회적 신분과 관련한 통상적인 배제 가운데 어떠한 것도 기독교 세례 앞에서는 존립할 수 없었다.[26]

여기에서 하나님과의 관계를 의미하는 담론의 변화가 다뤄졌다면, 고대 철학적 담론과의 관련성 역시 존재했다. 예를 들어 골로새서 2:11-13과 에베소서 2:6이 가리키는 것처럼, 세례는 욕정을 다스리는 데(Affektbesältigung) 유익했다. 이는 1세기에 특히 스토아학파에 의해서 다뤄졌던 주제이고, 이미 아리스토텔레스(Aristoteles)에게서 나타났던 주제이기도 하다.[27] 다양한 출신의 사람들이 기독교로 가는 길을 발견했다는 사실은 아마도 다음과 같은 관점에 특별히 주의를 기울여야 했음을 시사한다.

---

[25] Markus Öhler, Einheit und Vielfalt: Die Taufe in neutestamentlicher Perspektive, in: Ders. (Hg.), Taufe (Themen der Theologie 5), Tübingen 2012, 39-81, 65.

[26] 거기에서 나오는 결과에 대해서는 Heike Walz, Gal 3:26-28 und die Taufe, Ökumenische Visionen zur Verwandlung des Zusammenlebens angesichts der Intersektion von Ethnie, sozialer Klasse und Geschlecht, in: Günter Ruddat (Hg.), Taufe-Zeichen des Lebens. Theologische Profile und interdisziplinäre Perspektiven, Neukirchen-Vluyn 2013, 147-166을 보라.

[27] David Konstan, The Emotionsof the Ancient Greeks. Sutdies in Aristotle and Classical Literature, Toronto 2006을 보라.

세례는 새로운 삶의 시작을 의미하고, 이 새로운 삶의 사회적 차원과 육체적인 차원은 서로 보강돼야 했다. 왜냐하면, 출신 성분이나 계층과 독립적으로 구성된 초기 기독교 공동체는 다양한 문화들 속에 편입돼야만 했기 때문에 잠재적 긴장의 위험이 컸고, 좀 더 욕정을 잘 다스릴 필요가 있었기 때문이다.[28]

욕정을 다스리는 과제가 철학적인 담론에서 예식으로 변형됨으로써 엘리트적이고 배제를 포함하는 특징이 극복됐다.

새로운 신분은 헬라인, 유대인, 미개인, 자유인, 노예라는 구분을 뛰어 넘게 된다. 사회적 지위에 대한 이러한 진술은 욕정을 다스리는 것과 세밀한 관련성을 가지고 있다. 헬라인들은 야만인들을 욕정에 넘겨진 자들로 여겼다. 유대인들은 이방인들에 대해 마찬가지로 생각했다. 그리고 많은 사람이 노예들의 자제할 수 있는 능력을 부인했다. 이러한 그룹 사이의 구분을 낡아빠진 것이라고 단언한다면, 욕정을 다스리는 능력이 모든 사람에게 있다고 생각하는 것이다.[29]

마지막으로 신약성경에서는 이미 안수와 기름 부음의 형태로 커뮤니케이션이 실행되고 있었고, 그것의 의미는 "성령"과 세례와의 결합이라고 할 수 있다. 이러한 관련성은 요한에게서 세례받으신 예수에 관한 말씀에서 나타난다(막 1:9 이하). 바울과 (예를 들어, 고전 6:11; 12:13; 고후 1:2 이하), 누가도 사도행전에서 — 상이한 상황에서 다양하게 표현했는데(특히 행

---

[28] Petra v. Gemünden, Die urchristliche Taufe und der Umgang mit den Affekten. Zur Ritualisierung von Affektkontrolle im Urchristentum, in: Dies., Affekt und Glaube, Göttingen 2009, 226-247, 228.

[29] A. a. O. 230.

19:1-7과 8:14-17)—그것을 강조했다.[30]

물론 사도 바울은 로마서 6:3-5에서 그리스도와 연합함으로 말미암는 전 생애를 포괄하는 세례에 대한 특징을 강조하고 있다. 왜냐하면, 세례는 이미 장래의 부활(v. 5에서의 미래)을 포함하고 있기 때문이다. 세례에 대한 이러한 과정적인 특징은 바울이 로마서 6:12 이하에서 시종일관 설명하는 것처럼, 윤리적인 귀결을 포함한다.

사도행전에서 성령 부음은 안수라는 의식 속에서 의사소통적으로 표현됐다. 그 밖에 기름 부음이 나온다(고후 1:21; 요일 2:20, 27).[31] 거기에서 이미 기름 부음이라는 의식(儀式)을 다룬 것인지, 아니면 단지 성경에 근거해서 쉽게 감각적으로 연출됐던 은유를 다루고 있는 것인지는 아직 분명하지 않다.[32] 아무튼, 안수나 기름 부음을 통해 "성령"이 세례와 연결됐다는 담론이 싹트기 시작했다.

그것은 오랜 기간 즉흥적이고, 전적인 황홀경이라는 커뮤니케이션의 규정을 가능하게 했다. 안수와 기름 부음은 곧 형성될 장로-주교-직을 위한 것으로 정해진다. 동시에 이러한 연결은 오랫동안 하나였던 세례 예식을 동강 나게 해서 견진 성례가 생겨나도록 했다.

따라서 전체적으로 세례를 통해 매개되는 예수 그리스도와의 관련성은 신약성경에 나와 있는 것처럼, 세례를 위해서는 근본적인 것이다.[33] 그로부터 사람의 변화라는 결과가 나타나고, 이것을 대표하는 것이 세례의 죄사함의 선물과 성령 세례와 새로운 에토스이다. 그에 더해 (특히 바울이 강

---

[30] 여기에 대해서는 기본적으로 Friedrich Avemarie, Die Tauferzählungen der Apostlgeschichte. Theologie und Geschichte (WUNT 139), Tübingen 2002를 보라.
[31] 선지자, 왕, 제사장의 기름 부음이 구약의 배경을 이루고 있다.
[32] Reinhard Meßner, Einführung in die Liturgiewissenschaft, Paderborn ²2009, 85를 보라.
[33] 개별적인 신약성경 구절들은 Christian Grethlein, Taufpraxis heute. Praktisch-theologische Überlegungen zu einer theologisch verantworteten Gestaltung der Taufpraxis im Raum der EKD, Gütersloh 1988, 159-183에 요약돼 있다.

조한 것인데) 그리스도의 몸에 속하게 된다.

> 그러나 여기에서는 교회 회원이라는 정적인 이해가 아니라, 하나님 앞에서 동등한 그리스도인들의 한 공동체에 거하는 그리스도의 제자라는 사고가 주도적이다.[34]

2. 종종 간접적으로만 세례와의 관련성이 나타나고 있는 신약성경 서신서들과 특히 사도행전에 나와 있는 세례에 관한 보고는 예식의 구체적인 방식에 대한 세부적인 사항들을 많이 기록하고 있지는 않다

물론 그 이후 세례와 관련된 문제들을 다루고 결정하는 문서들이 나타난다. 이미 2세기에 식별 가능한 지역적인 전통들이 차차 등장한다. 독일에서 나의 실천신학적 관심은 세례 프락시스였으므로, 나는 서구 기독교로 흘러들어 온 지중해 지역의 (세례)발전에 집중할 것이다. 시리아에서는 (침례 전[präbaptismal]에 기름을 붓는 것처럼) 개별적인 부분에서와 전체적인 이해에서도("탄생 과정"으로서의 세례)[35] 분명히 상이한 세례 방식이 생겨났다. 이에 대해서는 1.3에서 하나의 세례 장소를 예시로 해 짧게나마 살펴볼 것이다.

---

[34] A. a. O. 181.
[35] Reinhard Meßner, Einführung in die Liturgiewissenschaft, Paderborn ²2009, 90; 요약적으로 그리고 도마 의식의 예에 대해서는 a. a. O. 85-91에 언급돼 있다. 그것과 관련된 도마 의식에 관한 비교는 Tertullian und Ambrosius bei Martin Stuflesser, Liturgisches Gedächtnis der einen Taufe. Überlegungen im ökumenischen Kontext, Freiburg 2004, 82-87을 보라.

두 개의 전통에서 공통적인 것은 물 의식을 둘러싸고 복잡한 징표 구조를 형성했다는 것이다. 말하자면 물 의식은 자석처럼 다양한 담론으로부터 징표를 끌어냈다. 이러한 발전은 고대교회에서 세례에 높은 의미를 부여했다는 것과 동시에 역동적인 토착화의 형태를 드러내는 활발한 해석과정을 보여준다. 그래서 게오르그 크레취마르(Georg Kretschmar)는 오늘날까지 아무도 능가할 수 없는 그의 고대교회의 세례 역사에서 다음과 같이 확언한다.

> 만약에 누군가가 3세기의 한 기독교인에게 교회의 중심적인 예배 행위에 대해 묻는다면, 그는 매 주일의 주의 만찬이 아니라, 세례에 대해 말했을 것이다.[36]

구체적인 세례 실행에서 세례 장소와 세례 시기는 오랫동안 확정되지 않은 채로 있었다. 『디다케』 7장 1-3(Did 7,1-3)은 "살아있는" 물에 대해 언급하고 있다. 그것은 당시 유대교에서 통상적으로, 물론 그 외에도 고대에서 일반적으로 물에 대해 높이 평가하는 것[37]을 반영한다고 해석할 수 있다. 아무튼, 그와 더불어 세례는 자유롭게 행해졌다고 볼 수 있고, 처음부터 예외들이 허용됐다.

그리스도를-모방[38] 한다는 이유에서 특히 부활절 전야가 서서히 세례 시점으로 형성됐으나, 물론 배타적인 구속력은 없었다. 예를 들어, 터툴리안(Tertullian)은 기독교 유월절을 세례 시기로 추천했고, 부활절과 성령강

---

[36] Georg Kretschmar, Die Geschichte des Taufgottesdienst in der alten Kirche (Leiturgia 5), Kassel 1970, 7.
[37] E. Färber, Der Ort der Taufspendung, in: ALW 13(1971), 36-114, 40을 보라.
[38] 모방에 대한 고대 구상과 그에 대한 인류학적 기초에 관해서는 Christoph Wulf, Anthropologie. Geschichte-Kultur-Philosophie, Köln 2009, 221-239를 보라.

림절 사이의 시기 역시 적절한 것으로 여겨졌다(*de baptismo* 19,1-3).

세례 베푸는 인물과 관련해서는 통일화가 이뤄졌다. 위계적으로 구조화된 고대 사회라는 상황에서 (이미 신약의 후기 서신서들에 나와 있는 것처럼) 직책이라는 특정한 기능들이 빠르게 형성됐는데, 무엇보다 앞선 것이 장로-주교직이었다.[39] 주교는 곧 교회와 한 교구의 지도자로서 확고한 지위를 차지했다. 그에게 세례 주는 자의 기능이 의무로 주어졌는데, 수세 행위 외에 기름부음과 안수가 거기에 속했다. 이로써 세례는 교회 위계 질서에 편입됐다.

광범위하게 그와 평행으로 진행된 세례 프락시스의 중요한 한 가지 발전은 세례의 교육적 측면으로서, 구체적으로 세례가 세례 준비 교육(Katechumenat)과 연결된 것이다. (발생 연대에 있어서는 논쟁의 여지가 있으나 내용적으로는 확실히 이집트의 2세기 말까지 소급하는) 『사도 전승 17장』(*Tradition Apostolica* XVII)에서는 다음과 같이 규정하고 있다.

① 세례 지원자는 3년 동안 말씀을 들어야 한다(혹은, 수업을 받아야 한다).
② 그러나 어떤 사람이 열심이고 임무에 잘 인내하면 시간이 아니라 행동을 판단해야 한다.[40]

그 외에도 여기에 나와 있는 준비라든가, 세례 진행에 관한 보고는 교수법적인 관심을 잘 보여주고 있다. 인상적인 것은 세례 지원자들을 위해 다양한 유형의 징표를 사용하는 것이 허용됐다는 것이다. 루돌프 로젠(Rudolf

---

[39] 다양한 교파적 관점으로 바라본 복잡한 역사적 과정에 대해서는 Jörg Frey, Apostelbegriff, Apstelamt und 'Apostolizität' der Kirche, in: Theodor Schneider/Gunther Wenz (Hg.), Das kirchliche Amt in apostolischer Nachfolge Bd. 1. Grundlagen und Grundfragen (DiKi 12), Freiburg 2004, 91-188, und Thomas Söding, Geist und Amt, Übergänge von der apostolischen zur nachapostolischen Zeit, in: a. a. O. 189-263을 보라.
[40] Rodolf Roosen, Taufe lebendig, Taufsymbolik neu verstehen, Hannover 1990, 10.

Roosen)은 위에서 인용한 자신의 연구 논문에서 세례에 대한 기호학을 상세하게 분석했다. 거기에서 그는 세례를 베푸는 사람과 받는 사람 사이에 어떠한 다양한 해석과 내밀한 커뮤니케이션이 지배적이었는지 부각시키고 있다. 예시로 다음에 오는 문단이 그러한 것을 보여준다.

> 시작부터, 그들은(세례 지원자들) 분리돼야 하고, 축귀하는 동안 그들에게 매일 안수해야한다. 세례 받는 날이 가까워지면, 주교는 그들이 깨끗한지, 그렇지 않은지 알기 위해서 그들 모두를 개별적으로 축귀해야한다. 만약에 깨끗하지 않은 사람이 거기에 있으면 그는 배제돼야 한다. 왜냐하면, 그는 말씀을 믿음으로 듣지 않았기 때문이다. 결국, 낯선 이가 계속 숨는다는 것은 불가능하다(TA XX, 3이하).

세례 전에 예수 모방의 차원에서 예수의 수난에 집중하는 마지막 3일 동안 오늘날의 용어로 말해, 이벤트적인 공동체 경험, 즉 함께 금식하고 깨어있는 집중적인 공동체 경험이 있었다는 것은 분명하다. 이론의 여지 없이 이 세례 축제는 (옷을 입고, 세례 후 기름부음과 이마에 성호 긋기를 하고 평화의 입맞춤 한 후에) 막 세례받은 사람이 처음으로 참여하는 성만찬으로 끝났다.[41]

이미 저스틴(Justin)의 『변증서』와 『사도 전승』에도 세례식의 중요한 위치에 축귀(Exorzimen)가 등장한다. 그와 더불어 세례 프락시스는 "악령"이라는 당시의 담론과 연결됐다. 그 외에도 다양한 담론으로부터 여러 번의 기름 부음과 같은 징표가 수용됐는데, 그에 대한 일반적인 이해는 당시의 문화에서 예상될 수 있었다.[42] 전체적으로 성(聖) 목요일부터 부활절 아침

---

[41] Justin, apol I, 65, 1f.
[42] 고대의 기름에 대한 다층적인 의미에 대해서 Rudolf Roosen, Taufe lebendig. Taufsymbolik neu verstehen, Hannover 1990, 33을 보라.

까지 예수의 운명을 모방한 예식의 전체 흐름은 수세자들이 모방적으로 예수 그리스도에게 맞춰지도록 한 것이다.

교회 공동체를 둘러싸고 있는 이교적 사회와 유대 공동체와의 불가피한 구분에 직면해 세례의 기능이 바뀌었다. 세례는 (마찬가지로 세례 성만찬이 당연했던 시리아[Syrien]에서도) 기독교 교회로의 입회 예식(Initiation)이 됐다. 그에 비해 원래 중심이었던 그리스도-따름이 퇴보했다. 오랫동안 특히 동방에서 수도사 서품식이 보다 높은 두 번째 유형의 세례로서 이러한 모티브를 수용했다.

더불어 이미 세례 요한에게서 확인됐던 세례 받는 자의 반응은 응답식으로 세례 고백이 이루어짐으로써 유지됐다. 침수에 앞서 세례 베푸는 자는 매번 창조주와 아들과 성령을 믿느냐고 물었고, 세례 받는 자는 믿는다고 확신하면서 세례 베푸는 자와 직접적으로 의사소통을 했다.

마지막으로 초기 기독교 신학자들은 아주 구체적인 요구에 반응했다. 그래서 세례 지원자들에게까지 미쳤던 박해에 직면해, 2세기 이후 피세례(Bluttaufe)라는 표상이 생겨났다.[43]

> 재판소 앞에서 그리스도에 대한 신앙고백, 또 뒤따르는 순교는 이제 세례와 동등한 가치를 지닌 행위를 의미했다. 이러한 표상에 대한 분명한 증거는 『사도 전승』 19장에 나온다. 3세기 피세례 표상에 대한 유명한 증인은 역시 오리게네스(Origenes)다.[44]

그 외에도 세례는 오랜 세례 준비 과정 때문에 그리스도인 됨의 시작을

---

[43] 이에 대해서는 Alfons Fürst, Die Liturgie der Alten Kirche. Geschichte und Theologie, Münster 2008, 166 이하를 보라.
[44] Andreas Müller, Tauftheologie und Taufpraxis vom 2. bis zum 19. Jahrhundert, in: Markus Öhler (Hg.), Tuafe (Themen der Theologie5), Tübingen 2012, 83-135, 90.

설명하기 보다는 오히려 "그리스도인 됨 안에서의 단계"를 만들어 냈다.

그리스도인 됨은 오히려 세례 준비 교육으로 들어가는 것으로 시작된다. 그래서 신자들(fideles) 모임을 둘러싸고 (…) 다양한 등급의 세례 지원자들이 그룹을 짓는다. 그들 모두는 함께 기독교 공동체를 형성한다.[45]

그러므로 세례는 기독교 삶의 전체 과정에서 하나의 (중요한) 구성 요소였다.

3. 두라 유로포스(Dura Europos)에서 집이 하나 발굴됐는데, 이 집은 3세기 중엽 경에 이미 가정교회(*domus ecclesiae*)로 사용되고 있었다

이 발굴은 지금의 시리아 지역의 세례 프락시스에 대한 흥미 있는 통찰을 제공해 준다.[46] 오늘날의 시각으로 본다면 운이 좋은 상황(당시 군사적 대참사) 때문에, 거의 완전히 유지되고 있는 이 건축물에는 공간 하나가 있다. 이 공간은 시간이 지나면서 일반적으로 세례 당이었던 것으로 간주하고 있다.[47]

---

[45] 아직 출판되지 않은 J. Badewien의 평가서에 인용. Wolfgang Lienemann, Taufe-Mitte und Grenze der Kirche. Zur theologischen Vorgeschichte der neuzeitlichen Taufproblematik, in: Christien Lienemann-Perrin (Hg.), TAufe und Kirchenzugehörigkeit. Studien zur Bedeutung der Taufe für Verkündigung, Gestalt und Ordnung der Kirche (FBesg 39), München 1983, 147-191, 154

[46] Leonard Rutgers, Dura-Europos III. Christliche Gemeinde, in: ⁴RGG Bd. 2 (1999), 1026-1028, 1028.

[47] 여기에 대해서는 Ulrich Mell, Christliche Hauskirche und Neues Testament. Die Ikonologie von Dura Europos und das Diatesseron Tatians (NTOA 77), Göttingen 2010. 뒤이어 괄호 속에 나오는 번호는 이 책의 쪽수를 가리킨다.

2세기와 3세기의 순교자 문서와 사도 문서들에 나와 있는 보도들이 시사하는 바에 따르면, 그 당시 그리스도인들은 집에서 모였다(50). 그 점에 있어서는 헬레니즘-로마 시기의 문화 단체, 또 유대인들과 유사하다(34). 세례는 거의 대부분 야외에서 행해졌다. 반대로 두라 유로포스에서는 이미 강하게 제도화된 교회의 형태가 나타난다.

제도화된 교회의 형태는 교인들의 수가 성장하자 불가피해졌고, 공동 식사가 제의적인 성만찬 축제로 변형되면서 애호됐다. 성만찬 축제를 위해서는 부엌도 가정 용품도 필요하지 않았기 때문이다(53이하). 시리아 점령지에 있었던 세례당은 중단없이—유일한 공간으로서—벽과 지붕에 그림으로 장식돼 있었고 이것은 분명 교훈적으로 설계된 것이었다.

> 그리스도인의 삶의 시작으로서 세례는 교회를 지도하기 위한 신학적 동기라고 할 수 있는데, 그 견해에 따라 그리스도인 됨이라는 전체 이해가 결정되기 때문이다(119).

이렇게 높이 평가하는 것은 세례 때 개인에 대해 집중하는 것과 연관돼 있었다. 세례당은—모임 장소로 쓰였던 $65m^2$의 주요 공간과는 반대로—약 $20m^2$였다. 그래서 결코 공동체 전체가 아니라, 단지 몇몇 사람들만이 세례에 참여할 수 있었다. 창문이 없는 공간은 초를 통해 밝혀져야만 했다. 그 공간의 천장에는 팔각형의 "밤하늘"이 새겨져 있었는데, 초기 기독교 숫자 신비주의에 따르면 (숫자 8) 팔각형의 하늘은 세례의 종말론적이고, 부활을 향한 지평을 시각화하고 있다(163-165).

하지만 양떼들과 함께 있는 목자를 표현하고 있는 벽화는 최소한 세례 행위가 공동체와 관련돼 있음에 주의를 기울이게 했다. 물론 목자가 그리스도를 의미하는 것인지에 대해서는 논란의 여지가 있지만, 어떠한 경우에든지 양떼는—고대교회 텍스트에 상응해(272)—교회를 상징적으로 묘사하고 있다.

울리히 멜(Ulrich Mell)은 만약 목자 그림이 그리스도를 묘사하는 것이 아니라면, 그 공간의 "주요 제의 그림"은 성경과 관련된 것이 아니라, 이교적인 환경에서 사용되는 모티브를 수용했을 것이라고 언급한다(271-289).[48] 이러한 것은 3세기 중엽에 이 지역에서 세례 프락시스의 문화적 넓이와 융화 능력에 대한 인상적인 증거가 될 것이다.

4. 지금까지의 관심이 무엇보다도 오늘날의 관점에서의 서구 기독교에서 확고한 기반을 차지하고 있는 형식과 발전에 쏠렸다면, 그에 대항하는 움직임들과 그와 다른 신학적 문서들도 있다

특별한 의미를 지니는 것은 영지주의적인 질문들과 소위 이단 세례 분쟁을 초래한 논쟁들이다.

구체적인 영지주의적인 구상들과 시스템은 대부분 그다지 명료하지 않다. 왜냐하면, 그것들은 반대자의 문서에 종종 단지 왜곡돼서 전수됐기 때문이다. 그런데도 한편으로 물의 의미를 물질적인 것일 "뿐"이라고 여기는 위험이 확인된다. 그에 상응해 영지주의 집단에서는 세례의 의미가 물 붓는 행위로 축소된 것으로 보인다. 물 붓는 행위는 성령 전달 의식이 아니라 죄 용서 의식(Akt)으로 이해됐다.[49] 이것은 통상적으로 성령의 전달을 표징적으로 보여주던 기름 부음의 가치가 상승하도록 했다.

그러나 이와는 반대로 이레니우스(Irenäus v. Lyon)와 같은 신학자들은 죄

---

[48] 이와는 반대로 예를 들어, Leonard Rutgers, Dura-Europos III. Christliche Gemeinde, in: ⁴RGG Bd. 2(1999), 1026-1028, 1027을 보라.

[49] Alfons Fürst, Die Liturgie der Alten Kirche. Geschichte und Theologie, Münster 2008, 206을 보라.

용서와 성령 전달의 상관성을 강조했다(Adversus haereses I 21, 4). 그러나 중요한 것은 신학적인 해석만이 아니다. 오히려 세례를 예전적으로 표현하는 방식이 성장하였고, 새로운 징표들을 받아들였다. 그와 더불어 물 붓는 의식과 기름 붓는 의식은 각각의 고유한 의미론적인 원동력을 발전시켰다. 다른 한편으로 이원론적인 세계관이 영지주의자들에게 영향을 미쳤다. 이러한 것은 특히 영지주의자들로 선과 악의 계속된 분리를 표명하기 위해서 계속 축귀를 세례 속에 집어넣도록 했다.[50]

『사도 전승』이 이미 보여주는 것처럼, 축귀는 가톨릭 세례 예전에도 받아들여졌다. 그러나 (영지주의적인 이원론을 거부하는 가운데) 윤리적으로 전환됐다.[51]

소위 이단 세례 논쟁은 처음에는 다른 상황으로 갔으나 결국 성령에 대한 견해와 관련된 문제로 귀결됐다. 여기에서 문제가 된 것은 이단자들을 통해 행해진 세례를 승인할 것인가에 관한 것이다. 터툴리안(Tertullian) 이전에 이미 북아프리카에서는 이러한 세례를 인정하지 않고 정통교회로 이적할 때 (다시 한번) 세례를 베푸는 것이 통상적이었다.[52] 이것은 다음과 같은 논거로 설명됐다. 즉 성령은 세례에 속한 것이고, 다시금 이 성령의 장소는 단지 (하나의, 교리상으로 정확한) 교회에만 있으므로 성령이 없는 세례는 있을 수 없다는 것이다. 이러한 견해는 예를 들어, 키프리아누스(Cyprian)를 통해 강력하게 지지가 됐고, 동쪽에 있는 교회로 퍼져나갔다.

그러므로 교회가 이교도들에게 있는 것이 아니라면, 나눠질 수 없는 단 하

---

[50] Arnold Angenendt, Geschichte der Religiosität im Mittelalter, Darmstadt 1997, 466을 보라.
[51] A. a. O. 467을 보라.
[52] Alfons Fürst, Die Liturgie der Alten Kirche. Geschichte und Theologie, Münster 2008, 211을 보라.

나의 교회만이 있기 때문이고, 그래서 성령이 거기에 계신 것이 아니라면, 거룩하지 못하고 외부에 속한 사람들에게 있을 수 없는 단 한 분의 성령만이 계시기 때문에 상술한 일치에 근거하고 있는 세례도 분명 이교도들에게 있는 것은 불가능하다. 왜냐하면, 세례는 교회와도 성령과도 분리될 수 없기 때문이다.[53]

교회의 가시적인 일치를 고수하는 것이 어떤 면에서 오늘날도 여전히 정교회의 세례 이해를 규정하고 있다(오직 세례 승인의 가능성을 통해서만 경륜에 따라["*kat' oikonomian*"] 완화된다).[54] 서방교회에서는 일찍이 로마의 주교, 스테파누스 1세(Stephanus I. 254-257)가 그에 반대해 항의했다. 이때 안수와 세례를 분리함으로써 문제를 해결했다. 소위 이단 교회에서 이적할 때 세례는 그렇게 승인될 수 있었다. 그러나 스테파누스(Stephanus) 주교는 안수를 통해 세례를 보완했는데, 안수는 한편으로 참회 의식을 확정하는 것이었고, 다른 한편으로는 성령을 부여하는 것에 대한 표현이었다.

두 개의 논쟁에서는 물 붓는 행위로서의 세례의 효력에 대한 질문이 주목받았다.

세례에 부여된 효력을 고려해 세례에 더 보완돼야 할 것이 있는가?

---

[53] Cyp. ep. 74,4, a. a. O. 212에서 인용.
[54] 역사적으로 그리고 조직적으로 세분화한 연구로는 Dorothea Wendebourg, Taufe und Oikonomia. Zur Frage der Wiedertaufe in der Orthodoxen Kirche, in: Wolf-Dieter Hauschild/Carsten Nicolaisen/Dorothea Wendebourg (Hg.), Kirchengemeinschaft-Anspruch und Wirklichkeit, Stuttgart 1986, 93-116을 보라.

5. 전체적으로 처음 3백 년 동안 세례는 복합적이고, 각각 다양하고 서로 다른 의미를 지닌 예전 구조로 발전했다

처음에는 그리스도를 모방하는 것에 근거를 둔 세례 받는 자의 삶의 전환이 중심을 이루었다. 더 나아가 세례는 위계적으로 구조화되고 목사직과 더불어 정통 신앙을 존중하는 교회로의 입교라는 특징을 지니게 됐다.

세례에 대한 신약성경 텍스트의 개괄적인 연구에서 신학적으로 어쩌면 가장 중요한 통찰은 그리스도와의 관련성 속에 근거를 두고 있는 세례의 포용적인 성격, 즉 그 당시에 통상적이던 종족적, 사회적, 성별적인 배제가 없었다는 점이다. 모든 사람을 위한 이러한 근본적인 개방성은 세례를 할례와 구분시켰고, 마찬가지로 다른 제의단체에 있는 다양한 입회 예식과도 구분됐다. 그것으로 기독교 공동체는 예수 사역의 근본 동인에 대한 중요한 기억을 보존했다.

처음에는 예수조차 종족적이고, 성별적인 구분을 뛰어넘어 도래하는 하나님 나라가 모든 사람에게 열려 있다는 잠재적인 통찰을 어려운 커뮤니케이션의 과정에서 획득했다. 마태복음 15:21-28은 예수께 자신의 딸을 치료해 줄 것을 간구하는 가나안 여인과의 논쟁에 대해 보도하고 있다. 극적인 논쟁 후에 비로소 예수는 그때까지 그를 이끌던 종족적인 틀, 즉 예수가 심지어 신학적으로 근거를 댔던 (마 15:24, 하나님으로부터의 보냄) 틀을 버리고 비유대인 여성을 도왔다(→III. 2.2.).

그러한 개방성을 유지하는 것이 얼마나 어려웠는지, 이단 세례 분쟁에서의 논쟁이 보여준다. 교리상으로 다르게 판단하는 사람들을 배제하는 것은 교리 형성과 관련이 있는데, 이것은 세례 프락시스에 심각한 문제를 제기했다. 여기에서 처음으로 세례의 포용적인 성격과 배제를 포함하고 있는 교회의 교리적 설정 사이의 긴장이 나타난다. 세례가 교회 규정에 강하게 편입될수록 점점 더 세례의 포용적인 성격을 잃어버릴 위험에 처했다. 왜냐하면, 집단을 형성할 때 관련되는 배제의 형식이 (예를 들어 전제 조건의 형태로) 세례 프락시스를 규정했기 때문이다.

거기에 더해 그리스도인들의 소수자 상황과 그와 더불어 주어진 그리스도인이 되는 것을 의식적으로 결정해야 할 필요성은 세례와 교육적인 행위와의 밀접한 연관성을 요구했다. 『사도 전승』은 예시적으로 준비로서의 세례 예비자 교육(Katechumenat)에 대해 보고하고 있는데, 이것은 단지 많은 시간만 요구하는 것은 아니다.

이 고대교회 문서가 아주 당연하게 유아 세례에 대해 언급함에도 불구하고(『사도 전승』 XXI, 4), 세례 예비자 교육은 성인들을 위한 것이었다. 어쩌면 있었을지 모를 아이들을 위한 준비 교육 혹은 후속 교육에 대한 소식은 빠져있다. 또한, 이제는 관습적/도덕적인 영역에서 배제의 문제가 나타난다. 왜냐하면, 세례 문답 교육으로 들어갈 때, 일하고 있는 직업에까지 영향을 미치는 도덕적인 요구들이 (예: 『사도 전승』 XVI) 상세하게 열거되기 때문이다.

마지막으로 세례의 목표 지점으로서 기독교 공동체가 다양한 방법으로 주목받았다. 이것이 가장 분명하게 구체화된 것은 세례 성만찬 축제에서였다. 세례 행위는 공동의 만찬 축제로 끝났다.

제2장

확장과 축소(300년-600년)

4세기에는 기독교와 세례에 영향을 미치는 정치적 조건이 근본적으로 변했다. (정통) 기독교 교회는 디오클레티아누스(Diokletian)의 박해 후에 국가 기관으로 승격됐다. 기독교는 많은 곳에서 국가에서 지원하는 종교가 됐다. 이로 인해 세례받는 사람들의 수는 증가했지만, 예식의 내용적인 의미는 떨어졌다. 다양한 측면에서 세례가 주변으로 밀려나기 시작했다. 세례 지연(Taufaufschub)과 견진성사 분리와 같은 표제어들이 이러한 발전의 다양한 관점을 보여준다.

그 후 5세기부터 서구에서 통례가 된 유아세례는 교회 프락시스에 새로운 도전을 주었는데, 이러한 도전은 오늘날까지 계속되고 있다.

전반적으로 성경 텍스트와 교회법에 따르고 있었던 이전 단락과는 달리 4세기와 5세기의 세례 프락시스에 대한 대부분 정보는 주교들의 종교적 대화에 나타나고 있다.[1] 그러므로 이제는 목회적인 문제들이 좀 더 많이 등장하게 된다.

---

1   Bruno Kleinheyer, Skramentliche Feiern Bd. 1. Die Feiern der Eingliederung in die Kirche (GDK 7,1), Regensburg 1989, 66을 보라.

1. 4세기에 기독교는 —처음에는 허용하는 것으로, 그 후에는 방대하게 황제(혹은 황제들)에 의한 후원을 받으면서—공적인 영역으로 들어섰다

380년 테오도시우스(Theodosius) 황제는 국가에 속하는 것과 (정통)교회에 속하는 것을 동일시했다. 그 결과, "교회에 소속되는 것이 정치적인 질서에 의해 전제된, 모든 국가 구성원의 일반적인 법적 신분의 한 부분을 이루게 됐다."[2]

그리스도인에 대한 이러한 새로운 지위는 막 시작된 교회의 활발한 건축 활동에서 분명하게 드러났다. 주교들은 의식적으로 도시에서 바실리카 형식을 사용했다. 고대의 성전과는 반대로 여기에서 중심적인 것은 모임을 위한 공간이었다.[3] 거기에 더해 많은 곳에서 세례대(Taufbecken)나 (고유한 공간이나 심지어 건물 형태의) 침례당과 같은 세례 유형이 생겨났다.[4] 그와 함께 세례에 공간적인 이동이 가미됐는데, 이는 세례의 과정적인 성격을 직접적으로 경험할 수 있도록 한 것이다.

하지만 주목할 만한 것은 침례당 건축이 많은 곳에서 그리 긴급한 것은 아니었다는 사실이다. 이것은 유아 세례가 퍼져나간 것과 연관될 수 있을 것이다. 왜냐하면, 유아 세례 때는 성인 세례 때와는 달리 벌거벗기 때문에 생기는 조심스러운 실제적인 문제가 나타나지 않았기 때문이다.

---

2 Wolfgang Huber, Auf dem Weg zu einer Kirche der offennen Grenzen, in: Christine Lienemann-Perrin (Hg.), Taufe und Kirchenzugehörigkeit. Studien zur Bedeutung der Taufe für Verkündigung, Gestalt und Ordnung der Kirche (FBESG 39), München 1983, 488-514, 494.

3 Reiner Volp, Liturgik. Die Kunst, Gott zu feiern Bd. 1. Einführung und Geschichte, Gütersloh 1992, 186을 보라.

4 Bruno Kleinbeyer, Sakramentliche Feiern Bd. 1. Die Feiern der Eingliederung in die Kirche (GDK 7, 1), Regensburg 1989, 58-63.

교회가 사회에 더 깊이 들어가고, 국가 당국으로부터의 지원이 진행됨에 따라 지속적으로 많은 사람들의 세례에 대한 태도가 변했다. 3세기 말까지는 세례를 받겠다는 결정이 종종 위험과 연결돼 있었고, 그에 상응하는 분명한 자세를 요구했다면, 이제 세례받는 것은 점점 더 당연한 것이 됐다.

이러한 변화는 과도기에 많은 갈등들을 초래했다. 왜냐하면, 한편으로는 (세례를 받기 위해서) 여전히 엄격한 윤리적이고 도덕적인 요구가 유효했기 때문이었다. 이러한 윤리적인 요구들은 부분적으로는 그 외의 일반적이고 사회적으로 수용되는 많은 활동과는 반대되는 것이었다. 세례 준비와 연결된 진지함을 인상적으로 표현한 것은 그에 상응하는 금식 기간이었다. 이 금식 기간은—원래는 세례 준비의 시간이었는데—고난 기간[5]과 대림절 기간으로 오늘날까지 이르고 있다. 반대로 이제 교회 공동체로의 입회는 사회에서 이익을 제공했고, 심지어 기회주의적인 이유로 종용되기까지 했다.

어떤 의미에서 4세기에 널리 퍼졌던 소위 세례를 연기하는 관행은 하나의 타협선을 드러내고 있다.[6] 사람들은 세례 준비 교육을 신청했고 그와 함께 일반적으로 감지할 수 있게 교회의 진입에 발을 들여놓았다. 그것을 위한 특유의 초입 세례 문답[7] 형식과 그에 상응하는 의식(예를 들어, 소금 증정[8])이 발전했다.

---

[5] 예를 들어, Maxwell Johnson, From Three Weeks to Forty Days. Baptismal Preparation and the Origins of Lent, in: Ders. (Hg.), Living Water, Sealing Spirit, Cooegeville 1995, 118-136을 보라.

[6] Andreas Müller, Tauftheologie und Taufpraxis vom 2. bis zum 19. Jahrhundert, in: Markus Öhler (Hg.), Taufe (Themen der Theologie 5), Tübingen 2012, 83-135, 100-102를 보라.

[7] 간략하지만 중요한 문서들을 부분적으로 의역한 개관을 다음의 논문이 보여준다. Heiko Wulfert, Die Taufe in den mystagogischen Katechesen um 400, in: Quat. 77 (2013), 131-142.

[8] 이러한 관습의 어려운 해석에 대해서는 다음은 보라. Bruno Kleinheyer, SAkramentliche

하지만 이러한 "세례 지원자"들은 그 후에 적극적으로 세례 준비를 시작하지 않았고, 오히려 종종 오랫동안 세례 예비자의 상태에 머물렀다. 구체적으로 세례를 신청하지도 않았고 그와 더불어 소위 관할 시기로 들어가지도 않았다. 이 새로운 "세례 예비자"들은 중병이 걸리거나 혹은 죽음이 임박했을 때 세례를 받을 기회와 더불어 구원을 약속하는 죄 용서의 기회가 여전히 있을 거라고 믿었다. 그때까지 그들은 세례와 연관된 윤리적인 요구나 교회의 조례로부터 부담없이 살 수 있었다. 세례 이후에 두 번째 속죄가 있는지에 대한 문제에 직면해 영혼 구원을 위해서는 우선 죽음의 자리에서 세례로 죄 용서를 받는 것이 더 안전해 보였다. 콘스탄티누스(Konstantin) 황제는 이러한 관행의 가장 유명한 예이다. 이러한 관행은 결국, 세례 예비자 교육(Katechumenat)이 해체되도록 했다.

> 모든 윤리적인 요구로 이뤄진 시험과 검증의 시기인 세례 예비 교육으로부터 그리스도인 됨에 대한 보다 구속력이 적은 형태가 발전했다. 즉 말씀 예배에 참석하고, 그래서 교회에 속했다고 느끼지만, 세례는 받지 않는 상태를 지속하는 그리스도인들의 유형이다.[9]

물론 죽음의 자리에서의 세례는 커뮤니케이션의 농도가 짙을 수 있다. (죽어가는) 세례 지원자가 아직 상호 작용을 할 수 있는 처지에 있다면 말이다.[10]

Feiern Bd. 1. Die Feiern der Eingliederng in die Kirche (GDK 7,1), Regensburg 1989, 67.
[9] Alfons Fürst, Die Liturgie der Alten Kirche. Geschichte und Theologie, Münster 2008, 115.
[10] 요한네스 크뤼소스토무스의 세례 문답에서의 비판적 소견(2/1,5)을 보시오(Martin Suflesser, Liturgisches Gedächtnis der einen Taufe. Überleungen im ökumenischen Kontext, Freiburg 2004, 99에서 인용-).

하지만 (변화된 교회의 사회적 위치 외에) 분명하게 드러난 문제는 윤리적으로 설정된 죄 교리가 지배적이었다는 것과 구원론이 직접적으로 우위에 예전적인 수행과 직접적으로 연결된 것이었다. 교리 논쟁은 일반적으로 퍼져 있던 마법적인 상상과 연결돼서 해방적이고 개방적인 세례의 방향 설정을 가로막도록 위협했다.

2. 그 외에 세례 프락시스에 대한 의미 있는 변화는 세례가 주변으로 밀려난 것과 연관돼 있다

세례는 오랫동안 끌어오다가 일반적으로 시행된 견진성사와의 분리되었다. 여기에서 중요한 문서는 데첸시우스(Decentius von Gubbio) 주교에게 보내는 교황 이노센스 1세(Innozenz I.)의 편지다(기원후 416). 거기에서 교황은 사도행전 8:14을 근거로 내세우고 있다.

> 성령 받기를 기도할 과제는 주교들에게 주어진 것이(었)다. 장로들의 책무는 세례 때 성유를 붓는 것이다. "주교들이―그리고 절대 다른 사람은 안 된다―아이들에게 성령 받기를 기도하는 것은 아주 명백하게 허락돼 있다. 왜냐하면, 장로들은 두 번째 등급의 성직자이고 가장 높은 직, 주교의 직을 차지하고 있는 것이 아니기 때문이다. 이러한 최고의 봉사, 즉 성령 받기를 위해 안수하거나 성령을 전달하는 것이 오로지 주교들의 과업이라는 것은 교회 전승만이 아니라 실제로 사도행전 구절도 보여주고 있다. 사도행전은 베드로와 요한이 이미 세례받은 사람들에게 성령을 전달하는 위임을 받았음을 설명하고 있다."[11]

---

[11] Bruno Kleinheyer, Sakramentliche Feiern Bd. 1. Die Feiern der Eingliederung in die Kirche

그와 더불어 이미 이전부터 시작된 세례 프락시스에서 있었던 긴장이 해결됐다. 즉 죄 사함이라는 해석과 성령 받음이라는 해석 사이의 긴장, 물을 붓거나 혹은 기름부음의 표지 행위 사이의 긴장이 해결됐다. 그 배경에는 유아 세례가 보편화되는 과정에서 자녀들이 태어나자마자 곧바로 세례를 받기를 원하는 많은 부모의 바람이 있었다. 부모들은—당시 유아 사망률이 높았고 구원을 실질적인 것으로 이해했기 때문에—자녀의 영혼 구원에 대한 두려움을 가지고 있었다.

그러나 큰 교구에서는 주교가 보통 실질적인 이유로 인해 통상적인 기름 부음을 포함해, 세례를 출생과 가까운 시기에 시행할 수 없었다. 그래서 우선 등급이 낮은 지역 사제가 세례를 베풀었고, 성령 받기를 바라는 안수는 주교가 올 때까지 기다려야만 했다.

> 실제로 세례 예전이 주교가 주관하는 주요 예전의 맥락으로부터 점점 더 고립됐다. 그것은 중세의 변화 과정에서 나타나는 예전에 관한 중심 문제 중 하나였다.[12]

교회에서 그사이 당연시된 성직 계급의 조직 형태는 고대에 널리 퍼져 있던 위계 질서 문화에 일치하는 순응이었고, 그렇게 세례 프락시스도 변화시켰다.

(GDK 7,1), Regensburg 1989, 195; 로마 가톨릭 예전 영역 외에서의 수용에 대해서는 Arnold Angenendt, Geschichte der Religiosität im Mittelalter, Darmstadt 1997, 472 이하를 보라.

[12] Andreas Odenthal, Liturgie vom Frühen Mittelalter zum Zeitalter der Konfessionalisierung (SMHR 61), Tübingen 2011, 197.

3. 방금 언급했던 이노첸시 1세(Innozenz I) 발언의 배경에는 유아 세례의 확산이 있었다[13]

지역적으로 차이가 있었고, 부분적으로는 몇십 년 이상을 끌던 가운데 5세기에 어린아이들의 세례가 전국적으로 통례가 됐다. 유아 세례는 지금까지 성인들을 위해 규정된 순서를 따랐는데, 몇 가지 변화는 피할 수 없었다. 아이들은 스스로 자신들의 신앙을 고백할 수 없다. 댓구식으로 하든, 낭독식으로 하든 그렇다. 이런 경우 처음에는 부모가 자녀들을 대변했다. 하지만 인간학에 대한 교리적인 구상에 의하면 부모들의 대리 신앙 고백은 (마귀에 대한 거절도 마찬가지로) 문제가 있어 보였다.

펠라기우스(Pelagius)에 반대해 세워진 아우구스티누스(Augustin)의 유전 죄 교리는 유전 죄의 대물림이—말하자면 경험적으로—성 행위에 있는 것으로 자리매김 됐다. 이러한 성 행위와 연결된 욕망(concupiscentia)이 출생 전에 이미 아이를 더럽힌다는 것이다.[14]

거기로부터 나온 결과는 한편으로는—유전 죄(peccatum originale)에 붙들려 있는—유아의 세례의 필요성이다. 이는 카르타고 지역 총회(Synode von Karthago)가 이미 418년에 (Canon 2에서) 결의한 것과 같다(DH 223). 다른 한편으로는 다음과 같은 사실이 논리적으로 뒤따르게 된다. 즉 자신들의 욕망으로 아이를 유전 죄로 전염시킨 부모가 세례에서 신앙에 결정권이 있는 결정적인 자리에 등장하도록 해서는 안 된다는 것이다. 이렇게 해서— 성인 세례 때의 선례와는 상관없이[15]—**대부직**(Patenamt)이 형성됐다.[16]

---

[13] 이것과 관련된 3세기의 다양한 신학적 견해들에 대해서는 Michael Gärtner, Die Familienerziehung in der Alten Kirche, Köln 1985, 65-67을 보라.
[14] 보다 정확하게 Winrich Löhr, Sündenlehre, in: Volker Henning Drecoll (Hg.), Augustin Handbuch, Tübingen 2007, 498-506, 502 이하를 보라.
[15] Michael Gärtner, Die Familienerziehung in der Alten Kirche, Köln 1985, 68-72을 보라.
[16] 발전 과정에 대해서는 Ulrich Schwab, Die Taufpaten. Praktisch-theologische Erwägungen

대부직은 원래 아직 말할 수 없는 아이들을 대신해 신앙을 고백하는 (그리고 마귀를 거절하는) 기능이 있었다. 그로부터 시간이 지남에 따라 대부직에 대한 고유한 이해가 발전했다. 특히 이 제도는 부모가 죽었을 때 대자(대부를 세워 세례받은 아이-역주)를 책임지는 데까지 이르렀다.

더 나아가—이미 언급한 것처럼 세례를 미루는 중에—이미 다른 곳에서 문제시돼 버린 세례 예비자 교육(Katechumenat)은 유아들의 세례 때에 완전히 그 정당성을 잃어버렸다. 기독교 신앙으로의 교육적 입문(소위, 수세 지원자 시험, Skrutinien)은 예전적인 문구로 변형됐다.[17] 그와 함께 전체 형식에서 중요한 것은 세례 지원자들을 집중적으로 준비시키는 일곱 단계로 이뤄진 예전적인 구조다.

① 사순절의 세 번째 주 수요일에 있는 시험: 개회 찬송 후 그리고 예배 헌금 전에 대부와 대모를 통한 세례 지원자의 성호, 안수는 축귀와 연결돼 있다- 에스겔 36:25-29 교송.

② 사순절 셋째 주 토요일에 있는 시험: 동일함.

③ 네 번째 주에 있는 시험. 예배에서 성경 낭독(사 55:2-7; 골 3:9; 롬 10:18) 후 "귀를 엶"(*apertio aurium*)의 의식; 복음과 신앙 고백, 주기도문의 전수, 각각 엄숙한 선언과 함께.

④, ⑤, ⑥ 시험: 추가 없이.

⑦ 부활절 전 토요일에 있는 시험: 이마에 성호, 안수, 기름부음, 악마 거부, 신앙 고백 암송 그리고 기도.[18]

---

zu Genese und Gestalt einer Institution, in: ZThK 92 (1995), 396-412을 보라.

[17] Alois Stenzel, Wege und Umwege in der Geschichte des Taufrituals, in: LJ 9 (1959), 16-28, 22-24을 보라.

[18] Arnold Angenendt, Geschichte der Religiosität im Mittelalter, Darmstadt 1997, 464.

세례를 준비하는 이러한 인상적인 형태가 아이들에게는 관철될 수 있는 것이 아니었다. 그래서 몇 백 년 이상 중요하게 여겨지던 세례와 신앙으로의 입문과의 연관성이 대부분의 사람에게 어떠한 대안도 없이 사라졌다.

4. 4세기와 5세기에—어떤 의미에서—이단 세례 논쟁의 새로운 버전이 북아프리카(카르타고)교회와 로마교회를 긴장시켰다

소위 "도나투스 논쟁"(Donatistenstreit)에서는 원래 주교 서품의 유효성이 문제였다.[19] 이미 언급한 바 있는 키프리아누스(Cyprian)의 논거와 함께(→ 1.4), 지금까지 가톨릭교회로부터 개종한 사람들이 도나투스파교회에서 다시 한번 세례를 받았는데, 이로 인해 세례신학에 대한 논쟁이 생겨났다. 이 역시 그 배경에는 교회의 일치와 정통파에 대한 질문이 놓여있는 것이다.

> 세례에 의거해 이 논쟁에서 진정한 교회에 대해, 보다 엄밀히 말하자면, 구원과 속죄에 대한 이해에 관해 논의됐다.[20]

북아프리카의 주교였던(Hippo Regio, 히포 지역), 아우구스티누스(Augustin)가 이제 처음으로 성례 개념을 보다 상세하게 규정했다.

---

[19] 요약적인 교회사적 묘사에 대해서는 Bernhard Kreigbaum, Donatismus, in: [4]RGG Bd. 2 (1999), 939-942.

[20] Alfons Fürst, Die Liturgie der Alten Kirche. Geschichte und Theologie, Münster 2008, 217.

Accedit verbum ad elementum, et fit sacramentum, etiam ipsum tamquam visibile verbum(말씀이 성분 속으로 들어가서, 성례가 생겨나는데, 이것 자체가 보이는 말씀과 같은 것이다: *Johannis tractatus* 80, 3).

이와 함께 그는 상징적이고/영적인 관점과 존재론적이고/실제적인 관점 사이의 긴장을 바르게 유지했다.[21] 또한, 아우구스티누스는 세례신학을 계속 발전시켰다. 그는 세례의 유효성과 효력 사이를 구분했다.

그리스도는 세례성사의 원조이시고 주인이시기 때문에 교회 밖에서조차 파괴될 수 없는 객관성이 세례의 특성이다. 비록 믿음에 의해 원해서 받은 것이 아니라고 하더라도 말이다. 그래서 이단 세례는 정당한 것은 아니지만, 효력이 있다.[22]

그러므로 세례가—아우구스티누스(Augustin)는 이를 위해 "낙인"(character)의 비유를 사용했는데—정확하게 수행되었을 때, 그러니까 "규정대로 삼위일체의 이름으로 주어졌고 올바른 의도로 받았을 때 유효하다.[23] 그러나 이 "낙인"은 단지 진짜 교회에서만 "결실"이 맺힌다. 12세기에 이것은 "성사의 인효론, 소멸하지 않는 표식"(*character sacramentalis indelebilis*)의 교리로 계승 발전됐다.[24]

---

[21] Ulrich Köpf, Sakramente I. Kirchengeschichtlich, in: ⁴RGG 7 (2004), 752-755, 753.
[22] Wolfgang Lienemann, Taufe - Mitte und Grenze der Kirche. Zur theologischen Vorgeschichte der neuzeitlichen Taufproblematik, in: Christine Lienemann-Perrin (Hg.), Taufe und Kirchenzugehörigkeit. Studien zur Bedeutung der Taufe für Verkündigung, Gestalt und Ordnung der Kirche (FBESG 39), München 1983, 147-191, 161.
[23] Alfons Fürst, Die Liturgie der Alten Kirche. Geschichte und Theologie, Münster 2008, 216.
[24] Gunter Wenz, Sakramente I. Kirchengeschichtlich, in: TRE Bd. 29 (1998), 663-684. 669.

이러한 결과는 사람들에게 안정감을 제공했다. 세례 베푸는 자의 인격이 구원을 위협할 수는 없었다. 그와 더불어 새로운 담론들이 세례를 분명하게 지배했는데, 이는 구원을 향한 사람들의 욕구와 구별(Distinktion)과 결속(Kohärenz)이라는 개념에 대한 교리적인 관심이었다. 이 담론들은 일방적으로 "객관적인" 요소를 강조했고,[25]—상징적인 현실 이해로부터 감각적인 현실 이해로의 변화에 상응해—중세의 계속된 발전에 근본적인 것이 됐다.

아우구스티누스의 이러한 구별은 그가 반(反) 도나투스 논쟁에서 계속 국가 권력을 갖게 되면서 퇴색됐다. 누가복음 14:23("*cogite/compelle intrare*" 강제권 이론)과의 관련성 속에서 아우구스티누스는 다르게 생각하는 사람들에 대한 공권력의 단호한 조치를 옹호했다.[26]

특기할 만한 것은 도나투스파의 지도층 스스로 그들 교회 내부가 분열될 때 자기 뜻을 관철하기 위해 국가 권력 수단을 투입했다는 사실이다.

그 외에도 복음에 반하는 권력의 저류가 서구 기독교 역사에서 다양한 교리적 논쟁과 윤리적 논쟁에 동반됐다(기독론과 삼위일체론 논쟁, 성상 금지 논쟁, 그리고 교회에 촉구되는 청빈에 관한 논쟁에서).

세례와 관련된 두 번째 논쟁은 마찬가지로 이전에 영지주의 그룹에 의해 제기됐던 문제들을 수용했다. 유키트파(혹은 시리아어로 Messalianer, 메살리아니즘)는 복원한 바에 따르면, 금욕적인 수행과 계속적인 기도의 의미를 강조했다.[27] 그들은 세례가 과대 평가됐다고 여겼다.

---

[25] A. a. O. 666 이하를 보라.
[26] Wolfgang Lienemann, Taufe - Mitte und Grenze der Kirche. Zur theologischen Vorgeschichte der neuzeitlichen Taufproblematik, in: Christine Lienemann-Perrin (Hg.), Taufe und Kirchenzugehörigkeit. Studien zur Bedeutung der Taufe für Verkündigung, Gestalt und Ordnung der Kirche (FBESG 39), München 1983, 147-191, 158.
[27] Alfons Fürst, Die Liturgie der Alten Kirche. Geschichte und Theologie, Münster 2008, 207-210.

세례는 맡겨진 1파운드다. 거기에 더해 당신이 아무것도 얻지 못한다면, 당신은 완전하지 못할 것이고 모든 달란트는 다시 빼앗길 것이다.[28]

성령을 받는 것은 이제 기도에 있는 것이지 더 이상 세례에 있는 것이 아니라고 생각했다. 알폰스 퓌어스트(Alfons Fürst)는 변화된 정치적 조건에 대한 이러한 진전을 다음과 같이 해석했다.

> 이러한 기도의 신학은 국가교회라는 조건으로 세례의 의미가 사라져 가는 맥락에 들어맞았고, 기독교적인 특성을 새롭게 규정하려는 하나의 시도였다. 이러한 시도는 교회의 주목을 일으켰으나 계속해서 고립적으로 머물렀다.[29]

5. 소수파 집단으로 들어가는 위험한 입회 예식이었던 세례가 4세기에서 6세기에는 다수파 종교의 당연한 표현 방식으로 변형됐다

이로 인해 세례 실천에 다양하고 중요한 변화가 생겨났다. 점차 초기의 윤리적이고 도덕적인 요구들과 새로운 예식의 일반화 사이의 긴장이 해결됐다. 도나투스파(Donatisten)나 메잘린파(Euchiten) 같은 분리주의자들은 확실한 태도를 요구했으나, 지속적으로 실현될 수 없었다. 이때 서방의 다수파 교회는 세례는 받는 것이라는 세례의 근본 특징을 보존하는 데는 성공했다. 그러나 동시에 문제시 되는 다른 논쟁들의 영향은 간과할 수 없다. 구원의 확신에 대한 열망은 다양한 방법으로 그러나 다음과 같이 우려되

---

[28] A. a. O. 207에서 인용.
[29] A. a. O. 207.

는 결과로 변화되었다.

첫째, 성인의 경우, 세례를 연기하게 되면서 세례 준비 교육의 쇠락과 더불어 세례의 교육적인 차원의 쇠락

둘째, 아이들의 세례의 경우에, 물 붓는 행위와 안수, 기름 부음과의 분리, 그와 더불어 영적인 차원의 상실

위의 두 번째 경우는 고대의 위계적인 조직 형태를 교회가 물려받음으로써 특히 강조됐다. 안수는—서열이 높은—주교의 일이었고, 세례는—서열이 낮은—사제가 수행했다는 사실은 대부분 사람에게 세례에 대한 평가 절하의 뜻을 포함했다. 그리스도인의 전 생애를 위한 세례라는 의미가 희박해졌다.

거기에 더해 새로운 배경으로서 교리적인 논쟁 때에 권력이 투입되기 시작했다. 교회 지도자들은 교회 내부의 갈등을 결말짓기 위해서 국가의 도움과 힘을 사용했다. 이러한 것이 아우구스티누스의 예시에서 잘 드러나는데, 그는 신학적으로, 심지어는 직접 성경에서 그 근거를 대고 있다. 그때부터 권력에 대한 질문과 권력과 결부된 배척(Exklusionen)이 세례신학에 대한 성찰과 결정에 동반된다.

세례와 권력이 결합했을 때 특히 문제가 되는 측면을 보여주는 것은 6세기 말 이래—처음에는 개별적으로만—발생한 유대인 박해다. 이는 강제 세례와 연관돼 있다. 강제 세례는—중세에는 반복적으로 일어났는데—교회의 세례 프락시스에 어두운 그림자를 드리웠다.[30]

---

30 Gerd Mentgen, Judenverfolgungen II. Mittelalter, in: ⁴RGG Bd. 4 (2001), 639 이하를 보라.

제3장

국가에 의한 강제적이고 형식화된 예식으로의 발전
(600년-900년)

동방교회만이 아니라[1] 서방교회의 특별한 변화를[2] 끝내면서, 나는 카롤링거 시대의 로마 세례 프락시스에서 로마-프랑켄(römisch-fränkisch) 세례 프락시스로 넘어가는 과도기에 집중하려고 한다.[3] 거기에서는 몇 세기 동안 이뤄진 소위 민족 이동의 과정과 그와 연결된 게르만 민족 형성 과정이 정치적 배경을 이루고 있다.[4]

전체적으로는 철저한 "기독교의 문화적 변형"이 생겨났다.[5]

로마인 개인은 많은 종교적 가능성 중에서 선택할 수 있었던 반면에—그리고 이때 경우에 따라서 기독교도 취했다.—게르만 민족에게 있어서 종

---

[1] 그래서 7/8세기에 있었던 이슬람의 생성 역시 제외될 것이다 (그와 관련해서 시리아 기독교와의 깊은 관련성에 대해서는 Andreas Goetze, Religion fällt nicht vom Himmel. Die ersten Jahrhunderte des Islams, Darmstadt ²2012, 17-233을 보라).
[2] 영향사적으로 중요한 고대 스페인과 고대 갈리아 유형에 대해서는 Bruno Kleinheyer, Sakramentliche Feiern Bd. Die Feiern der Eingliederung in der Kirche (GDK 7, 1), Regensburg 1989, 99-101을 보라.
[3] 이 시기의 세례 프락시스에 대한 가장 중요한 원전에 대해서는 위의 책 103 이하 개관을 보라.
[4] 이에 관한 좀 더 새로운 연구 결과에 대해서는 Volker Leppin, Geschichte des mittelalterlichen Christentums, Tübingen 2012, 16-22을 보라.
[5] A. a. O. 81 이하를 보라.

교는 사회적 안녕을 보장하는 것을 의미했다.[6]

거기에서 무엇보다 세례신학의 중요한 변화 세 가지를 관찰할 수 있다.

① 세례의 형식화
② 세례가 계속해서 정치적인 권력 관계로 통합됨
③ 세례 프락시스를 중앙 집권화하고, 그와 더불어 특히 세례의 교육적인 의미를 새롭게 획득하려는 시도

1. 7세기 초까지 많은 곳에서 교회 예식을 개최하는 방식은 굉장히 자유로웠다

그래서 교황 그레고리오 1세(Gregor d. Gr.)는 세례 때에 물속에 한 번 들어가야 하는 건지 혹은 세 번 들어가야 하는지에 대한 스페인의 질문에 대해 다음과 같이 대답했다. 즉 "하나의 신앙에 굳게 잡혀 있을 때 다양한 형태는 가능하다는 것이다"(*In una fide nil officit sanctae ecclesiae consuetudo diversa*).[7] 그리고 746년에도 교황 자카리아(Zacharias)는 잘못된 라틴어로 베풀어지는 세례와 관련해[8] 중요한 것은 의미이지 라틴어가 아니라고 강조했다.

물론 반대 세력들도 마찬가지로 관찰된다. 이들은 결국 완전한 세례의 형식화를 이끌어낸 사람들이다. 보니파시오(Bonifatius)는 세례 문구가 잘

---

6   A. a. O. 17.
7   Arnold Angenendt, Geschichte der Religiosität im Mittelalter, Darmstadt 1997, 465 이하.
8   교육받지 못한 사제는 세례 문구를 다음과 같이 변조했다: "Baptizo te in nomine patria et filia et spiritus sancti." (Andreas Odenthal, Liturgie vom Frühen Mittelalter zum Zeitalter der Konfessionalisierung (Spätmittelalter, Humanismus, Reformation 61), Tübingen 2011, 67 각주 78에서 인용).

못 읊조려졌을 때, 세례의 유효성에 대해 의문을 제기했다. "왜냐하면, 하나님의 능력은 정확히 그 단어에서 거룩함을 성취하기 때문이라는 것이다."[9] 그리고 알퀸(Alkuin)은 세 번의 침수를 정통 신앙에 대한 포기할 수 없는 표현으로 간주했다.[10]

고정된 세례 문구가 도입되면서 세례는 오늘날에 이르는 틀로 규격화됐다.

"나는 당신에게 성부와 성자와 성령의 이름으로 세례를 베푸노라"라는 세례 문구는 7세기에서 8세기로 넘어가는 시점에서야 비로소 대두된 것이다. 그 전까지 "세례는 믿음에 대해 세 번 묻는 하나의 의식(儀式)이었다. 즉 믿음('크레디스'…[Credis…] 당신은 믿습니까?)과 대답 '크레도'(Credo, 나는 믿습니다)와 그와 연결된 침수"[11] 혹은 세례 받는 자의 머리에 물 부음이 그것이다. 오늘날까지 통용되고 있는 세례 문구의 도입과 일반적인 사용은 세례 베푸는 자의 역할은 물론, 세례받는 자의 역할 역시 바꿔 놓았다.

> 의문형으로 된 수여 문구를 사용할 때 세례받는 자는 스스로 '신앙고백'(credo)으로 대답함으로써 결정적인 세례 단어를 말하는 사람이었다면, 직설법적인 수여 문구를 사용할 때에 세례 베푸는 사람은 '에고 테 밥티조'(Ego te baptizo, 내가 너에게 세례를 베푸노라)로 성례를 집행한다. 이런 일을 하는 사람은 보통 성직자인데, 그는 일어나는 모든 일을 통제하고, 세례 받는 자는 받는 자로서 그에게 종속돼야만 한다.[12]

---

[9] Arnold Angenendt, Geschichte der Religiosität im Mittelalter, Darmstadt 1997, 466.
[10] A. a. O. 466.
[11] Andreas Odenthal, Liturgie vom Frühen Mittelalter zum Zeitalter der Konfessionalisierung (Spätmittelalter, Humanismus, Reformation 61), Tübingen 2011, 198.
[12] Arnold Angenendt, Geschichte der Religiosität im Mittelalter, Darmstadt 1997, 466.

이러한 변화는 전체 예전에 영향을 끼쳤다.

신앙의 독려와 연관된 상호 작용적인 행위, 즉 세례 베푸는 자와 세례받는 자(혹은 그의 대리자) 사이의 상호 작용은 일방적인 성직자의 정통 의식(Rechtakt)이 돼버렸다.

세례 축제는 세례를 "주는 것"이 돼버린 것이다. 그와 더불어 새롭게 기독교에 입회하려고 하는 민족이나 종족들에게 중요한 것은 성인 세례였다.

2. 바로 전에 언급했던 세례 문구의 도입은 게르만인들이 소위 기독교화하는 과정에서 세례 프락시스가 계속해서 철저하게 변화한 것에 잘 들어맞았다

세례는 국가 권력의 표현이 됐다. 예시적으로[13] 작센(sächsisch)의 공작 비두킨드(Widukind)의 세례가 이러한 것을 보여준다. 비두킨드 공작은 카롤루스 대제(Karl d. Gr.)에 대항하는 작센(Sachsen) 지방의 저항에서 두각을 나타냈는데, 그의 군대는 처절하게 패배하게 됐다. 처벌로 카롤루스(Karl)에 의해 베르덴(Verden) 학살이 집행됐고 비두킨드는 도주해 죽음을 모면할 수 있었다. 하지만 그는 엄청난 군사적인 압박을 버텨낼 수 없었다. 그는 세례를 받음으로—카롤루스(Karl)가 대부 직을 맡음—항복했다. 실제로 비두킨드 공작은 죽음이냐, 세례냐의 양자택일 앞에 서 있었던 것이다.

---

[13] 7세기 초에 이미 서고트족의 스페인에서 있었던 유대인의 강제 세례에 대한 보고가 있다 (Wolfgang Lienemann, Taufe - Mitte und Grenze der Kirche. Zur theologischen Vorgeschichte der neuzeitlichen Taufproblematik, in: Christine Lienemann-Perrin (Hg.), Taufe und Kirchenzugehörigkeit. Studien zur Bedeutung der Taufe für Verkündigung, Gestalt und Ordnung der Kirche (FBESG 39), München 1983, 147-191, 158; 그리고 a. a. O. 170 이하, 강제 세례에 대한 비판이 지적된 곳을 보라).

다음과 같은 사실이 그에 필적할만하다. 즉 "항복 문서"(*Capitulatio de partibus Saxoniae*)에 따르면 세례를 거부하는 것은 사형을 초래하는 것이다.[14] 카롤루스(Karl)는 그의 폭력으로—폴커 레핀(Volker Leppin)에 따르면—"수백 년 동안 해오던 선교 관행의 후계자임이" 증명됐다.[15] 그와 함께 최종적으로 강제 세례의 단계가 이뤄졌다.

"카롤링거 왕조 시대에는 심지어 모든 아이가 세례를 받아야 한다고 법적으로 규정됐다."[16]

근본적으로 대칭적인 상호 작용의 의미에서 세례의 의사소통의 특징— "크레디스(*Credis*) ⋯" 와 "크레도"(*Credo*)는 서로 의존적이다—은 파괴됐다. 자유로운 결정 대신에 강제가 등장했다.

단연 반대의 목소리가 있었다. 교회 공적으로 이미 교황 그레고리 1세(Gregor d. Gr.)는 강제 세례를 금지했다.[17] 그리고 카롤루스의 왕실 신학자 알퀸(Alkuin)은 신학적인 근거로 단호하게 강제 세례에 대항했다.

> 왜냐하면, 믿음은 거룩한 사도가 말한 것처럼, 자발적인 일이지 강제적인 일이 아니기 때문이다. 믿도록 이끌 수는 있으나, 강제할 수는 없다. 물론 세례를 받도록 강제할 수 있다. 그러나 그것이 믿음을 얻는 것은 아니다. (⋯) 성인의 나이에 있는 사람은 본인 스스로 무엇을 믿을 것이고 원하는 것이 무엇인지 답해야 하고 만약에 그가 허위로 신앙을 고백한다면, 그는

---

[14] Volker Leppin, Geschichte des mittelalterlichen Christentums, Tübingen 2012, 120.
[15] A. a. O. 120.
[16] Andreas Müller, Tauftheologie und Taufpraxis vom 2. bis zum 19. Jahrhundert, in: Markus Öhler (Hg.), Taufe (Themen der Theologie 5), Tübingen 2012, 83-135, 111.
[17] Wolfgang Lienemann, Taufe - Mitte und Grenze der Kirche. Zur theologischen Vorgeschichte der neuzeitlichen Taufproblematik, in: Christine Lienemann-Perrin (Hg.), Taufe und Kirchenzugehörigkeit. Studien zur Bedeutung der Taufe für Verkündigung, Gestalt und Ordnung der Kirche (FBESG 39), München 1983, 181을 보라.

진리 안에서 구원을 얻지 못할 것이다.[18]

물론 실제는 다르게 흘러갔다. 집단의 위계 질서적인 구조 때문에 게르만 지도자 한 사람의 세례는 그의 부하들이 세례를 받는 결과가 됐다. 이러한 것은 이미 498년 성탄절 때 프랑크족의 왕 클로비스(Chlodewig)의 떠들썩한 세례가 보여주는데, 이 세례에 귀족과 백성 거의 대부분 참여했다.[19] 이 세례는 세례받는 자의 수가 너무 많아서 야외의 강가에서 거행됐다.[20] 내용적인 중점이나 상세한 세례 준비 교육은 예정되지 않았다. 세례에서 복음의 커뮤니케이션은 "신(神)을 바꾸기 위한 기본 결정"[21]으로 축소됐다. 그와 함께 지금까지 교회 내부의 논쟁에 국한됐던 힘과 권력 형성이 수세기 동안 세례 프락시스의 특정한 요소가 됐다.

조직상으로 카롤루스 대제(Karl d. Gr.)에 의해 우대된 교구교회(Pfarrkirchen)의 교구 시스템에 주의를 기울일 필요가 있다. 고유교회 시스템(Eigenkirchenwesen)과는 반대되는 이러한 모델이 결국 관철됐고, 오늘날까지 영향을 미치고 있다. 이러한 시스템은 세례를 당시 관할 교구교회의 특정한 장소와 연결했다. **그때 지급해야 할 성례 비용은 사제들을 부양할 재정을 확보할 때 도움을 주었다. 세례는 그와 함께 교회 재정 시스템에 편입됐는데, 구체적으로 사제의 생계비에 도움이 됐다.**

---

[18] Arnold Angenendt, Geschichte der Religiosität im Mittelalter, Darmstadt 1997, 470.
[19] Andreas Müller, Tauftheologie und Taufpraxis vom 2. bis zum 19. Jahrhundert, in: Markus Öhler (Hg.), Taufe (Themen der Theologie 5), Tübingen 2012, 83-135, 108 이하를 보라. 다른 지배자들의 세례와 계속되는 부하들의 대중 세례에 대해서는 Martin Stringer, A Sociological History of Christian Worship, Cambridge 2005, 108 이하를 보라.
[20] Andreas Müller, Tauftheologie und Taufpraxis vom 2. bis zum 19. Jahrhundert, in: Markus Öhler (Hg.), Taufe (Themen der Theologie 5), Tübingen 2012, 83-135, 113을 보라.
[21] Volker Leppin, Geschichte des mittelalterlichen Christentums, Tübingen 2012, 88.

3. 프랑크족의, 무엇보다 카롤루스 대제(Karl d. Gr.)에 의해 충동질 된 생활 전반의 중앙 집권화는 특별히 종교적인 생활과 세례에 해당했다

중앙집권화와 권력형성화는 서로 엇물렸다. 그를 위한 미디어 기술적인 토대는 모사자(Kopisten)들의 증가와 맞물려 이 시기에 널리 퍼져 있던 수도사 조직망을 형성했다. 그와 함께 예전에서도 의사소통을 통일시킬 가능성이 주어졌다.[22]

이러한 것은 세례 프락시스가 국가 권력으로 시행되는 정치적 결정의 용무가 될 정도로 나아갔다. 그렇게 742년 "개혁지역총회 게르만민족 종교회의"(Reformsynode Concilium Germanicum)는 견진성사—그리고 세례 프락시스—를 위한 규정을 확정했다.[23] 특히, 주교들에게는 견진성사를 위해 해마다 주기적으로 교구 주민의 교구로 출장할 의무를 줬다. 흥미로운 것은 이 지역총회의 법적 지위이다. 프랑크족의 왕 카를로만(Karlmann)이 지역총회를 소집했다. 그는 대주교 보니파티우스(Bonifatius)를 자신의 고문으로 삼았고, 자기 자신이 총회의 의장이 됐다. 카를로만(Karlmann)은 언급했던 결의들을 국가의 법률로 공포했다.

이 결정들 자체가 세례 프락시스에 엄청난 변화를 불러일으켰다. 한편으로 견진성사가 법률적으로 확정되면서 세례의 과소평가가 확정됐다. 다른 한편으로는 그로 인해 지금까지 적어도 예배서에 나와 있는 기독교 입회의 통일성과 순서(수세 행위, 안수, 성만찬)가 바뀌었다. 세례(혹은 고대교회

---

[22] 이와 관련해서는 S. J. White, Christian Worship and Technological Chance, Nashville 1994, Martin Stringer, A Sociological History of Christian Worship, Cambridge 2005, 114 이하를 보라.

[23] Andreas Odenthal, Liturgie vom Frühen Mittelalter zum Zeitalter der Konfessionalisierung (Spätmittelalter, Humanismus, Reformation 61), Tübingen 2011, 165, 199을 보라.

의 관점에서는 수세 행위)와 성만찬을 포함한, 계급이 낮은 성직자에 의해 베 풀어지는 예전이 형성됐고, 마찬가지로 주교들의 몫으로 정해진 견진성사 예전이 형성됐다.

아마도 더욱 더 중대한 것은 세례 프락시스에서 변화가 국가 법률과 그에 상응하는 당국의 권력 수단을 통해 관철됐다는 사실이다. 그와 함께 이러한 결정은 예수의 근본 동인과는 전혀 반대되는 것이었다. 왜냐하면, 예수는 근본적으로 권력 수단 없이 활동하셨기 때문이다.

물론 후에 프랑크족의 권력가 카롤루스 대제는 다른 방법으로 세례 프락시스의 갱신을 위해 노력했고, 그것은 세례의 교육적인 차원과 관련된 것이었다. 예를 들어, 812년 카롤루스 대제(Karl d. Gr.)는 국가의 주교들에게 세례 프락시스에 대해 문의했다. 그 과정에서 다시 한번 정확한 세례 문구의 의미가 분명해졌고, 그와 함께 사제의 입장이 강화됐다. 그때부터 교육적인 측면에서 거듭 모든 성인 그리스도인은 신앙고백과 주기도문을 (민족어로) 외울 수 있어야 한다고 믿고 나갔다. 그와 함께 고대교회에서 세례 지원자들을 위해 정해진 기본 지식이 다시 회복됐다.

하지만 지배자들과 지역총회에 의해 반복해서 표명된 이러한 호소는 국가 주변까지 미치지는 못했다. 카롤루스 대제(Karl)를 통해 주도된 교구 제도의 하부 구조는 강력한 국가적 조정을 위해 충분히 조밀하지 못했고, 사제들에게는 종종 기본적인 지식이 없었다.

예전적으로 성수(聖水)를 들고 행진하는 것과 주일 예배 전에 교회 공동체의 물 뿌리기는—처음으로 프랑크(Franken)에서는 9세기에 입증됨 (Hinkmar von Reims)—세례 회상에 대한 가능성과 더불어 교육적인 출발점을 제공했다. 그러나 실제로는 정결-담론이 이러한 예식을 수용하는데 대부분 사람들에게 영향을 미쳤다.[24]

---

[24] Martin Stuflesser, Liturgiesches Gedächtnis der einen Taufe. Überlegungen im ökume-

4. 세례 프락시스는 7/8 세기에 정치적이고 문화적인 변화 속에서 깊이 변형됐다

엄격한 형식화와 성직화로 발전한 것은 때에 따라 당시의 배경을 참고해 설명될 수 있을 것이다. 대부분 사람들뿐만 아니라 많은 성직자도 형식적인 교육을 별로 받지 못했다. 그들은 교회 당국의 명령을 따르는 것에 익숙해 있었고 분명한 규정을 필요로 했다. 그러나 동시에 권력을 형성하고 있는 당국의 강력 대응과 연결된 이러한 변화는 세례에 대한 성경의 근본적 동인과 멀어지게 했다. 심지어 알퀸과 같은 신학자들은 강제 세례를 굴복의 정치적인 수단이라고 비판했다.

그러나 카롤루스와 같은 지배자들은 문자적 의미에서 그들을 처단했다. 그에 비해 세례에 대한 교육적인 차원을 새롭게 되살리려고 하는 노력은 오히려—마찬가지로 국가적으로 촉진된—저류를 형성했다. 그 저류는 수 세기에 걸쳐 그럴듯한 성공을 이루지 못한 채 머물러 있다.

세례는 공식적으로 지금까지의 신(神)들을 능가하는 막강한 기독교 신(神)을 승인하는 것으로 변이됐다.[25]

세례는 엄격히 통치자에 의해 결정된 규정에 따라 수행되는 법적 의식(Rechtakt)이었다. 통치자는 신민들의 구원을 보장해야 했다. 그와 함께 처음에 세례와 연결됐던 커뮤니케이션은 상실됐다.

---

nischen Kontext, Freiburg 2004, 121을 보라.
[25] Martin Stringer, A Sociological History of Christian Worship, Cambridge 2005, 110을 참조하라.

제4장

기독교가 우세하던 시기(900년-1200년)

지금까지 기독교인들은 소수자의 위치에 있거나, 혹은 대부분 다른 문화나 종교들과 대치했다. 처음에 기독교인들은 고대의 지배적인 문화와 그 문화의 다양한 종교 형태와 문화 형태들로부터 자신들을 지켜야만 했다. 그 후 서로마제국(das westliche Römische Reich)을 압박해서 결국 제국을 물려받은 민족들과 종족들과의 군사적이고 종교적인 분쟁들이 이어졌다. 늦어도 9세기부터 이러한 상황은 근본적으로 바뀌었다.

기독교가 "지배적인 담론"을 형성했다.

그러나 11세기까지 특히 서유럽에서 (…) 기독교에 대해 수비 태세를 갖추려는 생각은 크게 사라졌다. 그리고 기독교 담론은 신뢰와 "정의"감을 지녔는데, 이것은 예전이 실행되고 이해되는 방식에 깊은 영향을 미쳤다. (…) 세상을 이해하는 방식은 기독교의 성찰에 의해 규정됐는데, 이는 천국과 지옥으로 여겨지는 자연, 연옥, 천사, 위대한 존재의 사슬을 포함하고 있다. 예술, 건축, 음악, 정치, 경제, 농업 주기, 누가 누구와 결혼할 수 있는지 명시돼 있는 법, 조망 – 이 모두는 자기 의식적인 기독교 사고방식에 의해 규정됐다.[1]

---

[1] A. a. O. 120, 121.

이러한 것은 기독교가 성직자들에 집중한 것과 관련이 있었다. 예를 들어 성직자들에 대한 집중은 대다수의 예배가 교회 공동체 없이 '드려'(gelesen)졌다는 데서 표출된다.² 그에 상응해 사제들에 대한 새로운 요구 사항들이 제시됐는데, 순결 표상이 지배적이던 배경 때문에 무엇보다 독신으로의 삶의 형태가 요구됐다.³ 거기에 더해 12세기에는 그때까지 주로 가정의 테두리에서 치러지던 결혼이 교회의 일이 됐다. 그래서 이렇게 중요한 삶의 영역 역시 교회의 규정에 예속됐다.⁴

정치적인 분쟁은 무엇보다 기독교 내부에서 일어났다. 11세기 중엽에 중요한 세 개의 사건이 발생했다.

첫째, 1046년 하인리히 3세(Heinrich III)는 수트리(Sutri)의 지역 총회에서 세 명의 교황을 파면시켰다.

둘째, 1054년 동방교회와 서방교회 사이에 최종적인 분열이 일어났다.

셋째, 하인리히 3세의 죽음(1056년) 이후에 제국과 교회 사이에 전쟁이 시작됐는데, 이를 소위 서임권 투쟁(Investiturstreit)이라 한다.⁵ 다만 십자군 전쟁 때 타지에서 충돌이 생겨났는데, 유대인들의 강제 세례가 그것의 동반 현상이었다.

기독교가 강력해지는 이러한 상황에서 고해성사가 중심에 놓이게 됐고, "중세의 기본 예전"이 됐다.⁶ 그와는 반대로 세례는 내용적인 영향력 없이 당연하게 일상의 삶에 속하게 됐다.

---

2   A. a. O. 135.
3   Volker Leppin, Geschichte des mittelalterlichen christentums, Tübingen 2012, 281.
4   A a. O. 347을 보라.
5   Arnold Angenendt, Geschichte der Religiosität im Mittelalter, Darmstadt 1997, 45.
6   Reinhard Meßner, Einführung in die Litrugiewissenschaft, Paderborn ²2009, 115.

1. 브루노 클라인하이어(Bruno Kleinheyer)는 세례 프락시스의 변화를 다음과 같이 특징지었다

"세례 축제였던 것이 세례를 제공하는 것이 돼버렸다."[7](→ 3.1)

오랫동안 존속돼 온 입회를 준비하는 상세한 형태는 약소하게, 빨리 치러지는 가입 의식(Eingangsriten)으로 축소됐다. 세례와 교회력과의 연결은 ―부활절이나 성령강림절 또는 주현절에 세례 일정을 잡는 형식으로― 예식서에 있지만, 실제 세례 축제에서는 만나보기 어려웠다. 그 밖에도 세례의 의미가 약화됐다. 낭독자(Lektor)와 예배를 돕는 평신도들의 참여에서 거룩한 단어들을 (바라기는 정확하게) 말하는 사제 한 사람의 행위로 축소됐다. 사제는 그와 함께―대부분 사람에게는 이해 불가능한 (라틴어) 말로―국가법을 수행했다. 그 법에서 오직 유대인들은 제외됐지만, 부분적으로 강제 세례와 연관해 그들의 일시적인 박해를 막지는 못했다.

그런데도 보다 정확하게 살펴보면, 몇 가지 흥미로운 변화가 세례 프락시스에서 확인될 수 있다.

2. 침례 전(präbaptismal)에 있던 의식이 축소되면서 나머지 짧은 세례축제는 장소 이동을 통해 구조화됐다

즉 개회는 교회 정문 앞에서 열리고 나서 비로소 교회로 진입이 이뤄지고, 여기에서 수세 행위(Wasserhandlung)가 행해졌다. 그것을 통해 세례는 구조적으로 행렬의 특징을 지니게 됐다. 이것은 근본적으로 전 생애를 아

---

[7] Bruno Kleinheyer, Sakramentliche Feiern Bd. 1. Die Feiern der Eingliederung in die Kirche (GDK 7,1), Regensburg 1989, 126.

우르는 세례의 과정적인 성격을 지시할 수 있었다. 그렇지만 실제로는 우위를 점하고 있던 정결 담론이 당시 사람들의 이해에 영향을 미쳤다. 유전죄로 말미암아 부정하게 된 어린 이교도는 축귀 후에야 비로소 거룩한 장소로 들어갈 수 있었다.

많은 행위가 축소된 것과는 반대로 축귀는 늘어났고 오히려 더 중요하게 부각됐다. 그래서 보통 태어난 지 얼마 되지 않아 세례를 베풀 때 귀신론적인 표상이 우세해졌다. 그것 역시 고대와 게르만적인 이교 전통에서 유래한 것이었다.[8] 이러한 것이 로마네스크식 세례 받침대에 새겨진 조각의 내용을 이루었다. 이런 세례 받침대에는 악마를 정복하는 것이 인상적으로 묘사돼 있다. 예를 들어, 프렉켄호르스트(Freckenhorst) 교회 세례반(세례 때 물을 담아 두는 그릇, 일반적으로 예배당에 상시 놓여 있다-역주)에 기둥에 묶여 있는 사단의 모습으로 표현돼 있다.[9]

출산 이후의 여성들을 위한 정결 의식이 세례와 연관돼서 계속 증가하였는데, 이것도 유사한 방향을 보여주고 있다.[10] 그 안에 정결/불결에 대한 고대 구상이 드러나는데, 그것은 예수의 인식(예를 들어, 막 7:1-20; 요 15:3)과는 정반대에 서 있는 것이다.

그러나 중세에는 "기독교적"인 것으로 자리 매김하게 됐다. 거기에서 확인되는 표상은 아마도 11세기 초에 처음 언급된 세례 예식 때 쓰던 초를 수여하는 근거이기도 했다. 왜냐하면, 이에 대한 설명이 예수님의 열 처녀 비유(마 25:1-13)를 암시하고 있기 때문이다.[11] 초는 순결한 것으로 여

---

8   A. a. O. 126.
9   Hartmut Mai, Taufsteine, Taufbecken und Taufständer -Geschichte und Ikonografie, in: Bettina Seyderhelm (Hg.), Tausend Jahre Taufen in Mitteldeutschland, Regesburg 2006, 156-172, 157.
10 이에 상응하는 참고 도서에 대해서는 Andreas Odenthal, Liturgie vom Frühen Mittelalter zum Zeitalter der Konfessionalisierung (SMHR 61), Tübingen 2011, 201을 보라.
11 Bruno Kleinheyer, Sakrametnlcieh Feiern, Bd. 1. Die Feiern der Eingliederung in die Kirche

겨졌다(그래서 예를 들어 제단에 세워둘 수 있는 것이다).[12]

3. 반대로 이전 시기의 잔존물들이 유지됐다

무엇보다—다른 것은 단축됐음에도—12세기 말까지 세례 성만찬이[13] 갓난아기도 포함해 거행됐다. 아기들은 사제의 손가락에 묻은 포도주를 빨아 먹는 형식으로 성만찬에 참여했다. 갓난아기들이 그 외에 시행되던 성만찬 전의 금식 규정을 엄수했는지 그리고 어떻게 했는지에 대한 드문 논쟁은 간접적으로 이러한 관습의 당연함을 보여준다. 그와 함께—일반적으로 태어난 지 얼마 지나지 않아 시행되던—세례는 교회의 주일 예배와 연결됐다. 방금 세례받은 사람이 그리스도인의 공동체로 소속된다는 것이 의식으로 생생하게 거행됐다.

하지만 12세기에는 스콜라신학과 함께 하나의 사고 형태가 대두됐는데, 그것은 믿음에 대한 인식론적인 차원을 일방적으로 강조하는 것이었다. 그러한 사고 형태는 서방교회에서 세례 성만찬이 상실되도록 했다(→5.1). 그와 함께—신학적인 문제와 다른 예전 축제와의 관련성을 잃어버린 것을 제외하고서라도—세례 예배에서 세례를 받는 자의 최후의 적극적인 참여가 사라져버린 것이다.

(GDK 7,1), Regensburg 1989, 136.
[12] Arnold Angenendt, Geschichte der Religionsität im Mittelalter, Darmstadt 1997, 411.
[13] 보다 상세하게 Bruno Kleinheyer, Sakramentliche Feiern. Bd. 1. Die Feiern der Eingliederung in die Kirche (GDK 7,1), Regensburg 1989, 237-245.

4. 전체적으로 이론의 여지 없이 기독교가 우세한 시기에 세례의 평가 절하가 계속 진척됐다는 것이 확인된다

국가 권력과 함께 관철된 기독교의 당연함은 한편으로 기독교인 됨을 표현하는 예전이 필요하지 않게 됐다. 왜냐하면, 이러한 것은 당연하였고, 국가에서 보호하고 강요되는 삶의 형태였기 때문이다. 다른 한편으로, 구체적으로 정결/불결과 악령/악령 거부에 대한 담론 속에서 이교적인 표상들이 우세하게 되면서 예수 그리스도를 모방하는 성경의 근본 동인과 혼선을 빚었다. 특히 평생의 과정을 여는 세례의 근본 특징이 세례를 순간 수용하는 것으로 잘못 놓이게 됐다.

추측하건대 권력을 통해 관철된 공적인 종교로서의 기독교의 우세는 기독교의 내용이 박탈되는 결과를 초래했다.

막강한 교회와 개개인이 약화한 법제화된 교회의 세례 프락시스는 개개인이 힘없는 한 사람(예수)을 모방하는 것을 표현하던 의식과는 대립하는 것이었다.

제5장

스콜라주의와 민중의 경건 사이에서(1200년-1500년)

이어지는 시기에서도 세례는 다양한 담론의 긴장 영역에 놓이게 되는데, 그것은 부분적으로 이미 그 이전에 나타났다.

한편, 세례는 교회의 성사 교리에 최종적으로 안착했고, 그와 더불어 오늘날까지 로마 가톨릭교회에 존속하고 있는 일곱 가지 성사에 편입됐으며, 교회 교리에 종속됐다. 다른 한편으로 세례는 민중의 경건 속에서 다양한 방식으로 중요성을 드러냈다. 예를 들어, 이러한 것은 출산의 위급한 상황에서 세례수를 다양하게 사용할 때와 호화롭게 치러지는 세례 축제에서 드러났다. 주민들 사이에 퍼진 이러한 관행 외에 다양한 영적인 각성과 움직임 속에서 신비하게 채색된 또 다른 경건(pietatis) 프락시스가 관찰된다. 그 속에서는 신과의 직접적인 만남이 추구됐다. 세례는 거기에서 언급할 만한 가치를 지니고 있지 않았다.

영향력의 측면에서 (서+) 세례 관행에서 아마 가장 중요한 것은 오늘날까지 지속하고 있는 성만찬과의 분리일 것이다.

그래서 먼저 성만찬에 관심을 기울여야 한다. 그러나 그에 앞서 최소한 표제어식으로라도 몇 가지의 사건 또는 변화에 대해 기억해야 하는데, 그것은 1200년에서 1500년 사이 단순하지는 않지만, 일률적인 발전의 도식 속에서 포착할 수 있는 변화의 특성을 뚜렷이 드러내고 있다.

1200년부터 처음에는 볼로냐(Bologna)에, 그다음에는 파리(Paris) 등에서 대학들이 생겨났다. 도시화가 진행되는 가운데 이곳에 지적인 활동을 위한 영역이 형성됐고, 이러한 영역은 점점 경제적, 문화적, 교회 발전에 영향을 끼쳤다.[1]

또한, 이미 12세기에 시작돼 무엇보다 다양한 청빈 운동에서 나타났던 경건에 대한 진지한 노력을 간과할 수 없다. 탁발수도회와 베긴회(Beguines)와 같은 여성 운동들의 생성과 매력은 이러한 것을 인상적으로 입증하고 있다.[2]

14세기부터 다시 흑사병이 발생해서 도시 전체를 황폐화시켰다. 그 결과는 너무나 엄청나서 마리안네 그로네마이어(Marianne Gronemeyer)는 흑사병이 돌던 첫 해인 1348년을 새로운 시기로 시작해야 한다고 제안할 정도였다.[3] 전염병은 1720년까지 반복해서 불꽃처럼 일어났고, 그 가운데 사람들은 "모든 질서를 무효화시키고 예전과 품행과 신앙도 대적할 수 없는 죽음"과 맞닥뜨리게 됐다.[4]

> 그것이 의미하는 죽음은 더 이상 구원사적인 사건, 진정한 생명을 위한 통과 지점이 아니라는 것이다. 오히려 어렴풋한 예감이 생겨났는데, 즉 죽음은 최종적인 끝이라는 것이다. 이러한 생각은 견디기 힘든 것이었고, 사람들은 점점 더 조심스럽고 잘 알려지지 않은 내세에 대한 희망을 통해 이러한 생각을 약화시키려고 노력했다. 흑사병의 생지옥에서 생겨난 이러한 죽음은 근대의 삶에 관한 감정을 결정적으로 특징지었다. 근대가 떠안은 보다

---

[1] Volker Leppin, Geschichte des mittelalterlichen Christentums, Tübingen 2012, 357-373을 보라.
[2] A. a. O. 315-331을 보라.
[3] Marianne Gronemeyer, Das Leben als letzte Gelegenheit. Sicherheitsbedürfnisse und Zeitknappheit, Darmstadt 1993, 7을 보라.
[4] A. a. O. 10.

나은 세상을 향한 엄청난 노력은 이런 죽음에 대한 하나의 투쟁 선언이다.[5]

정치적으로 1376년에서 1417년까지 이르는 교황 제도의 분열은 엄청난 혼란을 보여주는데, 특히 국가와 교회와의 관계와 관련해 그렇다.[6]
중요한 표제어들을 좀 더 덧붙일 수 있는데, 이들은 증폭하는 당시의 분열과 복잡함을 명시하고 있는 것들이다.

고딕 양식과 건축 양식으로서 르네상스, 교회에 속하지 않은 카타리파(Katharer) 등이다. 그들 중 몇몇 그룹은 유아 세례뿐만이 아니라, 세례 자체를 거부했다.[7]

아래에서는 너무나 고려해야할 것이 많은 이 시기를 단지 세례 프락시스에서의 변화와 관련해서만 살펴보려고 한다.

1. 성인 세례가 아니라, 유아 세례가 일반적인 세례가 되면서 세례 프락시스의 교육적인 차원이 누락됐다

세례와 성령 받음과의 성경적 관련성은 침례 후 받았던 안수(그리고 기름 부음)가 세례와 분리돼 견진성사(Firmung)라는 예전이 생겨나면서 해체됐다. 13세기 초 서방교회에서 성만찬이 세례와 분리됐고, 첫 영성체(Erstkommunion)라는 고유한 축제가 생겨났다.

---

[5] A. a. O. 15.
[6] Volker Leppin, Geschichte des mittelalterlichen Christentums, Tübingen 2012, 377-383을 보라.
[7] Jörg Ulrich, Taufe IV. Mittelalter, in: TRE Bd. 32 (2001), 697-701, 699을 보라.

약 1145년경에 생겨난 라테라노성당의 베른하르트(Bernhard) 추기경의 계급과 1200년 바로 전에 편찬된 아파메아/시리아(Apamea/Syrien)(32,29) '버전 주교 집무 의전서'(PontRom)는 거대한 전통 주류에서는 분명 세례 후 바로 어린아이들에게 성만찬을 베풀었다는 마지막 증거물들이다. 주교 집무 의전서의 그다음 형태 (…) 에서는 견진성사와 세례 예전이 분리돼 있어서, 세례와 세례 성만찬과의 결합은 더 이상 식별할 수 없다.[8]

세례와 주일 예배가 직접적인 관련성을 갖게 되는 이러한 변화 뒤에는 다양한 발전들이 놓여있다.

우선 리용(Lyon)의 플로루스(Florus) 집사(860년에 죽음)가 전했고, 후에 아우구스티누스(Augustin)의 것으로 잘못 알려진 한 문구의 결말은 분리다.

> 거기에 있는 내용은 다음과 같다. 모든 사람은 세례를 통해 그리스도의 몸의 지체가 된다. 그리고 그리스도의 몸의 지체로서 죽은 사람은 그리스도의 몸과 피를 받지 못했을지라도 그리스도와의 교제로부터 제외되지 않을 것이다.[9]

상이하면서도 다음 백 년을 특징짓게 될 두 개의 변화가 여기에서 표현되고 있다. 한편으로는 (이미 언급한 것처럼) 12세기에 강하게 이성에 맞춰진 신학의 형태, 소위 스콜라주의의 출발이 관찰되고 있다. 스콜라주의의 대표자들은 신앙의 인식론적인 차원을 강조했다. 젖먹이들과 어린아이들은 (거의) 말을 하지 못하고 반성의 능력이 부족하므로 신앙을 충족시킬 수 없었다. 아이들은 근본적으로 복잡한 성례전 교리에 접근할 수 없었다.

---

[8] Bruno Kleinheiyer, Sakramentliche Feiern. Bd. 1. Die Feiern der Eingliederung in die kirche (GDK 7, 1), Regensburg 1989, 239.
[9] A. a. O. 242.

다른 한편으로는 성만찬 경건에서 직접적으로 성만찬에 참여하는 것에 대한 두려움이 생겨났다. 그 대신에 "관조경건"(*Schaufrömmigkeit*, 성만찬에 직접 참여하지 않고 지켜보는 것-역주)이 등장했다.[10] 12세기에 거양성체 관행이 생겨났는데, 이것은 우선 빵을 제단 위에 놓는 것과 관련이 있었고 나중에는 잔과 관련이 있었다.[11] 소위 말해, 눈으로 보는 성만찬(Augenkommunion)이 생겨난 것인데, 이는 단순히 보는 것으로 먹는 것과 마시는 것을 대신하는 것이다.

코르닐론의 율리아나(Juliana von Cornillon, 1208)가 환상을 본 후, 1264년 교황 우르바노 4세(Urban IV)에 의해 승인된 "성체축일"(Fronleichnam)이 생겨났다. 이것은 교회 축일 영역에서 관조경건이 발전한 것을 분명히 밝혔다. 그때부터 성체축일에 성체를 거리에서 들고 다니면서 보여주게 됐다.

세례성찬식은 신학적으로도 그렇고, 대중의 경건이라는 전망에서 봤을 때도 문제가 있어 보인다. 이성적인 사고와 성인(聖人) 경외의 담론은 모든 감각으로 참여하는 성찬 축제에 어떠한 여지도 남겨놓지 않았다. 교리에 대한 이성적인 파악보다는 예전을 좀 더 강하게 수행하는 동방교회에서는 (오늘날까지) 세례성찬식이 당연한 것이다. 이러한 것이 당시에는 주목받지 못했다.

2. 교의학적으로 세례는 의미를 잃었다

세례는 일곱 개의 성사 안으로 분류됐다. 그와 함께 나중의 세례 발전에

---

[10] Volker Leppin, Geschichte des mittelalterlichen Christentums, Tübingen 2012, 418을 보라.
[11] Hans Bernhard Meyer, Eucharistie. Geschichte, Theologie, Pastoral (GDK 4), Regensburg 1989, 232 이하.

엄청나게 영향을 준 토마스 아퀴나스(Thomas v. Aquin)는 두 개의 효력을 받아들였는데, "죄 씻음과 형벌의 면제"다.[12] 신약성경에 언급된 성령을 부어주심은 그에 비해 희박해졌다.

견진성사가 성사로서 법적으로 규정되고 확산하면서 세례의 의미는 축소됐다.

아퀴나스는 세례를 중생으로 해석했다. 그는 그렇게 선물로 받은 생명을 유지하기 위해서는 새로운 성사를 통해 보강돼야 한다고 생각했는데, 이것이 견진성사다. 이러한 것은 예를 들어, 아퀴나스에 의해 수용된 오래된 문장에 표현돼 있다.

> 능력을 위해 견진성사에서 성령의 충만함이 주어질 것이다(*in sacramento confirmationis datur plenitudo spiritus sancti ad robur*, Summa Theologiae III, 65,1 ad 4.)

그래서 세례보다 견진성사를 높이 평가하게 됐고, 세례는 결국 견진성사를 위한 준비로 축소됐다. 세례보다 강조된 견진성사의 의미는 다음과 같은 사실, 즉 13세기에 기사 수여식에서부터 나온 뺨을 때리는 의례가 견진성사의 예전으로 들어간 것을 통해 예전적으로 분명해졌다.[13] 이렇게 감각적으로 표현될 수 있고, 당시의 사람들에게는 직접적으로 자명하게 기사도 담론과 연결되는 것을 통해 견진성사의 명료한 토착화가 성취됐다. 즉 인간은 그리스도의 전사(*militia Christi*)라는 의미에서 영적인 싸움을 위해 무장해야 하고, 그는 영적인 기사가 되는 것이다.

---

[12] Jörg Ulrich, Taufe IV. Mittelalter, in: TRE Bd. 32 (2001), 697-701, 699. 적절한 예시가 나와 있다.

[13] Wilhelm Mauer, Geschichte der Firmung und Konfirmation bis zum Ausgang der lutherischen Orthodoxie, in: Kurt Frör (Hg.), Confirmatio. Forschungen zur Geschichte und Praxis der Konfirmation, München 1959, 9-38, 16.

성사의 프락시스 내에서는 이미 언급한 것처럼(→4.1) 점점 더 참회가 중요해졌다. 참회에서는 실제적이면서 매일의 삶에서 생겨나는 문제들이 다뤄졌다. 그와는 반대로 세례는 통상적으로 이뤄졌을 때, 생애 초기에 이뤄지는 당연한 의식이지만 의미는 적은 일회적인 정통 의식이었다.

3. 세례는 비록 신학적으로는 종속적인 위치에 있었지만, 구체적인 생활 실천들은 다른 방향을 가리키고 있다

우선 죽은 채 태어난 아이들의 세례에 대한 예시를 언급할 수 있다. 13세기 초부터 특히 성지 참배 지역에서 소위, "소생 세례"(Erweckungstaufen)에 대해 노력했던 보고가 있다.[14] 사람들은 죽은 채 태어난 아이에게서 아직 살아있다는 징표들을 발견하려고 노력했다. 왜냐하면, 그래야지만 세례가 정당화되고 이 죄 없는 아이들에게 하늘의 축복으로 갈 수 있는 통로를 열어준다고 믿었기 때문이다. 이 시기에 대두되기 시작했으나 전혀 교의화되지 못한 "림부스 푸에로룸"(Limbus puerorum, 유아들의 고성소) 교리는 명확하게 사람들을 만족하게 하지 못했다.

사람들은 오히려 그들의 도피처를 구원의 능력이 있다고 믿는 특별한 성지 참배의 장소에서 찾았다. 그 배경에 놓여있는 생각은 13세기 후반부터 생겨난 교회 금지법에 어느 정도 표현되어 있다. 그것은 세례받지 않은 아이들을 신성한 땅에 묻는 것을 금지한다는 법이다.

그래서 죽은 채로 태어난 아이들은 자살한 사람들과 교수대에서 처형당

---

[14] Walter Pötzl, Die Taufe totgeborener Kinder. Inchenhofen, Hohenwart und Tuntehausen, Bergatreute und Ursberg – "Sanctuarires à répit, in Süddeutschland, in: Bayerisches Jahrbuch für Volkskunde 2012, 105-142.

한 사람들과 함께 동급이 됐다.¹⁵ 회의적인 부모들은 (18세기까지) 일부 이미 매장된 아이들을 파내어 이 아이들에게 세례를 받게 하려고 시도했다. 난산 때에 아이들에게 태중에서 미리 세례를 베푸는 관행도 이런 맥락을 보여준다("*baptismus in partu*").¹⁶

반면, 다소 덜하지만 일상에서는 효능이 있다고 여겨지던 세례 수(水)를 다양하게 사용하면서 세례가 중요한 역할을 했다. 이러한 생각은 이미 고대교회에서 세례 수를 축성하는 것, 즉 이미 『사도 전승』에서 표현된 것처럼 축성의 행위를 통해 표현됐다.¹⁷ 이미 언급한 것처럼, 중세에는 성수(聖水)가 예전과 일상에서 다양하게 사용됐다.

예를 들어 이사할 때 성수(聖水)를 뿌리곤 했다. 성수(聖水)는 민중의 경건에서 더욱 존중됐다. 사람들은 "몸과 영혼과 재산과 소유를 보호하기 위해" 세례 수를 집으로 가지고 갔다.¹⁸ 그에 대해 아우구스티누스(Augustin)까지 소급할 수 있다. 그 외에도 중세 내내 (신학적으로 적지 않게 비판받은) 세례 수와 축성 수의 사용에 대한 보고들이 나타났는데, 교육을 받지 못한 백성들에게서 분명한 구분을 기대할 수는 없을 것이다.¹⁹ 종종 세례 수에 대한 기대는 성인 숭배, 성유골 숭배와 다양하게 혼합됐다.

마지막으로 13세기 말엽에서 18세기까지 세례는 "공중법"(Policeyordnugnen)의 대상이었다.²⁰ 거기에서 다루고 있는 것은 세례를 둘러싼 축제

---

[15] A. a. O. 108.
[16] 19세기까지―가톨릭―산파들에게는 자궁으로 들어가는 세례를 위한 주사기가 도구 상자에 들어 있었다(a. a. O. 122 이하를 보라. 삽화가 나와 있다).
[17] 각 텍스트에 대해서는 Bruno Kleinheyer, Sakramentliche Feiern Bd. 1. Die Feiern der Eingliederung in die Kirche (GDK 7,1), Regensburg 1989, 116을 보라.
[18] Adolf Franz, Die Kirchlichen Benediktionen im Mittelalter Bd. 1, Freiburg 1909, 52.
[19] 다양한 성수 사용에 대해서는 Franz, Die Kirchlichen Benediktionen im Mittelalter Bd. 1, 43-220.
[20] 범례에 대해서는 Anke Keller, Von verbotenen Feierfreuden. Hochzeits-, Tauf- und Begräbnisordnungen im Frankfurt a. M. und Augsburg des 14. bis 16. Jahrhunderts (Heidelberger Veröffentlichungen zur Landesgeschichte und Landeskunde 17), Heidelberg 2012,

를 거행하기 위한 소비의 한도에 관한 것이었다. 한편으로는 세례(출산과 더불어)를 맞이해 축제를 며칠 동안 할 것인지와 축제 식사는 몇 번 할 것인지 확정돼 있었다.

다른 한편으로 음료와 음식의 질과 양과 관련한 정확한 규정들이 나와 있었다. 이러한 것은 공중법들에 따라 편차가 있기는 하나, 세례 후에 뚜렷한 축제로 귀결되었고, 백성들에게는 세례의 의미를 보여주는 하나의 분명한 징표였다. 아마도 출산에 대한 기쁨과 세례에 대한 기쁨이 서로 맞물렸을 것이다.

4. 그와는 반대로 다른 시민 그룹인 영적인 엘리트들은 분명 세례를 덜 중요한 것으로 간주했다

당시의 다양한 **영적 각성** 속에서 세례는 중요한 역할을 차지하지 않았다. 예를 들어 프란치스코(Franziskus)의 삶에서 전적인 "그리스도 표본"을 만날 수 있는데,[21] 그것은 초기 기독교 세례의 그리스도 모방-개념에서 수용됐던 것과 유사한 것이다. 어쨌든 널리 알려진 성흔(Stigmatisierung)에 관한 이야기는 예수의 삶에서 일어났던 중요한 경험을 반복했다.

여기에는 하나님과의 직접적인 대면을 추구하는 신비주의적인 경건성이 배경으로 자리하고 있는데, 거기에서 세례는 특별한 의미를 지니지 못했다. (제도적인) 교회를 거부하는 사람들(Dissidenten)은 심지어 개별적으로 세례를 거부하기까지 했지만, 원전의 상태(Quellelage) 때문에 정확히 진술하는 것은 불가능하다.[22]

126-129을 보라.
21 Volker Leppin, Geschichte des mittelalterlichen Christentums, Tübingen 2012, 321.
22 Jörg Ulrich, Taufe IV. Mittelalter, in: TRE Bd. 32 (2001), 697-701, 699을 보라.

5. 앞서 몇백 년 동안 이뤄졌던 변화는 12/13세기에서 15세기 사이에 더 복잡하게 발전했다

더욱 정확히 말하면, 교의학자들은 세례를 성사 교리에서 근본적인 것으로 못 박았다. 하지만 좀 더 정확하게 살펴보면, 입회 때에 무게 중심이 견진성사에 놓였다는 것을 알게 된다. 또한, 민중들 사이에서는 출생하자마자―소수의 교회 거부자들 그룹을 제외하고는―유아 세례를 베푸는 것이 당연시됐다. 소위 소생 세례에 대한 미심쩍은 시도들과 세례 수와 성수의 다양한 사용은 백성들 대부분에게서 나타나는 마법이라는 담론의 우위를 드러나게 해 준다. 이것은 그리스도를 모방한다는 성경의 근본 동인을 가렸다.

거기에 더해 이 시기의 세례 프락시스는 계속해서 권력을 형성하는 기능을 했다. 죽음이냐 세례냐를 택하는 양자택일이 존속됐다. 견진성사는 이것을 거부하는 카타리파(Katharen)에 비해 정통 신앙에 대한 표징이 됐다. 견진성사를 받지 않은 것이 확정되면 그 사람은 이단으로 간주됐다.

제6장

인간에 대한 방향 설정(1500년-1800년)

르네상스와 인문주의[1]에서 중심을 이룬 것은 인간에 관한 관심이었다. 거기에서부터 생겨난 신학적인 귀결은 로마서를 강독하는 가운데 루터(Luther)에 의해 제기된 그 유명한 질문에 대해 종교개혁이 집중한 것이었다.

"어떻게 나는 은혜로우신 하나님을 발견할 수 있을 것인가?"[2]

앞서 5장에서는 세련된 스콜라 성사-조직신학과 민중들의 경건성의 쓰임새가 서로 얽혀 있었다고 서술했다. 이 두 가지는 종교 개혁가들의 평가에 따르면 사람들에게 과중한 부담을 주는 것이었고, 심판 앞에서의 두려움을 부채질했다.

그와는 반대로 종교 개혁가들의 의도는 사람들에게 그들의 구원에 대해 확신하도록 하는 것이었다. 이러한 관련성 속에서 세례는 인간에게 초점을 맞추는 중요한 지점이 됐다. 그에 상응해 종교개혁에서는 신학적이고 경건 실천적인 초점이 참회와 그와 관련된 실행으로부터 세례로 이

---

[1] 계몽주의에서 다시 만나게 되는 "문화적이고 지적인 엘리트 운동"으로서의 인문주의의 특징에 대해서는 Albrecht Beutel, Aufklärung in Deutschland (KIG 402), Göttingen 2006, 203을 보라.

[2] 루터에게 있어서 이신칭의의 교리를 통해 인간 이해에 대해 근본적으로 조직신학적으로 변한 것에 대해서는 Dietrich Korsch, Glaube und Rechtfertigung, in: Albrecht Beutel (Hg.), Luther Handbuch, Tübingen 2005, 372-381을 보라.

동했다.

이러한 것은 다양한 구상들 속에서 일어났고, 이 구상들은 중점적으로 다양한 관련 시스템 속에서 세례를 해석했으며, 부분적으로 심각한 논쟁을 이끌었다.

① 마틴 루터(Martin Luther)는 구원론적으로 성사의 효력에 대해 강조했다.
② 츠빙글리(Huldrych Zwingli)와 칼빈(Johannes Calvin)은 교회론적으로 세례 받은 사람은 하나님의 계약으로 들어간다는 것을 강조했다.
③ 유아 세례를 거부하던 무리는 윤리적으로 세례의 결단 성격을 강조했다.

그러한 신학적인 성찰과는 동떨어지게 더 나아가 귀신론적이고 신분적, 도덕적인 생각들이 구체적인 세례 프락시스를 규정했다. 마지막으로 경건주의와 계몽주의에서는 교육적인 관심으로 인해 입교가 주목을 받았고, 교회와 가정의 프락시스에서는 세례가 희생됐다.

1. 마틴 루터(Martin Luther)는 당시로써는 친숙하지 않은 방법으로 평생의 세례 의미를 강조했다

그래서 그는 이미 1519년 "거룩하고 높은 가치를 지닌 세례 성사에 관한 설교"에서 이렇게 썼다.

그래서 지상에서는 세례보다 더 큰 위로가 없다. 세례를 통해 우리는 은혜와 자비로 들어가는데, 은혜와 자비는 죄를 향해 있는 것이 아니다. 오히려 많은 훈련으로 죄가 내쫓긴다(WA 2,731).

그와 함께 루터는 세례의 순간성(Punktualisierung)을 극복했고 세례의 과정적 성격을 강조했다.

성례나 세례의 징표는 우리가 눈으로 보는 바와 같이, 곧 일어난다. 그러나 영적인 세례의 의미는 죄의 죽음이다. 왜냐하면, 우리는 살았고, 무엇보다 죽음에서 성취됐기 때문이다. 인간은 실제로 세례 속으로 잠기기 때문에 세례가 의미하는 것이 일어나는 것이다. 그러므로 전 생애는 영적인 세례 외에 다른 것이 아니다. 쉼 없이, 죽을 때까지(WA 2,728).

소교리문답(Kleinen Katechismus)에서 루터는 "옛 아담"이 매일 죽는 것에 대한 이미지로 이러한 견해를 생생하게 수용했다(BSLK 516, 32이하).

루터(Luther)에게는 신학적으로 세례와 믿음의 관련성을 회복시키는 것이 중요했다. 세례는 약속의 말씀과 육체적인 징표를 통해 확립됐는데,[3] 이러한 세례는 하나님의 선물로 주목받아야 했다. 하나님의 선물은 믿음으로 받아들여 지지만, 믿음이 그에 대한 전제 조건은 아니다(WA 26, 165,2-11). 그와 함께 루터는—로마 가톨릭의 사효론(*ex-opere-operato*)[4]과의 논쟁에서 이긴—자신의 통찰을 고려했다. 즉 믿음의 주소지는 분리할 수 없이 징표(Zeichen)에 속해 있다는 것이다.[5] 이렇게 이해할 때 처음부터 의

---

[3] 루터의 성례 이해에 관해서는 Eilert Herms, Sakrament und Wort in der reformatorischen Theologie Luthers, in: Ders./Lubomir Žak (Hg.), Sakrament und Wort im Grund und Gegenstand des Glaubens, Tübingen 2011, 1-49를 보라.

[4] 예를 들어, Thomas von Aquin IV Sent. D. 2q. la.4를 보라. Gunter Wenz, Sakramente I. Kirchengeschichtlich, in: TRE Bd. 29 (1998), 663-684, 670과 비교하시오.

[5] Eilert Herms, Sakrament und Wort in der reformatorischen Theologie Luthers, in: Ders./Lubomir Žak (Hg.), Sakrament und Wort im Grund und Gegenstand des Glaubens, Tübin-

사소통의 기본 구조가 성사에 속하게 된다.

성경에 근거한 세례와 믿음과의 관련성은 유아 세례와 관련해 문제시됐다. 루터(Luther)는 그 문제를 나란히 발전한 세 개의 상이한 논증들 속에서 풀어나가고자 했다.[6] 루터는 세례를 대부의 믿음과 신앙고백과 연관시켰고, "유아의 신앙"(fides infantium)을 수용했으며, 믿음이 아니라 하나님의 행위를 통해 세례의 정당성을 강조했다. 루터에 의하면 믿음은 나중에 나타날 수 있다는 것이다. 이러한 근거 중 그 어떠한 것도 홀로 명백하게 루터에게 만족스러운 것은 없었다.

세례를 높이 평가하는 것은 루터가 비성경적이라고 판단한 견진성사를 냉혹하게 비판한데서도 표현됐다. 1518년에 루터는 "견진성사"(sacramentum confirmationis)를 여전히 당연한 것으로 이야기했지만, 4년 후 이에 대한 루터의 비판은 단호했다. 그에게 이 예전은 이제 "견진성사는 원숭이의 일로, 진짜 거짓말로 비쳤다 …"(WA 10 II, 282). 이러한 비판의 배경에는 그리스도에 의해 주어진 세례가 뒤로 밀리게 될 것에 대한 루터의 걱정이 자리하고 있었다.

루터는 신학적으로는 새롭게 시작했지만, 예전 수행에 대해서는 전해져 내려오던 것을 권장했다. 겨우 3백 년 정도밖에 되지 않았고, 오직 서방교회에서만 관행이 된 세례와 성만찬의 분리가 루터에게는 분명 당연했다.

1523년 세례 소책자를 처음 집필할 때 루터는—"연약한 양심"을 불안하게 하지 않는다는 그의 예전 준칙에 상응해—수백 년이 흐르면서 세례와 결합한 징표의 거의 모든 장식물을 받아들였다.

---

gen 2011, 1-49, 20을 보라.
6   Christian Grethlein, Taufpraxis heute. Praktisch-theologische Überlegungen zu einer theologisch verantworteten Gestaltung der Taufpraxis im Raum der EKD, Gütersloh 1988, 206이하.

아기에게 세 번 입으로 바람을 부는 것, 이마와 가슴에 십자가 긋기, 소금 증정, 귀를 여는 것, 마귀를 거절하는 것, 침례 전에 가슴과 어깨 사이에 기름 부음, 침례 후 기름 부음, 세례 복과 세례 초 등이다.[7]

하지만 이에 대한 비판 때문에, 1526년에 출판된 개정판에서 이러한 것들이 비로소 분명하게 축소됐다.

소금을 증정하는 것, 귀를 여는 것, 두 가지의 기름 부음과 세례 초를 건네는 것이 생략됐다.[8]

전체적으로 이러한 "외형적인 부분들"(BSLK 536, 26)은 "하나님의 말씀"(BSLK 537, 10) 뒤로 물러나야만 했다. 이러한 것은 널리 영향을 미친 소위 노아 홍수 기도(세례 반에 물을 부을 때 드렸던 기도- 역주) 때, 세례 수에 대한 성찰에서도 나타났다. 루터는 그 기도에서 노아 홍수와 출애굽에 대한 성경 이야기를 참고로 인용하였는데, 어떠한 방식으로든 물의 특별한 성격에 관심을 보이지는 않았다.

고대교회에서 통상적이었던, 예를 들면, 토마스 아퀴나스에게서 나타나는 물에 대한 해석(생명을 공급하고 정결하게 하고, 차갑게 하고 투명하다는[9])은 거기에서 누락됐다. 성례는—육체적 차원에 대한 다른 강조에도 불구하고(WA 6,358,35-359,12)—결국 하나님 말씀과 믿음에 놓이게 됐다. 그와 함

---

[7] 더욱더 자세한 것은 Bruno Jordahn, Der Taufgottesdiesnt im Mittelalter bis zur Gegenwart, in: Leiturgia Bd. 5, Kassel 1970, 349-640, 355-358을 보라.
[8] Karl Pinggéra, Martin Luther und das evangelische Taufverständnis vom 16. bis 18. Jahrhundert, in: Christian Lange/Clemens Leonhard/Ralph Olbrich (Hg.), Die Taufe. Einführung in Geschichte und Praxis, Darmstadt 2008, 89.
[9] Summa Theologiae의 3번째 책의 66,3 질문에서(Rudolf Roosen, Taufe lebendig. Taufsymbolik neu verstehen, Hannover 1990, 32을 보라).

께 루터는 세례의 의사소통의 근본 구조로 갈 수 있는 통로를 얻었다.

그러나 징표 이론적인 관점에서 봤을 때, 루터는 그것을 통해 "성례로부터 말씀 선포 이외의 독립적인 종교적 표현 방식이라는 성격을"[10] 박탈했다. 그렇게 루터는—자신의 명백한 의지와는 반대로—앞으로 나오게 될 "세례에 대한 신학적 정당성의 위기"[11] 를 대비했다.

2. 츠빙글리(Huldych Zwingli)는 좀 더 강하게 이러한 발전을 지원했다

츠빙글리는 세례의 외적인 특성에 대해 다음과 같이 강조했다.

> 세례의 징표는 구원에 필요한 것도 아니고, 구원에 효력이 있는 것도 아니다. 구원을 위해 결정적인 것은 오히려 '내적' 사건, 즉 인간 안에서 작용하는 말씀이다.[12]

츠빙글리는 1525년 세례를 할례와 유사한 것으로 보고 긍정적으로 설명했다.

> 유아세례는 그 전의 할례처럼, 하나의 성례다. 그것을 통해 우리는 앞으로 자녀로서 주님의 율법을 배우고 우리의 삶을 고귀하게 할 의무가 있다. 동

---

[10] Rudolf Roosen, Taufe lebendig. Taufsymbolik neu verstehen, Hannover 1990, 66.
[11] A. a. O. 67.
[12] Andreas Müller, Tauftheologie und Taufpraxis vom 2. zum 19. Jahrhundert, in: Markus Öhler (Hg.), Taufe (Themen der Theologie 5), Tübingen 2012, 83-135, 116; 다음을 위해서는 a. a. O. 116 이하.

시에 이 성례를 통해 부모들도 우리에게 그러한 교육을 제공할 의무가 있는데, 다음과 같은 사실이 분명하게 밝혀지도록 해야 한다. 너는 그리스도인 부모에게서 태어났고, 이러한 상태에 맞게 정결한 삶을 살아야 한다. 그것은 사람들이 할례를 통해 아브라함의 자손이라는 것을 알 수 있도록 하는 것과 꼭 마찬가지다.[13]

그러므로 하나님의 언약이 개인적인 믿음의 결단보다 선행한다. 이러한 논증은 유아 세례의 폐지를 요구하는 소위 재세례파들과 츠빙글리를 구분할 수 있게 했다. 왜냐하면, 혁명적으로 느껴지는 재세례파의 귀결은 신앙의 결단을 전제하는 츠빙글리의 세례 이해와 근접하기 때문인데, 이러한 세례 이해는 초기 칼 바르트(Karl Barth)의 세례 교리에 이르는 전통에서 나타났다. 실제로는 츠빙글리를 교회 거부자들의 적으로 만들고자 했던 정치적인 이유가 큰 역할을 했다.14

존 칼빈(Johannes Calvin)은 세례 문제에서 루터와 츠빙글리 사이의 중간 지점을 차지하고 있다.[15] 루터와 칼빈은 세례의 효력에 관해 견해를 같이 하고 있고―할례와의 유사성에 근거해―언약신학과 관련해서는 츠빙글리와 공유해 논증하고 있다. 그러므로 칼빈은 츠빙글리처럼 전승돼 내려온 징표들을 사용하는 것을 포기했다. 논리적으로 칼빈은 츠빙글리와 마찬가지로 긴급 세례(Nottaufe, 죽기 직전의 아이에게 일반인이 행하는 세례-역주)

---

13 Aus Huldrych Zwingli, An Franz Lamber, 인용: Hellmut Zschoch, Die Taufe als theologisches Thema der Reformationszeit, in: Günter Ruddat (Hg.), Taufe - Zeichen des Lebens. Theologische Profile und interdisziplinäre Perspktiven, Neukirchen Vluyn 2013, 76-85, 80.
14 Hans-Jürgen Goertz, Machtbeziehungen in der Zürcher Reofrmation. Zwingli, Täufer und Foucault (2001), in: Ders., Radikalität der Reformation (FKDG 93), Göttingen 2007, 267-291을 보라.
15 Andreas Müller, Tauftheologie und Taufpraxis vom 2. bis zum 19. Jahrhundert, in: Markus Öhler (Hg.), Taufe (Themen der Theologie 5), Tübingen 2012, 83-135, 117 이하.

를 불필요한 것으로 여겼다.

예전적으로 특별한 것은, 세례를 교회예배 속으로 편입시키려는 칼빈의 요구였다. 그와 더불어 한편으로는 언약신학에 근거해 사람들을 교회 공동체 안으로 받아들인다는 것이 문서로 만들어져야 했다. 다른 한편으로는 세례를 통해 교회공동체 전체의 확신이 표현됐다. 이러한 이해로부터 생겨난 실천적-예배학적 귀결은 개혁교회 신학자 요한네스 아 라스코(Johannes a Lasco)에 의해 집필된 런던 교회법에 나타나 있다(1554년 출판).

> 세례는 우리 교회에서 공식적인 모임 가운데 설교 후에 행해질 것이다. (…) 세례는 교회 공동체 전체에 속한 것이기 때문에, 교회 전체의 모임 속에서 행해져야만 한다. (…) 거기에서 확인되는 것은 이러한 세례는 교회로 인도되는 아이들에게만 해당하는 것이 아니라는 것이다. 오히려 세례는 교회 전체에 해당하는 것이어서, 심지어 세례는 교회에 다음과 같은 사실을 확인시켜 준다. 즉 교회공동체 전체는 교회의 모든 지체와 더불어 하나님 앞에서 그리스도로 인해 은혜 안으로 받아들여졌다는 것이다. 그래서 세례를 바라보는 우리의 의무는 마치 우리가 모두 이 아이들과 함께 세례를 받는 것처럼, 세례받은 아이들 못지않게 세례가 우리 스스로와 얼마나 상관이 있는지 우리 스스로 잘 생각해 보는 것이다.[16]

교회라는 담론은 분명 배타성을 포함하고 있어서,[17] 여기에서는 세례를 행하는 가운데 주어진 개인을 향한 관심을 덮어버렸다. 이것은 실제로 세

---

[16] Matthias Freudenberger, Taufe als Wahrzeichen und Siegel, in: Günter Ruddat (Hg.), Taufe-Zeichen des Lebens. Theologische Profile und interdisziplinäre Perspektiven, Neukirchen-Vluyn 2013, 86-96, 93에서 인용.

[17] 칼빈의 교회 양육에 대해서는 Genf Hermann Selderhuis, Johannes Calvin. Mensch zwischen Zuversicht und Zweifel. Eine Biografie, Gütersloh 2009, 258-260을 보고, Balthasar Sept 1552/53의 유아 세례에 대한 거절에 대해서는 a. a. O. 234를 보라.

례의 의미를 더 약하게 했다. 세례는 주일 예배에 첨가해서 수행하는 것으로 축소됐다.

3. 이미 여러 차례 소위 재세례파에 대해 언급한 바 있다

다양한 그룹들과 운동들이 재세례파라는 이름으로 지명됐는데, 이들은 유아 세례를 거부한다는 공통점을 가지고 있었다. 그래서 1527년 스위스(oberdeutsch)의 "슐라이타임 신앙고백"(Scheitheimer Bekenntnis)은 다음과 같이 가르치고 있다.

> 세례는 참회와 삶의 변화에 대한 가르침을 받고 자신들의 죄가 그리스도를 통해 없어진다는 것을 진심으로 믿는 사람들 모두와 예수 그리스도의 부활 가운데에서 변화하기를 원하고 주와 함께 죽음에 대해 묻힌 바 되기를 원하며 주와 함께 부활할 것을 바라는 사람들 모두와 그리고 이러한 마음으로 우리에게 그것을 갈망하고 자기 스스로 요구하는 사람 모두에게 베풀어져야 한다. 그와 함께 모든 유아 세례는 제외될 것이고, 유아 세례는 교황의 지나친 첫 번째 만행이다.[18]

개별적으로 보면 정말 다양한 경향을 띠고 있는 재세례파들이 전국에 걸쳐 폭력적으로 박해를 받았는데, 그들의 저서들은 불태워졌고 추종자들은 죽임을 당했다. 독일 의회는 1529년 슈파이어(Speyer)에 법을 공포하였는데, 그것은 재세례파에게 사형을 예정한 것이었다. 종교개혁가들 역

---

[18] Karl Pinggera, Martin Luther und das evangelische Taufverständnis vom 16. bis 18. Jahrhunder, in: Christian Lange/Cemens Leonhard/Ralph Olbrich (Hg.), Die Taufe. Einführung in Geschichte und Praxis, Darmstadt 2008, 102에서 인용.

시 마침내 거기에 동의했다.[19] 여기에서 다시 한번 정치적 담론에 내재해 있는 권력의 폭력 행사가 세례 프락시스를 둘러싼 진정한 논쟁을 그늘지게 했다.

후프마이어(Balthasar Hubmaier)의 세례 교리는 진지한 재세례파의 논지를 표현하고 있다. 그것은 잘 다듬어 표현된 세례 예전에서 보다는 오히려 즉흥적인 세례에서 표현되고 있다. 교수와 설교자로서 학식 있고 유능한 신학자[20]인 그는 다음과 같은 점에서 츠빙글리에 동조했다. 즉 외형적인 행위에서는 어떠한 영적인 효과도 확인할 수 없다는 것이다.

후프마이어(Hubmaier)는 세례를 오히려 단지 어른에게만 의미가 있는 "외적인 책임 징표"로 간주했다. 여기에서 그는 츠빙글리를 넘어서고 있다. 그래서 1526년에 그는 "스승 츠빙글리의 취리히(Zürich) 세례 소책자에 대한 담화"(Gespräch auf Meister Ulrich Zwinglis zu Zürich Taufbüchlein)에서 다음과 같이 썼다.

① 이 세상에 있는 어떠한 성분이나 외형적인 사물도 영혼을 정결하게 할 수 없다. 오히려 믿음이 인간의 마음을 정결하게 한다.
② 그로부터 세례는 죄를 씻을 수 없다는 결과가 나온다.
③ 그러나 세례가 죄를 씻을 수 없음에도 불구하고 하나님에게서 온 것이라면, 세례는 내적 신앙의 공적인 확증이어야 한다. 그리고 계속해서 그리스도의 말씀에 따라 이끌림 받아야 하는 새로운 삶에 대한 외형적인 책임 징표여야 한다.

---

[19] 이 문제에 관한 루터의 여러 번의 관심에 대해서는 Jörg Trellenberg, Luther und die Bestrafung der Täufer, in: ZThK 110 (2013), 22-49; 특히 거기에서 생각해 보도록 하는 것은 아우구스티누스와의 직접적인 연결이다 (a. a. O. 35, 45를 보라).
[20] Christof Windhorst, Täuferisches Taufverständnis. Balthasar Hubmaiers Lehre zwischen traditioneller und reformatorischer Theologie (SMRT 16), Leiden 1976, 6-18.

④ 그리스도인의 자녀들과 구약의 자녀들이 하나님의 자녀인지 아닌지, 우리는 다만 모든 것을 아시는 분에게 맡기기를 원하고 그것에 대해 어떠한 판단도 하지 않을 것이다. (…)

⑤ 믿는 자들이 물로 받는 세례에 대한 교리와 모범은 분명한 하나님의 말씀 속에 있고, 우리에게는 어떤 상황에서도 당연 재세례로 명명될 수 없다. 그러나 유아 세례는 어떠한 근거도 가지고 있지 않다. 유아 세례는 하나님에게서 온 것이 아니다.[21]

신학적으로 그는 엄격하게 성령 세례와 물 세례, 피 세례를 구분했다. 따라서 처음에 성령 세례가 있다. 우선 그러한 기초 위에서 (어른이 된) 사람은 물 세례를 원할 수 있다. 물 세례는 결과로 "피 세례," 즉 "삶이 끝날 때까지 이어지는 매일 매일의 육신의 죽음"을 갖게 된다.[22]

그에 상응해 세례는—후프마이어(Hubmeier)의 저서 『세례의 형식은 물에서, 교육은 믿음에서』(1527)라는 저서에 따르면—"세 부분의 의식"으로 수행됐다. 즉 성령 간청, 신앙고백과 수세 행위, 윤리적으로 비난 받지 않는 기독교 삶에 대한 경고이다.[23] 수세 행위에서 특별한 것은 침수였다.

하지만 국가 당국은 재세례파 운동을 폭력으로 제압하는 데 성공했다. 무엇보다 몇몇의 재세례파가 폭력으로 하나님의 나라를 건설하려고 했던 곳인 뮌스터(Münster)에서의 대참사는 평화적인 재세례파들도 무자비한 박해를 받도록 했다. 하지만 재세례파의 관심사는 영국 청교도를 기점으로 해(후에는 미국 청교도) 새로운 관심을 받게 됐고, 결국 침례교회 건립으

---

[21] Hellmut Zschoch, Die Taufe als theologisches Thema der Reformationszeit, in: Günter Ruddat (Hg.), Taufe - Zeichen des Lebens. Theologische Profile und interdisziplinäre Perspktiven, Neukirchen-Vluyn 2013, 76-85, 81.

[22] Christof Windhorst, Täuferisches Taufverständnis. Balthasar Hubmaiers Lehre zwischen traditioneller und reformatorischer Theologie (SMRT 16), Leiden 1976, 177.

[23] Bryan Spinks, Taufe VI. Neuzeit, in: TRE Bd. 32 (2001), 710-719, 712 이하.

로 이어지게 됐다.

4. 서방교회의 분열 이후 짧게나마 로마교회에서의 세례 프락시스의 발전을 살펴보는 것은 가치가 있을 것이다

한편으로 종교개혁에 대한 로마교회 당국의 반응으로 열린 트리엔트 공의회(Tridentinum)에서는 교의학적인 성사-교리가 확인됐다(→II.5.2). 다른 한편으로 그때까지 지역적으로 다양했던 예전적 예배를 단일화시키기 위한 자극들이 있었다. 그러나 세례를 위해서는 얼마간의 시간이 필요했다. 우선 1614년 **로마 성무일도**(Rituale Romanum)가 공포됐는데, 거기에는 세례 서식도 있었다. 여기에서 공표된 모델 예식들은 종교개혁적인 예식서와 대조를 이룬다.

세례는 한편으로 사제의 행위와 사제에 의해 거행되는 문구에 방향이 맞춰져 있다. 사제와 세례받는 사람 외에 오직 대부의 참석만이 필수인데, 부모의 참석은 필수가 아니다.

> 성사 사건은 표제어 식으로 정확하게 수행된 핵심행동에 집중한다. 그리고 거기에 속한 다른 모든 의식은 대부분 단지 부수적인 의미만을 지니고 있다. (…) 성사 사건을 말씀 선포와 연결하는 것은 의도돼 있지 않았다.[24]

구체적인 형식에서 세례예식들은 예배 역사의 흐름 속에서 생겨난 많은 징표를 사용하고 있다(반대로 종교개혁적인 예배예식서에서는 이러한 것이 감소

---

[24] Nadine Baumann, Die Riten der Initiationssakramente in der Katholischen Kirche vom Tridentinum bis zum II. Vaticanum, in: Christian Lange/Clemens Leonhard/Ralph Olbrich (Hg.), Die Taufe. Einführung in Geschichte und Praxis, Darmstadt 2008, 67-84, 70.

한다). 따라서 예를 들어, 예전적인 세례 준비 교육형태와 관련해 4/5세기 이후 관찰되는 불일치들을 그대로 따르고 있다. 어린아이들의 특별한 상황은 고려되지 않았다.[25]

이러한 형태는 지역적으로 보충되기도 하고 변형되기도 하면서 제2차 바티칸 공의회(II. Vaticanum)까지 존속됐다. 성찬식과 견진성사는 분리된 채 유지됐다.

5. 방금 서술한 신학적 논쟁 외에 세례는 다른 담론을 통해 사람들에게 영향을 미쳤다

그와 관련해 다양한 민속학적인 증거들에 주의를 기울일 필요가 있다. 중요하게 보이는 것은 가능한 빠르게 신생아의 세례가 이뤄졌다는 것이다. 태어난 다음날 세례를 받은 마르틴 루터의 예가 전형적이다. 세례 수에 대해서는 보호와 안녕을 선사할 것이라는 기대가 있었다.

그와 함께 신생아의 사망이 높은 시기에 아이의 영혼 구원에 대한 걱정과 악한 세력에 대한 두려움이 사람들을 지배했다. 중세 때는 이러한 것이 계속됐다. 비로소 서서히 세례 일정이 미뤄졌는데, 처음에는 며칠, 그리고 나서 개신교 영역에서는 몇 주 뒤로 미뤄졌다.

크리스티네 레만(Christine Lehmann)은 "미신이 사라져가면서 세례 유예 기간이 길어졌다"[26]라고 추측한다. 교회 규정은 이른 시기의 세례 일정을

---

[25] 성인 세례를 위한 서식과 유아 세례를 위한 서식의 분류는 실제적으로도 신학적으로도 중요하지 않았다. 실제로 유아 세례-서식은 -언제나- 대충 성인 세례의 축약된 양식이었다; 반대로 실제로는 성인 세례가 거의 거행되지 않았다.

[26] Christine Lehmann, Altmärkisches Taufbrauchtum und der Atlas der deutschen Volk-

지지했다. 많은 곳에서 세례는 태어난 지 3일 이내에 행하는 것으로 규정됐다.[27] 그 결과 엄마가 세례에 참여할 수 없는 일이 생겨났다. 아마도 이미 초기에 예수의 세례[28]와 연결돼 동반된 천사들에 대한 표상이 죽음과 악마에 대한 두려움을 감소시켰을 것이다. 이러한 표상은 17세기 말부터 특히 18세기에 많은 교회에서 "사람과 유사한 형체에 날개를 달고 있고 세례 반을 떠받들고 있는" 소위 세례 천사들로 표현됐다.[29]

주목끄는 것은 신분 질서가 얼마나 강력하게 세례 관행을 규정했는가 하는 것이다. 소위 평범한 사람들은 자녀의 세례를 위해 교회에 가야만 했다. 귀족 계층을 위해서는 가정 세례가 마련됐다.

"가정 세례와 엄청난 명망이 연결돼 있었기 때문에 17세기부터는 시민 가정들도 점점 더 많이 가정 세례를 희망했다."[30]

교회의 반복적인 개입에도 불구하고 18세기에는 가정 세례의 숫자가 높아졌다. 대부(Paten)의 선택에 관한 규정에서 신분 질서가 반영됐다. 높은 계층들은 대부들의 수가 특별히 많은 것을 통해 자신들의 중요성을 드러냈다.

그래서 17세기 교회 책자들은 25명이나 되는 세례 대부의 이름을 언급하고 있다(97). 공공법(Polizei-Ordnung)은 이러한 과도함에 반응해서 대부

---

skunde, in: Bettina Seyderhelm (Hg.), Tausend Jahre Taufen in Mitteldeutschland, Regensburg 2006, 106-121, 108.

[27] 개별적인 규정들에 대해서는 Kathrin Ellwardt, Taufe zwischen Familienfest und Policey-Ordnung, in: Bettina Seyderhelm (Hg.), Tausend Jahre Taufen in Mitteldeutschland, Regensburg 2006, 94-105을 보라.

[28] 그에 상응하는 5세기 이래 나타나는 그리스도의 세례의 묘사에 대해서는, Peter Poscharsky, Taufengel, in: Bettina Seyderhelm (Hg.), Tausend Jahre Taufen in Mitteldeutschland, Regenburg 2006, 180-189, 180을 보라.

[29] Oscharsky, Taufengel, 180(이 논문에는 시각적인 삽화가 들어있다).

[30] Kathrin Ellwardt, Taufe zwischen Familien fest und Policey-Ordnung, in: Bettina Seyderhelm (Hg.), Tausend Jahre Taufen in Mitteldeutschland, Regensburg 2006, 94-105, 95. 괄호 안에 계속해서 나오는 숫자는 이 논문의 페이지를 가리키는 것이다.

의 수를 엄격하게 제한했다. 그것을 넘어서 상당수의 세례 규정은 대부가 세례받는 사람과 동일한 지위에 속해야만 한다고 규정했다(98). 신분 규정 담론은 평등한 원시 기독교 세례의 기본 특색을 밀어냈다. 그 외에 사회적으로 일반화된 배제 역시 세례 관행에서 직접 표현됐다.

마지막으로 소위 "사생아," 즉 법적인 부부 사이에서 태어나지 않은 아이의 세례에 대한 차별 대우를 언급할 수 있다. 교회와 법적으로 승인된 도덕 법률은 다음과 같이 하도록 했다. 즉 엄마들은 결혼하지 않고 낳은 자신의 아이들을 위해 자신의 정당함을 밝혀야만 했고 목사는 그녀의 "순결치 않음" 때문에 그들을 공식적으로 훈계했다. 거기에 더해 이러한 경우에 높은 수수료를 지급해야만 했다. 그에 대해 에어푸르트(Erfurt) 개신교 행정부는 1804년에 다음과 같이 말하고 있다.

> 반면 사생아의 세례 때 수수료는 농촌에서 더 높다. 여기에서 목사는 1 rt.를 받는다. 그리고 선생은 그 반을 받는다. 이렇게 다른 이유는 사생아의 세례 때에 목사 스스로가 많은 세례 증인을 선택해야 하고 세례를 줄 때 많은 부분에서 많은 사람이 등장하기 때문이다. 목사는 세례를 주기 전에 참석한 사람들에게 목적에 맞는 연설을 해야 하는데, 거기에서 목사는 참석한 사람들에게 특별히 순결하지 않음에 대한 부도덕에 대해 경고한다. 이러한 많은 일 때문에 아주 오랫동안 보편화한 관행인 이러한 양상이 1 rt.로 책정된 것이다(104, 각주 10).

또한, 사생아의 세례 때에는 종을 울리는 것과 예배에서 감사 찬송과 어머니의 축복이 행해지지 않았다(97). 부분적으로 20세기까지 시행된 이러한 차별 대우는 그리고 그와 함께 교회의 행위는 복음의 근본 동인에 어긋나는 것이다. 아마도 대부분 사람에게 세례에 대한 경험은 세련된 신학적 구상을 통해서라기보다는, 오히려 귀신론적이고 신분적이고 도덕적인 담론을 통해 형성된 것 같다. 왜냐하면, 신학적인 구상과는 반대로 이러한 담론들의 결과들은 구체적인 프락시스에서 무엇보다 차별과 연결돼 있을 때 명확하게 드러나기 때문이다.

6. 경건주의와 계몽주의가 진행되는 가운데 세례 프락시스는 또 다른 강조점을 얻는다

이 두 개의 물줄기는 기독교 신앙의 개인주의를 촉진했다. 그와 함께 내적인 상태에 대한 관심이 높아졌고, 소위 외형적인 것은 주변으로 밀려났다.

> 더 이상 예식을 외형적으로 정확히 수행하는 것이 아니라, 이제는 신앙인들 안에 내적인 과정이 요구됐다.[31]

이것은 교육적인 동기와 잘 부합됐는데, 회심을 열망한다는 점(경건주의)에서도 그렇고, 일반적인 윤리적인 교육(계몽주의)과 관련해서도 그렇다. 하지만 경건주의 신학자들과 계몽주의 신학자들은 이러한 동인을 세례와 연결한 것이 아니라, 입교와 연결했다. 그래서 예를 들어 필립 스페너(Philipp Spener)는 루터교에서 일반화돼 있는 유아 세례를 반대하지 않았다.
하지만 그는 새로운 삶의 의미를 강조했고, 그와 더불어 그의 성찰은 청소년과 성인을 겨냥했다. 그때까지 입교가 세례받은 사람에 대한 교회의 행위로 이해됐다면, 스페너에게는 "입교자들의 개인적인 신앙고백과 진실

---

[31] Andreas Müller, Tauftheologie und Taufpraxis vom 2. bis zum 19. Jahrhundert, in: Markus Öhler (Hg.), Taufe (Themen der Theologie 5), Tübingen 2012, 83-135, 124.

한 기독교 삶에 대한 그들 자신의 책임"³²이 중심이 됐다.

테오필 그로스게바우어(Theophil Großgebauer)와 같은 개별적인 경건주의자들은 중생과 같은 루터의 교리를 세례에서 빠지게 함으로써 최소한 교의학적으로 더 나아갔다. 물론 그들은 그것을 관철할 수는 없었다. 경건주의 영역의 다른 그룹에서는 소위 재세례가 생겨났는데, 나중에 대부분 공권력을 통한 위협적인 핍박 때문에 해당 인물들은 미주(America)로 이주해야 했다. 계몽주의 신학자들의 무리들에서도 입교는 많은 사람의 관심을 끌었다. 입교는 축제적으로 치러졌고, 동시에 성년이 된 사람들의 "종교적 서약"이 중심에 놓였다.³³

세례는 그에 비해 계속해서 사적인 집안 영역으로 밀려났다. 부유하고 교육받은 사람들에게서 가정 세례가 증가했다는 것에 대해서는 이미 언급한 바 있다. 이러한 것은 축귀와 같은 전통적인 징표가 사라지는 것을 통해서도 호의적으로 됐다. 그래서 세례는 이제 "가족 내에서 아이가 태어난 것에 대한 축제"³⁴로 해석될 수 있었고 그에 상응해 축제를 베풀었다. 세례는 교회와 개인에게 입교를 위해서 중요한 전(前) 단계가 됐다.

7. 전체적으로 시대별 분석이 보여주고 있는 서로 긴장 관계에 있는 경향들이다

즉 루터가 세례의 의미를 신학적으로 분명하게 강조한 것과 계속해서 세례가 주변으로 밀리는 간과할 수 없는 실제와 세례에 대한 민중 경건적

---

32 A. a. O. 124.
33 Albrecht Beutel, Aufklärung in Deutschland (KIG 4 02), Göttingen 2006, 364.
34 Andreas Müller, Tauftheologie und Taufpraxis vom 2. bis zum 19. Jahrhundert, in: Markus Öhler (Hg.), Taufe (Themen der Theologie 5), Tübingen 2012, 83-135, 125.

인 상황이 대비되고 있다.

그러므로 신학적으로 세례의 중요성을 강조하는 것으로는 충분하지 않다. 그와 더불어 세례 표현 방식을 위한 어떠한 결과와도 연결되지 않는다면 말이다. 종교 개혁가들의 신학에서 세례의 특별한 징표 성격을 무시하는 것은 소위 말해, 외형적인 것과 관련이 있는 민중 경건적인 수용과도 모순되는 것이었다.

담화론적으로 봤을 때, 언어를 강조하는 것과 경건주의와 계몽주의에서 다양하게 근거 지워진 교회 개혁의 동인은 구체적인 세례와 세례의 표현 방식을 심도 있게 다루는 데 방해가 됐다. 염려스러운 것은 귀신론적이고, 신분적이며, 도덕적인 담론들이 세례 프락시스에 끼친 과도한 영향이다.

개혁신학의 자극으로 다시금 세례의 신학적 의미에 주의를 기울이기는 하였으나 사람들이 이해하고 소통할 수 있도록 예배학적인 면에는 주의를 기울이지 못했다.

제7장

분화된 사회에서 (1800년-1990년)

지금까지 계속 300년 단위의 고찰들에 착수했다면, 나는 이제 1800년과 1990년 사이 시간대에 주목할 것이다. 정치적으로 통일을 이룬 해는 독일 (개신교)교회에, 특히 세례 프락시스와 관련해 중요했다. 왜냐하면, 대부분의 동독 지역에서는 단지 소수들만이 옛 독일 연방공화국에서 광범위하게 실행되던 유아 세례의 관습을 따르고 있었기 때문이다. 그 때문에 성인들을 세례로 초대하는 과제가 새롭게 임박한 과제로 떠올랐다.

얼핏 행정적인 예식서를 들여다보면, 이 시기는 정말 그 이전 시기의 발전이 지속돼 온 것처럼 보인다. 하지만 좀 더 자세하게 살펴보면 (오히려 근본에서는) 세례 프락시스에서의 현저한 변화를 확인할 수 있다. 이러한 것은 사람들의 입장의 변화와 삶의 정황의 깊은 변화를 놓고 보면 그리 놀랄만한 것이 아니다.

19세기는 많은 점에서 독일의 단면을 드러내고 있다.

① 정치적으로 거의 천 년 동안 지속됐던 독일의 신성로마제국 역사가 나폴레옹과 함께 끝이 났다.[1]

---

[1] Thomas Nipperdey, Deutsche Geschichte 1800-1866, München⁵1991, 14을 보라.

② 사회적으로는 신분 사회에서 시민 사회로 바뀌었다.[2]
③ 세계적으로는 지금까지의 질서가 해체되고, 개인주의 과정이 퍼져나 갔다.[3]
④ 학문적으로는 일반적인 역사화에서 근본적인 상대화로 나아갔고, 존재 설정과 가치 설정의 영역에서도 그렇다.[4]
⑤ 다양한 해방 운동은 노동 해방 운동에서 여성 해방 운동에 이르기까지 일상에 미치는 변화를 주도했다.
⑥ 마지막으로 유럽의 경계를 넘어 시야가 확장됐다.

이러한 발전은 20세기에도 계속됐고, 두 번의 전쟁 재해 후 1960년대에 새로운 전통 비판적인 추진력을 얻어서 오늘날에 이르고 있다. 예배학적이고, 교의학적이고, 에큐메니컬하고 마지막으로 교육적인 동인이 세례 프락시스에 직접 영향을 미쳤다.

분명한 것은 이 시기에 세례에 대한 법적인 틀이 완전히 바뀌었다는 것이다. 19세기까지 존속하던 국가 차원의 세례 강요는 폐지됐다. 그에 따라 많은 사람에게 입장을 바꿀 수 있는 변화의 가능성이 열렸다. 교회 교인이 될 것인가의 문제는 현재의 다원화 사회에서는 하나의 옵션이 됐다.

교회를 탈퇴함에 따라 세례와 교회 교인 자격이 분리되면서 새로운 문제가 발생하게 됐다. 그에 대한 신학적 작업이 이뤄지길 여전히 기다리는 실정이다.[5] (부모와) 세례를 위해 나누는 대화의 중요성이 계속 증가하고

---

[2] A. a. O. 255을 보라.
[3] A. a. O. 265을 보라.
[4] Kurt Nowak, Geschichte des Christentums in Deutschland. Religion, Politik und Gesellschaft vom Ende der Aufklärung bis zur Mitte des 20. Jahrhunderts, München 1995, 15 이하를 보라.
[5] 이러한 방향에서 선보인 첫 번째 시도: Christine Lienemann-Perrin (Hg.), Taufe und Zugehörigkeit. Studien zur Bedeutung der Taufe für Verkündigung, Gestalt und Ordnung

있고 세례와 관련해서 제공되는 다른 교육들은 다음과 같은 사실을 암시한다. 즉 오랫동안 우위를 점하고 있던 세례 관행의 법률화는 삶과 연결된 커뮤니케이션 앞에서 약화되고 있다는 것이다.

1. 쿠어트 노박(Kurt Nowak)은 다음과 같이 진술했다

> 1770년과 1790년 사이에 종교의 의식(意識) 세계가 급속하게 부채꼴 모양처럼 넓어졌다. 거기에 상응해 기독교 환경에서 사회적 세분화가 증가했다.[6]

법적으로 이러한 것은 오랜 과정을 거쳐 교회 탈퇴를 가능하게 했다.[7] 1788년에 실제적으로는 적용되지 않은 "뵐르너 종교 칙령"(Wöllnerschen Religionsedikt)이 시작됐다. 계몽주의적인 추세를 저지하려는 시도에서 이 칙령은 승인된 세 개의 종교 공동체 사이에서 이적할 수 있도록 해 줬다.[8] 일반적인 프로이센 국가법은 1794년에 이미 (§ 2에서) "완전한 신앙과 양심의 자유"를 규정하고 있는데, 그러나 거기에서 이러한 자유는 다만 지금까지 승인된 종교 공동체와만 연관돼 있었다.[9] 그와 연결돼 미래에 중요한 것으로 여겨진 것은 (당분간 목사들에 의해 운영된) 호적의 도입이었다.

---

    der Kirche (FBESG 39), München 1983.
6 Kurt Nowak, Geschichte des Christentums in Deutschland. Religion, Politik und Gesellschaft vom Ende der Aufklärung bis zur Mitte des 20. Jahrhunderts, München 1995, 21.
7 구체적으로 법적인 관점에서 발전을 그리고 있는 것은: Barbara Schmal, Das staatliche Kirchenaustrittsrecht in seiner historischen Entwicklung (IusEcc 102), Tübingen 2013이다.
8 Dirk Dütemeyer, Dem Kirchenaustritt begegnen. Ein kirchenorientertes Marketingkonzept, Frankfurt 2000, 56-58을 보라.
9 A. a. O. 59-61을 보라.

교회 내부적인 논쟁들은(독일 가톨릭 운동과 연합을 둘러싼 논쟁) 1847년에 "프로이센 종교칙서"(Religionspatent)가 탄생하도록 했다. 거기에서 처음으로 지금까지 당연하게 연결됐던 시민 권리와 교회 교인 자격이 분리됐다.[10] 그에 앞서 독일 연방이 진행되는 가운데 영토의 재배치가 이뤄지면서 국가 소속과 교회 가입의 분리가 선행됐다.[11] 그전까지 이 둘이 일치하였던 것은 "쿠이우스 레기오, 에이우스 렐리기오"(cuius regio, eius religio, 제후의 지역에서는, 제후의 종교) 원칙 때문이었다.

1873년 교회 탈퇴에 대한 프로이센 국가법은 이러한 발전에 종지부를 찍었다. 문화 투쟁의 맥락에서 이제 처음으로 (§ 1에서) 소극적인 교회 탈퇴(즉 이어서 다른 종교 공동체로의 이적 없는)의 분위기가 표현됐다.

> 교회로부터의 탈퇴는 시민 활동과 함께 자신이 사는 지역의 판사 앞에서 친히 탈퇴자의 설명을 통해 이뤄진다.[12]

하지만 그와 연결된 몇 가지 불편함이 따랐는데, 예를 들어, 납부 의무와 같은 것이다. 납부 의무는 얼마 동안 지속됐다. 하지만 이것으로 적어도 근본적으로 세례 프락시스를 위한 새로운 상황이 만들어진 것이다. 그

---

[10] A. a. O. 62-63을 보라. 규정은 다음에 명시돼 있다: Barbara Schmal, Das staatliche Kirchenaustrittsrecht in seiner historischen Entwicklung (IusEcc 102), Tübingen 2013, 299-301.
[11] Wolfgang Huber, Auf dem Weg zu einer Kirche der offenen Grenzen, in: Christine Lienemann-Perrin (Hg.), Taufe und Kirchenzugehörigkeit. Studien zur Bedeutung der Taufe für Verkündigung, Gestalt und Ordnung der Kirche (FBESG 39), München 1983, 488-514, 503; 하지만 유대인들에 대한 시민권리의 제한은 계속됐다(이에 대해서는 Kurt Nowak, Geschichte des Christentums in Deutschland. Religion, Politik und Gesellschaft vom Ende der Aufklärung bis zur Mitte des 20. Jahrhunderts, München 1995, 33-36을 보라).
[12] Dirk Dütemeyer, Dem Kirchenaustritt begegnen. Ein kirchenorientertes marketinkonzept, Frankfurt 2000, 69에서 인용.

에 상응하는 더 많은 법이 뒤따랐다.¹³

늦어도 제1차 세계대전 후 첫 번째 교회 탈퇴 물결을 경험하면서 교회 탈퇴가 계속 진행될 때 좀 더 분명하게 드러나게 될 결과들이 노출됐다. 교회들은 일평생 동안 지속되는 세례의 의미를 신학적인 근거로 삼아왔다.¹⁴ 그러나 교회 탈퇴자들은 최소한 법적으로 세례와 관련된 교회 교인 자격의 관점에서는 그것을 따르지 않았다.

교회 탈퇴에 대한 교회의 반응은 처음에는—상황에 따른 목회적 노력을 제외하면—교회 규율을 통해서 권력형으로 수행됐다. 지금까지의 국가적 승인 대신에 교회 벌금 조치가 등장했다. 특히 결혼이나 장례와 같은 의례의 영역에 있는 예전적인 행위들이 거절됐다. 하지만 시간이 지남에 따라 이러한 것은 교회 조직을 유지하려고 하는, 교회 내적인 전망에서도 양면적인 것으로 여겨졌다.

그로 인해 종종 충실한 개신교 교인들도 마찬가지로 제재를 받게 되지 않을까? 잠재적인 부부 혹은 유가족으로서 말이다.

그래서 목회적인 유보가 (실제로는 추후에 벌금을 경감해 주는 식으로) 드물지 않게 상응하는 규정들을 제한했(한)다. 형식적인 교회 교인 자격이라는 측면을 넘어—신학적으로 확실히 논쟁의 여지가 없는—영속적인 세례의 의미에 대한 질문은 오랫동안 이상하리만큼 심사숙고되지 못했다. 오히려 입교가 법적으로 의무화가 되었다.

---

13 A. a. O. 72-85을 보라.
14 벨라르미노 로베르토(Robert Bellarmin)에게서 나타나는 그에 상응하는 첫 교회 개념에 대해서는 다음을 보라. Wolfgang Huber, Auf dem Weg zu einer Kirche der offenen Grenzen, in: Christine Lienemann-Perrin (Hg.), Taufe und Kirchenzugehörigkeit. Studien zur Bedeutung der Taufe für Verkündigung, Gestalt und Ordnung der Kirche (FBESG 39), München 1983, 488-514, 496, 508 이하를 보라.

2. 계속해서 세 개의 주요 종파 교회(루터파, 개혁파, 로마 가톨릭) 외에 또 기독교 공동체가 승인되면서 세례 프락시스는 더 다양해졌다

예를 들어, 여기에서는 독일에 있는 침례교에 주목하려고 한다.[15] 1834년 첫 번째 침례교회가 함부르크(Hamburg)에 세워졌다. 같은 해에 미국의 침례교 목사가 요한 게르하르트 온켄(Johann Gerhard Oncken)을 위시해 모인 몇몇 사람들에게 세례를 베풀었다. 1858년 함부르크교회는 신앙고백을 제출한 후에, 시 정부를 통해 승인됐다. 1875년 침례교회는 베를린(Berlin)에서 법인 권리를 얻었고, 이어서 다른 프로이센(preußisch) 침례교회들도 이를 요구했다. 거기에서 눈에 띄는 것은, 침례교 측 인물들은 종종 외국 출신이거나 혹은 오랫동안의 외국 경험으로 책임있는 위치에 있는 사람들이었다는 것이다.

전체적으로 교회 연합이 구축됐다. 거기에서 외부인에게 가장 인상적인 특징은 성인이 된 사람들에게 비로소 세례를 베풀었다는 것이다. 아무튼 그로 인해 세례 프락시스는 근본적으로 세례 나이와 관련해 다양해졌다. 비록 주요 교회에서는 유아 세례를 규범으로 간주되었고 그에 상응하여 실천되었음에 말이다.[16] 그래서 19세기 중반부터 독일에서는 침례교회로 말미암아 기독교 유아 세례 프락시스에 양자택일 모델이 잠정적으로 존속하게 됐다. 물론 독일 개신교 국교회에서도 일반적인 (유아) 세례 프락시스에 대한 문의가 접수됐다.

---

15 침례교의 발전에 대한 비구조적인 서술로는 Birgit Marchlowitz, Freikirchlicher Gemeindeaufbau (APrTh 7), Berlin 1995, 5-65을 보라.
16 하지만 -우선 무엇보다도 개신교 부모에게서- 20세기가 흐르면서 세례의 구체적인 시점이 출생과 아주 밀접하게 가까운 시기에서 어느 정도 뒤로 미뤄졌다 (그에 대한 구체적인 수를 제시할 수는 없지만).

3. 특정 부류 집단에 대한 세례의 정당성을 둘러싼 논쟁이 19세기와 20세기 전체를 관통했다

여기에서는 유아 세례에 대한 문제가 가장 큰 비중을 차지했다. 이미 프리드리히 슐라이에르마허(Friedrich Schleiermacher)는 유아 세례를 비판적으로 평가했다. 그에게 있어서 유아 세례는 오로지 "성공적인 교육 이후에 추가되는 신앙고백(입교-역주)을 유아 세례에 속한 마지막 의식으로 볼 때만 완전한 세례"로 간주됐다.[17]

중생과 칭의라는 세례에 대한 근본적인 해석은 그에게 단지 "말 속에서 주장되는 것이고, 결코 표상에 대한 어떤 분명함으로 이끌지 못하는 것으로" 비쳤다.[18] 반대로 슐라이에르마허(Schleiermacher)는 이미 형성된 유아 세례의 의미는 인정했다. 입교(Konfirmation)를 재수용한 것은 그가 유아 세례의 명백한 불충분함과 후대의 관습이라는 두 가지 점을 고려했기 때문이다. 분명한 것은 슐라이에르마허는 "재세례파들에 대해 취해진 이단 판결과 저주 판결을" 폐지할 것을 요구했다는 사실이다.[19]

선교의 맥락에서는 세례의 내용을 인식론적으로 이해할 수 없는 사람들의 세례에 대한 문제가 논의됐다. 그래서 헤르만스부르그(Hermannsburg)선교회의 원장 하키우스(G. Haccius)는 정신적 장애가 있는 사람들의 세례 지원을 거부하는 근거를 다음과 같이 말하고 있다.

---

[17] Freidrich Schleiermacher, Der christliche Glaube nach den Grndsätzen der evangelischen Kirche im Zusammenhange dargestellt(1821/22) Bd. 2, hg. v. Hermann Peiter (KGA 7,2), Berlin 1980, 260.
[18] A. a. O. 260 이하.
[19] A. a. O. 263.

그들은 은혜의 성사 선물을 수용할 능력이 없다. 그리고 그러한 세례를 통해 거룩한 세례의 마법적인 효과라는 잘못된 표상이 일깨워질 수 있는데, 이는 특히 미신에 기울어진 이방 주민들에게 두 배로 위험한 것이다.[20]

여기에서 지식 위주의 신앙 이해와 더불어 결국 인식론적으로 좁은 신앙 이해가 그들을 배제하도록 했는데, 이는 기독교 세례의 포용적인 기본 특색을 뒤집는 것이었다.

이러한 논쟁은 계속해서 (외부의) 선교 활동의 영역에 머물러 있었던 반면, 그와는 반대로 1943년 논쟁이 된 칼 바르트(Karl Barth)의 저서가 큰 관심을 불러 일으켰다.[21] 국교회에서 지금까지 유아 세례를 문제 삼는 사람들은 독일어권에서는 오히려 드문 주변인으로 간주됐다면, 당시 주도적인 (개혁주의) 조직신학자의 유아 세례 반대는 주목을 끌었다.

칼 바르트는 단호하게 유아 세례를 "교회의 몸에 있는 상처"라고 표현했다.[22] 유아 세례는 통용되는 것이기는 하나, 진정한 세례는 아니라는 것이다. 나중에 바르트(Barth)는 단편으로 머물렀던 자신의 교회 교의학의 마지막 권에서 이러한 비판을 반복했고 강화했다. 신학적으로 성령 세례와 물 세례의 분리를 출발점으로 해서[23] 칼 바르트는 "아주 무질서한 세례 프락시스"를 비판했다.[24] 그에게 물 세례는 윤리적인 결단으로서 긍정적으로 간주됐다. 교회론과 혹은 더 정확하게 말해서, 바르트에게 긴급한 것으로 느껴진 교회 개혁이 이러한 세례 교리의 배경을 이루었다.

---

[20] Ernst Strasser, Die Taufe in der Geschichte der deutschen evangelisch-lutherischen Mission (MWF(L)4), Leipzig 1925, 94. 각주 6에서 인용.
[21] Karl Barth, Die kirchliche Lehre von der Taufe, Zürich 1943.
[22] A. a. O. 5.
[23] Karl Barth, Kirchliche Dogmatik Bd. IV, 4, Zürich 1967, 35 이하를 보라.
[24] A. a. O. 213.

교회가 하나님과 복음 앞에서, 교회 외부나 내부에 있는 사람들 앞에서 교회 일꾼의 다음 세대를 길러내야 하는 걱정을 고집스럽게 이렇게 무책임한 방법으로 충족시킬 수 있다고 생각한다면, 어떻게 교회는 남은 세상에 신뢰를 얻을 수 있을까?[25]

유사한 시기에 신약 신학자 요아힘 예레미아스(Joachim Jeremias)와 교회 역사학자 쿠어트 알란트(Kurt Aland) 사이에 신약성경에서의 유아 세례에 대한 떠들썩한 격론이 있었다.[26] 신약 시대에 유아 세례가 있었다는 주장이나(예레미아스) 그것을 거부하는 쪽이나(알란트) 의심의 여지 없이 명백하게 논증되지는 못했다. 그래서 결론적으로 남게 된 것은, 유아 세례에 대한 문제는 명백하게 역사적으로 해결될 수 있는 것이 아니라는 것이다.

1950년에 독일 루터파개신교연합총회(VELKD)는 여전히 "거룩한 세례 성사 교리에 대한 설명"에서 "태어난 지 1년 이내에 베풀어지는" 세례를 일반적인 것으로 확정했다.[27] 그러나 1952년에 라인란트(Rheinland)에 있는 개신교 교회에서는 소위 세례 연령 규제를 해제하는 것을 놓고 정말 허심탄회한 논쟁이 벌어졌다.[28]

결국, 강화된 (국제) 에큐메니컬 대화가 세례 연령에 대한 논쟁 뒤에 놓여 있는 독일의 협소한 입장을 끝냈다. 세계교회협의회의 신앙과 교회

---

[25] A. a. O. XII.
[26] 이에 대한 논쟁을 요약해 놓은 다음의 책, Hans Huber, Der Streit um die Kindertaufe. Eine Darstellung der von Karl Barth 1943 ausgelösten Diskussion um die Kindertaufe und ihrer Bedeutung für die heutige Tauffrage, Frankfurt 1972, 34-60을 보라.
[27] Wolfgang Lienemann, Taufe -Mitte und Grenze der Kirche. Zur theologischen Vorgeschichte der neuzeitlichen Taufproblematik, in: Christine Lienemann-Perrin (Hg.), Taufe und Kirchenzugehörigkeit. Studien zur Bedeutung der TAufe für Verkündigung, Gestalt und Ordnung der Kirche (FBESG 439), München 1983, 147-191, 147.
[28] 성인 세례의 통제 해제 문제와 관한 논문, hg. von der Evang. Kirche der Union, 1964; 개별적으로 중요한 의견에 대해서는 요약적으로 다음을 보라. Uwe Steffen, Taufe. Ursprung und Sinn des christlichen Einweihungsritus, Stuttgart 1988, 175-179.

법을 위한 위원회에 의해 마침내 제출된 수렴 성명 "세례, 성만찬, 직무"(→II.3.1.)는 세례 연령에 관한 문제에 대해 제한을 두지 않은 채로 남겨뒀다. 위원회는 소위 믿음 세례를 위해서도, 소위 유아 세례를 위해서도 "기독교 가르침에 대해 유사하고 책임 있는 입장"이 필수적이라는 것을 적극적으로 강조했다(세례 IV.).²⁹ 또한, 몇 년 뒤를 보면, 아이들이 태어나자마자 바로 세례를 베풀고자 하는 부모들의 숫자가 (교의학적인 담론을 넘어) 실제적인 이유로 해서 줄어들었다.³⁰

4. 방금 서술한 논쟁에서는 교회 개혁이라는 담화가 중요한 배경을 이루었던 반면, 세례 문구에 대한 새로운 제안들도 나타나게 된다

예를 들어서, 자유주의자이고, 단일신론에 가까운 브레멘(Bremen)의 목사 오스카 마우리츠(Oscar Mauritz)는 1900년부터 통상적이던 세례 문구를 다음의 관용구로 대체했다.

> 나는 유일하신 한(All-Einen) 하나님을 앙망하며 그대에게 세례를 베풉니다. 우리는 그 분 안에 살고 있고 활동하고 기독교교회는 그분을 아버지와 아들과 성령으로 고백합니다.³¹

이것과 관련된 갈등에 브레멘(Bremer)시 정부에 있는 프로이센(preußisch)

---

29 Ursula und Günther Gaßmann (Frankfurt 1982, 13)의 독일어 번역에서 인용.
30 1963년에서 1983년 사이의 변화에 관해서는 그래픽 "Anteil der Kinder-, Spät-und Erwachsenentaufen an der Gesamtzahl der Taufen" in: Christian Grethlein, Taufpraxis heute. Praktisch-theologische Überlegungen zu einer theologisch verantworteten Gestaltung der Taufpraxis im Raum der EKD, Gütersloh 1988, 54을 보라.
31 Horst Kalthoff, Mauritz, Oscar, in: BBKL (Online-Vision, Abruf: 30. 08. 2013).

종교국이 개입했는데, 이 종교국의 교회 위원회는 1905년에 삼위일체의 형식을 지닌 세례만이 유효하다고 강조했다. 그러한 이유로 그사이 마우리츠(Mauritz) 목사를 통해 베풀어진 약 650건의 세례의 절반가량이 다시 행해졌다. 이것은 삼위일체 교리의 적합성에 대한 신학적인 의혹이 세례 프락시스에서의 변이를 초래한 것인데, 어쨌든 교회 행정과 국가적으로 미심쩍게 여겨져 이 세례는 거절됐다.

유사한 것이 세례 문구의 다른 변용에도 적용됐는데, 예를 들어 "선하고, 아름답고 진실한 것에 대한" 세례 같은 것이다.

두 가지 경우 소수의 교양 층에서 널리 퍼진 종교적 혹은 세계관적인 표상들이 복음의 근본 동인과의 적합성을 숙고하지 않은 채, 직접 세례 축제에 전이된 것이다. 여기에서는 잘못된 논리적 추론에 의한 순응의 위험이 세례 프락시스에 나타나고 있다.

5. 20세기에는 예배학 연구에서 기인된 개혁이 전혀 다른 방향으로 향했다

부활절 전야 예배의 재발견이 그것이다. 이 예배는 1570년 로마 미사 경본(Missale Romanum)에서 토요일 오전으로 옮겨졌고, 개신교에서는 완전히 잊어버렸던 것이다. 예배학 연구는 1910년대에 부활절 전야의 예전적인 가능성에 주목했다.[32] 거기에서 세례 프락시스를 위해 특별히 의미 있는 것은, 과거에는 세례와 교회력이 밀접한 관련성을 갖고 있었다는 것에

---

[32] Odo Casel, Art und Sinn der ältesten christlichen Osterfeier, in: JLW 14 (1934), 1-78; 예배개혁의 틀에서의 발전에 관해서는 Hansjörig Auf der Maur, Die Wiederentdeckung der Osternachtfeier in den abendländischen Kirchen des 20. Jahrhunderts, in: BiLi 60 (1987), 2-25을 보라.

주목하게 된 것이다.

또한, 이러한 관련성 속에서 고대교회에 있었던 세례의 풍성한 예전적 장식을 발견했는데, 이는 오늘날 정교회의 세례 예배에도 있는 것이다. 마지막으로 수세 행위, 기름 부음과 성만찬을 포함하는 입회 의식에 대한 고대교회의 통일성도 발견하게 됐다.

비로소 1951년에 (우선 실험적으로) 로마 교황청의 의식 집회(Ritenkongregation)의 칙령은 공식적으로 부활절 전야 예배를 로마 가톨릭교회에 허락했다. 그에 상응하는 부활절 전야제의 규정은 무엇보다 잠재적인 세례 외에 "전체 교회 공동체의 세례 서약 갱신"을 의도한 것이었다.[33] 시기적으로 대략 같은 시기에 개신교 예배와 교회에서 부활절 전야제에 대한 제안들이 마찬가지로 세례 회상의 차원을 강조했다. 하지만 최소한 많은 교회가 예배학적인 통찰에 이르기까지는 수십 년이 더 필요했다.

6. 소위 말하는, 『리마 문서』(Lima-Papier)(→II.3.1.)에 모아진 에큐메니컬 연구는 세례 프락시스의 교육적 차원의 의미에 주목해 왔었다

이것은 정말 근본적으로 중요했다. 왜냐하면, 교육적인 과제는 구체적인 세례 양식과는 독립적으로 존속해 왔기 때문이다. 이러한 통찰은 유아 세례를 둘러싼 비생산적인 논쟁의 격렬함을 완화시켰다. 거기에 더해 1970년대 이후 지금까지의 관습이 쇠퇴하면서 구체적인 교육적 성찰이 요구됐다. 이런 교육적인 성찰은 사회에서 일반적으로 교육적 관심이 강

---

[33] Hansjörg Auf der Mauer, Feiern im Rhythmus der Zeit I. Herrefeste in Woche und Jahre (GDK 5), Regensburg 1983, 130.

화되면서 긍정적이 됐다. "교육 재앙"이라는 관용어는 그에 상응하는 담화가 시작됐다는 표시였다.[34]

우선 교육적인 노력은 당연히 세례 대화에 대한 성찰에서 나타나는데, 이 대화는 목사와 자녀의 세례를 원하는 부모 사이의 대화다. 서서히 세례 대화는 규칙적인 의사소통 형식으로서 세례 프락시스의 틀 안에서 형성됐다. 처음에 세례 대화는 교회 규칙이라는 전조 아래 들어가 있었다. 그래서 예를 들어, 귄터 덴(Günter Dehn)은 1950년에 이렇게 요구했다.

> 사람들은 세례 대화를 진지하게 생각해야 하는데, 이 대화는 특히 의심스러운 경우에 원하던 세례를 앞두고 부모와 대부와 함께 이뤄져야 한다. 너나 할 것 없이 세례 받기 위해 자녀들을 데리고 오는 것을 막는 울타리가 세워져야 한다.[35]

1960년대 말에 시작된 교회 탈퇴 운동은 이러한 발언 뒤에 숨어있는 성직자의 오만함의 토대를 빼앗았다. 말하자면, 1970년 "독일 주교 회의의 목회 지침서"에는 세례 대화에 대한 새로운 이해가 과도기적으로 표현돼 있다. 이 지침서는 로마 가톨릭 측면에서 세례 대화를 위한 목회 상담의 의무를 엄하게 경고했다.[36] 개신교 실천신학에서는 세례 대화가 점점 교육적 담화와의 연결 속에서 "교육 과제"[37]로 이해됐다.

---

[34] Geor Picht, Die deutsche Bildungskatastrophe. Analyse und Dokumentation, Olten 1964; Hermann Glaser, Kleine Kulturgeschichte der Bundesrepublik Deutschland 1945-1989, Bonn ²1991, 290-295을 보라.
[35] Günther Dehn, Die Amtshandlungen der Kirche, Stuttgart 1950, 38.
[36] Bruno Kleinheyer, Sakramentliche Feiern I. Die Feiern der Eingliederung in die Kirche (GDK 7,1), Regensburg 1989, 188이하.
[37] Christa Gäbler/Christoph Schmid/Peter Siber, Kinder christlich erziehen. Gruppengespräche mit Eltern zum Thema Taufe, Gelnhausen ²1979 (1976), 23.

그것을 넘어서 한 발자국 더 나아가, 부모 그룹들이 함께 세례를 준비하는 제안들이 묘사되고 있다.

각각의 부부는 동일한 과제와 문제를 지닌 다른 부모들을 만난다. 그것은 부모들이 서로 도울 수 있는 경험을 만든다. 그리고 진정한 기독교 공동체의 일부분을 경험한다.[38]

노르웨이(Norwegen)에서 시도했던 교회 사역에서 자극을 받아[39] 1988년부터 VELKD의 교회신학원에서 신학자들과 교육자들로 구성된 단체가 세례 중심의 교회 구조를 위한 상징 교수법적인 구상을 제안했다(→II.4.2.).[40] 특히 정치적 통일에 따른 새로운 상황 때문에 유아와 어린아이의 세례에 초점을 맞춘 첫 번째 책에 뒤이어 학교 다니는 학생(입교 나이까지)들의 세례 프락시스를 위한 제안들을 소개하고 있는 두 번째 책이 나왔다.[41]

7. 개신교에서 이미 언급한 자극 중 많은 것이 최소한 유사하게나마 로마 가톨릭의 측에 있는 것이다

거기에서 제2차 바티칸 공의회의 결정들이 특별한 의미를 획득했다. 여기에 대해 가톨릭 예배학자 라인하르트 메스너(Reinhard Meßner)는 근본적

---

[38] A. a. O. 23.
[39] Dåpspraksis og dåpsopplaering I Den norske kirke. En utredning avgitt til Bispemøtet våren 1982 med Bispemøtets vedtak og studieplan for sju smvaer, Bjørkelangen 1982.
[40] Reiner Blank/Christian Grethlein (Hg.), Einladung zur Taufe -Einladung zum Leben. Konzept für einen tauforientierten Gemeindeaufbau, Stuttgart 1993.
[41] Reiner Blank/Christian Grethlein (Hg.), Einladung zur Taufe -Einladung zum Leben Teil 2. Praxismodell für 6-14jährige Kinder und Jugendliche, Stuttgart 1995.

으로 다음과 같이 확언한다.

> 공의회는 세례에 관한 어떠한 조직신학적인 교리를 제공하지 않는다. 그러나 많은 개별적 진술 뒤에는, 무엇보다 교회 약관에는 기독교 존재를 위한 기본 성사로서의 세례의 근본적인 의미에 대한 확신이 있다. 그것으로 인해 그리스도와 세례 안에서 제사장적인 하나님의 백성으로 확고해진 교회가(LG 10) 오늘날 살아있다.[42]

한편으로 '사크로상툼 콘시리움'(*Sacrosanctum Concilium*, SC: 거룩한 예배에 관한 약관)에서의 전반적인 예배 개혁은 직접 로마 가톨릭의 세례 프락시스에 해당하는 것이다. 그중에서 모국어 도입(SC 36;63)과 원칙적인 규범으로서 공동체 축제(SC 27), 다른 한편으로 세례 프락시스를 위한 구체적인 지시가 주어졌는데, 갓난아기의 세례 때에는 유아 세례-의식을 그 상황에 맞춰 베풀도록 요구됐다.

마지막 자극은 아이들 세례와 성인 세례를 위한 두 개의 상이한 서식을 제작하도록 한 것이다.[43] 그래서 이제 갓난아기의 세례 때에는 더 이상 아기들이 아니라, 부모와 대부가 마귀 거부(*abrenuntiatio diaboli*)와 그들의 믿음에 대해 질문을 받게 됐다. 예배학적으로 성인 세례를 위한 규정이 더 큰 의미가 있게 됐다. 메스너(Meßner)는 이것을 "아마 공의회에 따른 전체 예배 개혁에서 가장 중요한 혁신"[44]이라고 언급한다.

---

[42] Reinhrd Meßner, Einführung in die Liturgiewissenschaft, Paderborn ²2009, 117.
[43] 표제어 형식의 대비는 a. a. O. 118 이하에 나와 있다.
[44] A. a. O. 131; Meßner, Einführung in die Liturgiewissenschaft, 131; Wolfgang Thönissen, Tauftheologie und Taufpraxis. Theologische Begründung und pastorale Bedeutung der Erwachsenen- und der Kindertaufe, in: Walter Klaiber/Wolfgang Thönissen (Hg.), Glaube und Taufe in freikirchlicher und römisch-katholischer Sicht, Paderborn 2005, 113-134, 129-134와 비교하라.

이 규정은 고대교회의 입회를 철저하게 따르고 있고 네 개의 단계를 의도하고 있다. 세례 교육 전(前) 과정, 세례 교육(Katechumenat), 부활절 밤의 입회 성사 축제(세례, 견진성사, 성찬식), 신비 교육(Mystagogie, 세례 후 교육-역주).[45] 특별히 기름 부음과 성찬식을 포함하고 있는 세례를 회복한 것이 주목을 받고 있다.

왜냐하면, 그것은 최소한 성인 세례에 있어서는 견진성사와 첫 성찬이 세례와 분리됨으로써 세례가 부차적인 것이 되는 수백 년간의 과정을 역행하는 것이기 때문이다. 세례 교육과 신비 교육을 통해 교육적인 차원이 다시 획득됐다. 나중에 나는 개혁 제안에 대한 소개와 논쟁에서 보다 더 자세하게 이 모델에 대해 다룰 것이다(→제2부 3.2).

8. 요약: 세례는 불이행시 처벌 위협에 이르기까지 수 세기 동안 국가의 특권을 받은 후에 다시 교회의 일이 됐다

그것은—오랫동안—세례의 공적인 의미와 사회적인 안전을 상실하는 것과 연관됐다. 동시에 세례 프락시스는 중요한 지점에서 다시 세례의 근원에 근접하게 됐다.

유아 세례에 대한 비판은 처음부터 교회 개혁적인 의도와 연결돼 있었고, 그 의도는 국가에 대한 교회의 계속적인 독립을 목표로 하는 것이었다. 당연히 세례 프락시스와 교회 조직은 서로 관련돼 있어서 그에 상응하는 한 영역에서의 개혁들이 다른 영역에 영향을 미쳤다.

좀 더 정확하게 살펴보더라도—예를 들어서, 침례교를 보면—약 150년 전부터 이미 최소한 잠재적으로는 세례 프락시스에서의 다양화가 독일

---

[45] Reinhrd Meßner, Einführung in die Liturgiewissenschaft, Paderborn ²2009, 131-135.

에서도 있었다. 그러나 이러한 다양화는 실제로는 1990년대에야 비로소 개신교 국교회의 프락시스에 이르렀다.

거기에 더해 20세기에 있었던 중요한 동인이 세례 프락시스를 위한 다양한 담론에서 관찰된다. 부활절 전야에 대한 예배학적인 재발견, 에큐메니컬하고 교의학적인 논쟁과 교육적인 노력이 그것이다. 이러한 것들이 각각 나름대로 보여주는 것은, 세례 프락시스의 표현 방식은 현재 교회 사역과 신학적인 작업을 위해 중요한 도전이라는 것이다. 제2차 바티칸 공의회를 통해 제기됐던 개혁들은 특별히 성인 세례와 관련해 개신교 측에서도 동일하게 주목받고 있다.

제8장

요약

앞에서 간결하게 살펴본 회고는 이제까지 기독교 역사에서 있었던 세례 프락시스의 다양한 변화와 변형, 문제들에 대한 시각을 열어준다. 이러한 것들은 아울러 다양한 담론으로 나타나는 논쟁들을 통해 당시의 배경에 영향을 받은 것이고 다양한 차원의 기독교 프락시스와 관계되어 있다.

처음에는 유대인이었던 세례 요한(Johannes d. T.)의 예언자적인 징표 행위를 받아들이고 나사렛 예수(Jesus)의 세례-받음이 기독교의 세례를 규정했다. 바울은 세례의 모방적인 특징을 관념적으로 완성했다(롬 6). 그 특징은 종족적이고, 성별, 사회적인 차별과 배제와는 상반되는 평등하고 포용적인 방향을 포함하는 것이었다.

거기에 더해 이미 신약성경에는 세례에 대한 해석이 비유대적인 표상의 영향 아래에서 등장했다. 위계 서열적인 조직 구조와 유아 세례의 증가는 세례의 의사소통적인 기본 성격을 축소했다.

세례는 성직자에 의해 제공되는 수많은 징표를 지닌 정통 의식(Rechtsakt) 이 됐다. 이 징표들은 정결/불결 또는 마귀/마귀 저항과 같은 다양한 담론과 연결됐다.

특히, 징표들을 과도하게 받아들이면서 분리가 생겨났다. 안수/기름 부음과 (첫) 성만찬과 같은 중요한 구성 요소들이 세례와 분리됐고 다른 예전으로 독립됐다. 그리스도인의 삶을 위한 세례의 의미를 재획득하려는 종교 개혁 가운데 진행된 신학적인 노력은 결국 실패했다. "말씀"에 대한 집중이 세례의 의사소통적인 역동성으로의 접근을 가로막았다. 20세기에야 비로소 다양한 관점으로 인해 교회의 관계가 변화되면서 세례를 예전적으로 적합한 방식으로 표현하는 것이 중요한 과제임을 인식하게 됐다.

문서화된 신학적 텍스트들에서 강조된 이러한 발전 외에 민중의 경건 관행이 널리 퍼져 있었다. 이 관행은 구체적인 징표와 관련이 있는데, 이는 원초적인 종교 경험[1]과 연결돼 있고, 일상의 문제를 해결하는 데 도움을 준다. 종종 이러한 것들은 담론의 틀에서 보자면 보호와 마법으로 해석됐고 적용됐다.

초기에 이미 세례는 교리 문답이라는 담론과 연결돼 있었다. 세례 교육은 기독교 역사의 처음 백 년 동안에는 기독교 삶으로 입문시키기 위한 근본적인 사회 형태를 만들었다. 유아 세례로 전환될 때, 그리고 후에 새로운 종족을 기독교화하는 가운데 이러한 교육적인 연관성을 새로운 관계로 변형시키는 데는 성공하지 못했다. 오히려 교육적 관심은 전반적으로 본다면, 분리된 견진성사, 혹은 입교 의식으로 옮겨갔다. 몇 십 년 전부터 비로소 실천신학자들은 세례의 교육적 잠재력을 재발견하고 있다.

세례 프락시스는 처음부터 교회라는 담론, 구체적으로는 교회의 표현 방식과 교회 이해와 밀접하게 연결돼 있다. 그와 함께 처음에는—구체적인 실행에 상응해—개인이 부각된 반면, 세례는 빠르게 "교회화" 됐다. 신학적으로 이러한 발전은 스콜라주의에서 세례가 일곱 성사로 들어가면서 교의적으로 문서로 작성되었다. 종교 개혁의 전통에서는 당시의 교회-이해의 맥락에서 세례가 주일 공동체예배로 들어가면서 유사한 결과를 이끌었다. 예수 그리스도를 모방하는 의식이었던 것이 교회의 예전이 됐다.

---

[1] 이러한 종교 해석학적인 구상과 실천신학을 위한 그것의 잠재력에 대해서는 Christian Grethlein, Praktische Theologie, Berlin 2012, 182-187을 보라.

마지막으로 세례 프락시스는 정치라는 담론과 연결돼 있다. 처음에 세례는 국가적인 종교 제의와는 다른 사상을 가진 사람들에 의해 실행됐는데, 4세기부터 세례는 국가적 특권으로, 심지어는 강요되고 오랫동안 많은 사람에게 당연한 예전으로 상승했다. 도나투스 논쟁, 유대인들의 강제 세례와 소위 재세례파의 처형은 이러한 발전이 권력과 폭력 형태를 포함하고 있다는 것을 예시적으로 보여준다. 19세기의 국가 입법이 비로소 강요를 느슨하게 했고, 세례를 다시 국가적인 구속력 없는 개인의 선택이 되도록 법률적으로 만들었다.

예시적으로만 거론됐을 뿐인데도, 지난 역사를 살펴보니 세례를 문제 있는 방식으로 왜곡시킨 담론들이 끊임없이 드러난다. 무엇보다 세례가—죽음에 이르는—폭력을 포함한 정치적 담론과 연결됐다는 것은 간과될 수 없다. 거기로부터 도출되는 배제는 복음의 포용적인 근본 동인과는 정반대이다. 아우구스티누스나 루터 또는 칼빈과 같이 정말 중요한 신학자들이 이러한 잘못에 취약했다는 것은 생각해 봐야 할 일이다.

최근에는 시민적 도덕이라는 담론을 통해 세례 프락시스의 변화를 만나게 된다. 거기에서부터 도출되는 미혼모와 그 자녀들의 차별은 세례와 예수 사역의 평등한 근본 동인에 배치된다. 그 결과는 오늘날에도 여전히 존재하고 있다(→제2부 1.1).

물론 20세기에는 국가의 강제 세례에 대한 법적인 해방 후에 예배학적인 통찰과 (국제적) 세계교회운동에서의 대화 그리고 세례 프락시스의 (교회)교육적인 통찰들이 새로운 자극들을 주고 있다. 이러한 자극은 퍼포먼스, 에큐메니칼 운동, 교육에 대한 시대에 맞는 담론들과 연결돼 있다. 그것을 통해 잊히고 혼선이 된 표현 방식들과 내용적인 규정들이 새롭게 발견되고 있다. 세례 받으신 나사렛 예수를 모방하는 것에 놓여 있는 잠재력이 다시 드러나고 있다. 이것이 교회 프락시스에 수용되고 표현돼야 한다.

기본적인 참고 문헌: Bruno Kleinheyer, Sakramentliche Feiern I. Die Feiern der Eingliederung in die Kirche (GDK 7,1), Regesburg 1989; Reinhard Meßner, Einführung in die Liturgiewissenschaft, Paderborn²2009, 59-149; Andreas Müller, Tauftheologie und Taufpraxis vom 2. bis zum 19. Jahrhundert, in: Markus Öhler (Hg.), Taufe (Themen der Theologie 5), Tübingen 2012, 83-135; Martin Stringer, A Sociological History of christian Worship, Cambridge 2005.

제2부

오늘날의 세례 프락시스: 당연함과 선택 사이의 다양화

제1장 경험: 지속성과 변화 사이
제2장 교회 행정: 법적 규정과 교회를 이끄는 기준
제3장 비교: 에큐메니즘
제4장 현장: 자극들과 모델들
제5장 요약

제2부 오늘날의 세례 프락시스: 당연함과 선택 사이의 다양화   127

독일에서 "세례"(Taufen)는 이전이나, 지금이나 어느 정도 일반화돼 있다. 일상에서, 그리고 통용어에서 세례와 관련된 말과 행동을 다양하게 만나게 된다. 어떤 사람이 무슨 이름으로 "세례를 받는다." 배의 첫 출항 때 진수식을 거행하다("세례받다"). 적도 횡단을 맞이해 "적도 세례"가 거행되는 것 등이다.

어린이집에서 아이들이 "세례" 놀이할 때도 조심스럽게 인형에게 물을 부으면서, 이해할 수 없으나 중요한 말들을 진지하게 중얼거리는 것과 같은 것을 관찰할 수 있다. 많은 가정의 사진 앨범에서도 세례 축제를 맞이해 식당 안에 다과 연회석이 차려져 있는 세례 분위기가 담겨 있는 사진을 발견하게 된다.

오늘날까지도 (세례를 대신하는) 대체 의식은 보이지 않는다. 예를 들어, 1950년대 중반부터 구동독(DDR)에서는 입교식이 성년식으로 대체됐지만, 공산주의자들이 세례에 대해 행한 유사한 시도는 실패했다. 1958년부터 국가적으로 유포된 "사회주의 이름 수여식"(Namensweihe)이라고 하는 것은[1] 당원들을 위한 특별 행사로 남아 있으나, 세례와 같은 대중성을 획득하지는 못했다.

그런데도 몇십 년 전부터 세례 프락시스에서 현저한 변화가 목격된다. 지속하는 것과 변화, 이 두 가지를 이해하기 위해서 나는 세례 프락시스에 대한 경험적인 관련 자료들과 조사 결과들을 평가할 것이다. 거기에서 나의 특별한 관심은 세례를 원하는 사람들(대부분은 부모들)의 논리에 맞춰질 것이다. 그들은 자신들의 방식으로 일상의 문제들을 극복하기 위해 이 오

---

[1] Götz Planer-Friedrich, Taufe im Übergang. Die Bedeutung der Taufpraxis für den Gemeindeaufbau in den evangelischen Kirchen der Deutschen Demokratischen Republik, in: Christine Lienemann-Perrin (Hg.), Taufe und Kirchenzugehörigkeit. Studien zur Bedeutung der Taufe für Verkündigung, Gestalt und Ordnung der Kirche (FBESG 39), München 1983, 367-388, 372 각주 12를 보라.

래된 예식에 접근하고 있다. 그와 함께 그들은 일반적으로 사용할 수 있고, 이해할 만한 지식이라는 현재의 담론에까지 소급한다.

두 번째 단계에서 나는 세례에 대한 교회의 공고에 주의를 기울일 것이다. 그 속에서 현재 세례 프락시스의 목회와 관련된 문제들과 다시금 특정한 담론에 근거하고 있는 그와 관련된 해법 제안과 만나게 될 것이다.

더 나아가 개신교 국교회 이외의 세례 프락시스를 살펴보는 대조를 통해 이러한 재구성의 지평이 확장될 것이다.

마지막으로 나는—이것 역시 현재의 세례 프락시스에 속한 것인데—심혈을 기울여 선택한 혁신적인 프락시스 모델을 소개할 것이다.

제1장

경험: 지속성과 변화 사이[1]

독일 세례 프락시스의 현재 상황을 나는 세 단계로 소개하려고 한다.

첫째, 세례와 관련된 공식적인 통계에 대해 간단히 평가할 것이다.
    그것에 관해 두 가지 점에서 정확한 분석이 이뤄질 것이다.
둘째, 현재 개신교-국교회의 세례 프락시스에서 나타나고 있는 목회적인 문제와 교회를 이끌어 가면서 발생하는 문제들을 살펴볼 것이다.
셋째, 세례를 원하는 사람들에게 주목하려고 한다.
    이에 대한 최근의 경험적인 조사 결과들이 있는데, 그것으로부터 세례에 관한 부모들의 입장과 성인 수세자들의 입장이 최소한으로 재구성될 수 있을 것이다.

이어지는 글에서는 이 세 개의 주제 영역이 밀접하게 서로 연결돼 있고, 그에 대한 묘사가 부분적으로 중첩돼 나타난다. 그런데도 상황의 복합성을 기본적으로 이해하기 위해서 최소한 그것을 구분하는 것이 중요해 보인다.

---

[1] Christian Grethlein, Taufpraxis zwischen Kontinuität und Wandel -Herausforderungen und Chancen, in: ZThK 102 (2005), 371-396과 비교하라.

1. 처음에 살펴볼 통계율[2]은 독일에서의 출생과 세례에 관한 도표 1이다

도표 1: 1959년에서 2009년까지 독일에서의 출생과 세례 (천 단위)

년도	출생[3]	개신교 세례[4]	가톨릭 세례[5]
1964	1.357	483(36%)	514(38%)
1969	1.142	399(35%)	422(37%)
1974	806	228(28%)	264(33%)
1979	817	214(26%)	247(30%)
1984	812	224(28%)	256(32%)
1989	880	252(29%)	282(32%)
1994	770	265(34%)	269(35%)
1999	771	241(31%)	243(32%)
2004	706	204(29%)	201(28%)
2009	665	199(30%)	179(27%)

---

[2] 1963년(오늘날의 자료와 비교할 조사 방법이 사용된 첫 번째 해) 년과 1983년 사이 독일개신교연합(EKD)의 영역에서 몇몇 도표에 있는 세례 통계의 생생한 묘사와 정확한 평가는 Christian Grethlein, Taufpraxis heute. Praktisch-theologische Überlegunjgen zu einer theologisch verantworteten Gestaltung der Taufpraxis im Rausm der EKD, Gütersloh 1988, 38-67에 나와 있다.
[3] 정부 통계청의 보고에 따른 출산; 1989년까지 이전의 연방 지역, 1994년부터는 독일.
[4] 독일개신교연합(EKD)의 보고에 따름.
[5] 독일 주교평의회의 보고에 따름.

절대적 수치로 봤을 때, 개신교와 가톨릭 두 개의 종파에서 세례가 현저하게 감소한 것이 눈에 띈다. 지난 50년 동안 절반 이상의 수가 감소했다.

이러한 변화를 관찰할 때, 전반적인 출생 수를 적용한다면,[6] 이러한 변화에 대한 가장 중요한 원인에 맞닥뜨리게 된다. 1960년대 중반부터 독일에서 출생자의 수가 급격하게 줄어들었다. 1964년에 태어난 출생자 수는 45년 후의 출생자 수보다 두 배 이상이나 더 많다.

거기로부터 도출되는 직접적인 결론은 대부분의 사람들이 그 전에 비해서 세례에 참여하는 빈도가 굉장히 드물다는 것이다. 한 자녀 혹은 두 자녀 가족들, 그에 따라 적은 친척들을 지닐 수밖에 없는 가족에게는 (가족들의) 첫 번째 세례와 두 번째 세례 사이에 몇 십 년이라는 간격이 있을 수도 있다. 아이들이 많은 가족에서는 흔한 축제인 세례가 대부분의 사람들에게는 특별한 축제가 되고 있는 것이다.

그 외에도―가톨릭과 개신교 세례를 합해서―전체적으로 독일에서 태어난 아이들이 세례를 받는 비율이 줄어들었다.

세례받는 비율이 1970년대 까지는 70%이상에 달한 반면, 그 사이에 확실히 60% 이하로 떨어졌다. 매년 자료들이 직접적으로 해석된 것은 아니고, 전체적인 경향만이 해석된 것이다. 왜냐하면, 모든 세례는 아이가 출생한 해에 거행되는 것은 아니기 때문이다. 끝으로 다음과 같은 사실에 주목할 만하다. 즉 최근 들어 개신교 교회에서의 세례의 수가 로마 가톨릭교회의 세례 수를 능가했다는 것이다.

이에 대한 근본적인 요소는 추측하건데, 초교파적인 부부의 수가 증가했고, 그들은 "개신교" 세례에 대해 더 많은 선호도를 보인다는 것이다. 그 이면에는 다음과 같은 의미가 놓여있을 수 있다. 즉 점차로 개신교의

---

[6] 이에 대해 상세하고 세분된 것으로는, Statistisches Bundesamt, Geburten in Deutschland Ausgabe 2012(Bestellnr. 0120007-12900-1)을 보라.

통과 의례 행위에 그 원인을 돌릴 수 있다는 것이다.[7] 그와는 반대로 로마 가톨릭 목회 신학자들은 최근에야 비로소 "통과 의례 경건"이 교회 참여의 자율적인 형태라는 것을 발견했다.[8] 게다가 결혼 증명서 없이 동거하거나 이혼한 사람들의 결합과 같은 널리 퍼져 있는 삶의 형태와는 동떨어진 로마 가톨릭의 교리에 대한 비판적 거리가 더 크다는 것도 아마 그 이유가 될 것이다.

지난 십 년 동안 전체 출생에서 세례 비율의 감소에 대한 더 정확한 분석은 이러한 추측에 힘을 실어준다. 이러한 것은 변화의 결과인데, 이 변화의 파급력은 세례 프락시스의 역사를 살펴볼 때 분명해진다. 언급했듯이(→제1부 6.5), 미혼모들은 자녀들이 세례받을 때 보다 더 교회의 억압적인 지배를 받았다.

순결을 지키지 않은 것 때문에 목사를 통해 공적인 질책을 받는 것 외에 세례의 장엄함도 축소됐고—마치 벌금처럼—높은 세례 비용이 징수됐다. 이러한 여러 차례 공적인 차별은 몇백 년 이상 지속했고, 일반적인 의식(意識, Bewusstsein)으로 익숙해졌다.

이러한 차별은 기독교가 일반 시민들의 상황을 그대로 받아들인 결과로 해석될 수 있다. 담론 이론으로 표현하자면, 시민적 도덕이라는 담론은 성윤리의 영역에서 배제를 통해 복음의 평등이라는 근본 동인과 혼선을 이

---

[7] 근본적으로는 Michael Nüchtern, Kirche bei Gelegenheit. Kasualien - Erwachsenenbildung - Akademiearbeit (PHTe 4), Stuttgart 1991; Georg Lämmlin, Kirche bei Gelegenheit –dem segnende Gott auf der Spur. Michael Nüchterns Beitrag zum ekklesiologischen Diskurs und zur kirchlichen Prasix, in: Ders. (Hg.), Die Kirche der Freiheit gestalten. Michael Nüchterns Beiträge zur Praktischen Theologie (Heidelberger Studien zur Praktischen Theologie 17), Berlin 2012, 83-98.

[8] Johannes Först/Joachim Kügler (Hg.), Die unbekannte Mehrheit. Mit Taufe, Trauung und Bestattung durchs Leben? Eine empirshce Untersuchung zur „Kausalienfrömmigkeit„ von KatholikInnen –Bericht un dinterdisziplinäre Auswertung (Werkstatt Theologie Praxisorientierte Studien und Diskurse 6), Berlin ²2010 (2006).

루었다. 게다가 오늘날까지도 편부모 가정 엄마의 어려운 경제적 상황은 가족이나 친구들의 모임에서 세례 축제를 거행하는 것을 어렵게 한다.

그래서 다음과 같은 사실 즉 자녀들에게 세례를 베풀고 싶어 하는 바람이 결혼한 개신교 부모에게서 높게 나타나는 반면, 결혼하지 않은 개신교 엄마들에게는 해당되지 않는다는 사실은 놀라운 것이 아니다. 이것과 관련된 독일개신교연합(EKD)사회학연구소의 통계 자료 특수 평가는 다음과 같은 결과를 도출했다.[9] 결혼하지 않은 개신교 엄마들의 약 4분의 1만이 자기 자녀들의 세례를 원한다.[10]

이러한 결과는 다음과 같은 사실을 통해 통계상의 무게를 얻는다. 즉 결혼하지 않은 부모의 자녀들 출생의 수가 30년 이래 증가했고—유럽의 이웃 나라들을 살펴볼 때 추측할 수 있는 것처럼—이러한 경향은 계속될 것이 예상된다. 어떤 면에서는 행정적 통계에서의 언어 사용이 여기에서 관찰된 가족이라는 담론에서의 깊은 변화를 반영하고 있다. 1998년 7월 1일 이후 행정적인 통계에서는 더 이상 "사생아"가 아니라 "서로 결혼하지 않은 부모의 자녀"라는 말을 쓰고 있다.

---

[9] Kristian Fechtner/Lutz Friedrichs, Taufe und Taufpraxis heute. Praktisch-theologische Anmerkungen im Anschluss an eine Studie des SI der EKD, in: PrTh44 (2009), 135-145.
[10] Petra-Angela Ahrens/Gerhard Wegner, Ungebrochene Akzeptanz der Taufe bei verheirateten Eltern -Erhebliche Taufunterlassungen bei Alleinerziehenden - Verbesserungsmöglichkeiten beim Taufvollzug. Analysen zum Taufverhalten der evangelischen Bevölkerung in Deutschland, Hannover 2006 (Sozialwissenschaftliches Institut der Evangelischen Kirche in Deutschland EKD), 6.

도표 2: 1959년에서 2009년까지 서로 결혼하지 않은 부모의 자녀들 비율 (천 단위)[11]

년도	출생	개신교 세례
1959	1.244	99(8%)
1964	1.357	81(6%)
1969	1.142	75(7%)
1974	806	68(8%)
1979	817	88(11%)
1984	812	130(16%)
1989	880	137(16%)
1994	770	118(16%)
1999	771	171(23%)
2004	706	197(28%)
2009	665	218(33%)

명백히 드러나고 있는 것은 몇백 년 동안 지속되어 온 세례와 시민 계급의 도덕적 담론과의 관련성과 배제는 오늘날 세례 욕구를 방해하고 있다는 것이다.

편부모와의 그룹 토의에 대한 평가는 다음과 같은 사실을 보여준다. (…) 즉 이 그룹에서 세례에 대한 기대는 아주 높지만 그에 비해 세례 빈도는 적다는 것이다. 그에 대해 다음과 같은 추측이 가능하다. 즉 미혼의 엄마

---

11 통계청의 보고에 따름; 1989년까지는 이전의 연방 지역; 1994년부터는 독일.

는 교회에서 여전히 환영받지 못한다고 느끼고 있고, 세례 예배에 공식적으로 나타나는 것을 회피한다는 것이다.[12]

두 번째로는 드러나는 세례 프락시스에서의 현저한 변화는 세례 연령과 관련된 변화다. 몇백 년 동안(→제1부 6.5) 아이들은 출생과 가장 가까운 때 세례를 받았다. 오랫동안—긴급한 구원 표상과 성사 이해의 배경에서—많은 부모는 자녀들의 영혼 구원에 대한 두려움으로 인해 이러한 관행을 요구했다. 종교 개혁 시기에 세례에 대한 논쟁이 진행되면서 교회의 권한 청구권이 추가됐다.

종교 개혁가들의 판단에 따르면, 그릇된 길로 인도하는 소위 "믿음 세례"를 옹호하는 사람들을 물리쳐야만 했다. 그러나, 시간이 지나면서 출생 전과 출생 후의 예방 진찰을 겸비한 의학 시스템이 오랫동안 종교와 관련된 보호에 대한 갈망을 거의 완전히 대치한 것으로 보인다.[13]

확실히 대부분 아이들의 세례 일정이 뒤로 미뤄졌다. 이에 대한 보다 정확한 진술은 교회 행정청 통계학의 정밀하지 않고 오도될 수 있는 카테고리 때문에 불가능하다. 여기서는 오랜 기간 동안 태어난 지 일 년 안에 받는 세례(유아 세례), 늦은 세례(돌 지나서 14살 까지) 그리고 성인 세례(14세 이후)로 구분됐지만, 현재는 단지 유아 세례(14세까지)와 성인 세례(14세 이후)로만 구분된다.

그와 함께 이러한 통계 자료들은 사회 심리학적으로 중요한 생활 세계에서의 과도기와 관련이 없고,[14] 세례 연령의 추세를 정확하게 이해할 만

---

[12] Regina Sommer, Was Taufe bedeutet. Gesellschaftliche und individuelle Sinnzuschreibungen, in: Günter Ruddat (Hg.), Taufe - Zeichen des Lebens. Theologische Profile und interdisziplinäre Perspektiven, Neukirchen-Vluyn 2013, 109-121, 112.

[13] Ronald Grimes, Deeply into the Bone. Re-Inventing Rites of Passage, Berkeley 2002 (2000), 16.

[14] Christian Grethlein, Taufpraxis zwischen kontinuität und Wandel - Herauforderungen und

큰 내용이 충분하지도 않다. 단지 교회의 세례-통계에서만은 14살이 오늘날 "성인"으로 간주된다.[15]

특별히 문제가 되는 것은, 이러한 구분이 입교와의 관련성 속에서 행해지는 세례를 두 개의 카테고리로 나누고 있다는 것이다. 만약에 입교자가 아직 13살인 경우에, 그의 세례는 "유아 세례"로 간주되는 반면, 이미 14살인 친구 입교자는 "성인 세례"로 간주된다.

수세자의 나이가 많아지는 것은 다양한 관점에서 관찰될 수 있다. 한 살 아이인 경우, 태어나자마자 얼마 안 돼 세례를 받는 경우는 거의 없다. 오히려 10개월이나 11개월이 지난 후에 비로소 세례를 받는다. 그와는 반대로 세례는 아이들의 삶에서 중요한 과도기와 관련해서 거행되고 있다. 예를 들어, 유치원이나 어린이집에 들어갈 때나 혹은 학교에 들어갈 때처럼. 오래전부터 세례의 약 7%는 입교 교육에 참여하는 청소년들이 차지하는 비율이다.[16]

그밖에 소위 성인 세례(물론 부분적으로 입교자 세례와 하나가 된)가 등장한다. 통계적으로 독일개신교연합(EKD)에서 세례의 약 10%가 이러한 "성인 세례"다 (2011: 전체 193.253 세례 중에 19.057). 로마 가톨릭교회에서 이러한 비율은 훨씬 낮다(2011: 169.599 세례 중에 3.013). 무엇보다 동독에서는 더욱 높은 비율로 사회적 의미에서의 성인들이 세례를 받았다.

Chancen, in: ZThK 102 (2005), 371-396, 378 이하.

[15] 로마 가톨릭교회는 1997년까지 18세부터 비로소 성인 세례라고 말했는데, 그 사이 독일개신교연합(EKD)-언어 사용에 동조했다. 로마 가톨릭교회는 통계에서는 물론—예배에 적합한 규정에 상응해—근본적으로 수세 자가 일곱 살 밑인지 위인지를 구분하는 것을 근거로 삼고 있는데, 일곱 살이 넘은 사람의 세례 때에 다시 한번 소위 "성인 세례"의 수가 계산돼 나타났다.

[16] Petra-Angela Ahrens/Gerhard Wegner, Ungebrochene Akzeptanz der Taufe bei verheirateten Eltern -Erhebliche Taufunterlassungen bei Alleinerziehenden -Verbesserungsmöglichkeiten beim Taufvollzug. Analysen zum Taufverhalten der evangelischen Bevölerung in Deutschland, Hannover 2006 (Sozialwissenschaftliches Institut der Evangelischen Kirche in Deutschland EKD), 5.

2. 세례는 매우 당연함에도 목회활동에서 갈등 영역이기도 하다 (→2). 그래서 1983년에 한 목사가 퇴임을 맞이해 자신의 교회에 다음과 같이 썼다

> 나는 올해 10번의 세례를 거행했다- 그러나 이 열 명의 아이 중 한 명도 우리 교회 공동체의 생활에 참여한다고 말할 수 있는 가정의 아이들이 없다.
> 한 해 통틀어 이 열 번의 세례는 도대체 책임 있는 것이었던가?
> 지금도 그것은 실제로 하나님의 비밀에 대한 신뢰할 만한 청지기이었나?
> 그것은 근본적으로 성사에 대한 무책임한 낭비가 아니었나?[17]

이 목사의 실망은 명백하다. 공동체 생활이라는 교회 내적인 담론에 맞춰진 그의 신학적인 표상들이 그가 세례 프락시스에서 인지했던 것과 일치하지 않는다. 그와 더불어 1부에서의 역사적인 회고가 갈등을 이해하는데 다시 도움을 줄 수 있다. 명백하게 이 목사에게는 세례가 "교회 공동체"에 종속되는 것이 당연하다. "교회 공동체"는 지배적인 담론이고, 그것에 세례 프락시스가 맞춰져야만 한다.

그와 함께 그는 세례를 교회의 정통 의식으로 보는 전통에 서 있는데, 교의학적인 개념으로는 "성사"라고 표현한다. 세례가 "낭비"된 것이 아니었냐는 반문은 세례가 "교회" 혹은 목사의 권한에 놓여 있다는 것을 시사한다. 세례의 의사소통적인 기본 구조가 주목받지 못하고 있다. 성사는—강조해서 표현하자면—"낭비해서는 안 되는" 목회적 자산으로 전이됐다.

비록 다른 용어를 사용했을지라도, 독일개신교연합(EKD)사회학연구소

---

[17] Johannes Hanselmann/Helmut Hild/Eduard Lohse (Hg.), Was wird aus der Kirche? Ergebnisse der zweiten EKD-Umfrage über Kirchenmitgliedschaft, Gütersloh 1984, 67.

를 통해 이뤄진 이미 인용한 오늘날의 세례 프락시스의 분석은 유사한 방향을 가리킨다. 해당 통계 자료의 평가 외에 연구자들은 "세례에 임하는 태도"라는 주제에 대해서도 그룹 토의가 이뤄지도록 했다. 그 결과는 전체적으로 "의미심장한 무관심"으로 해석됐다.

> 세례 때에 예전 행위를 넘어서 어떠한 의미 있는 것을 전달하려 하지 않는 목회자들과 역시 그에 상응하는 어떠한 것도 전달받기를 원하지 않는 의뢰인들 사이에 분명 조용한 계약이 있다.[18]

그에 따르면 연구자들은 구체적인 커뮤니케이션 이전에, 그리고 그 너머에 있는 세례의 의미를 이미 알고 있다. 그래서 그들은 결론적으로 "세례 사건을 윤택하게 하는 세례의 진정한 의미를 좀 더 결정적으로 전달할 것"을 요구한다.[19] 눈에 띄게 "진정한 전문 용어"[20]로 표현된 이러한 요구 뒤에는 세례에 대한 교의학적, 연역적인 이해가 있다. (명목상) 교의학이라는 담론에서 확인되는 확실한 세례의 "진정한" 의미[21]가 있고—구체적인 커뮤니케이션과 독립적으로—이러한 것은 "전달" 될 수 있다는 것이다. 세례에 대한 이러한 정적인 이해는 생활세계 변화의 역동성과[22] 기독교 첫

---

[18] Petra-Angela Ahrens/Gerhard Wegner, Ungebrochene Akzeptanz der Taufe bei verheirateten Eltern -Erhebliche Taufunterlassungen bei Alleinerziehenden- Verbesserungsmöglichkeiten beim Taufvollzug. Analysen zum Taufverhalten der evangelischen Bevölerung in Deutschland, Hannover 2006 (Sozialwissenschaftliches Institut der Evangelischen Kirche in Deutschland EKD), 10.

[19] A. a. O. 12.

[20] Theodor Adorno, Jargon der Eigentlichkeit. Zur deutschen Ideologie, Frankfurt 1992.

[21] 교의역사적으로 세련된, 그러나 단지 표면적으로 현재의 생활 세계와 관련된 세례교리를 위한 가장 최근의 예는 다음의 책을 보라. Günter Thomas, Was geschieht in der Taufe? Das Taufgeschehen -zwischen Schöpfungsdank und Inanspruchnahme für das Reich Gottes, Neukirchen-Vluyn 2011.

[22] 이러한 복합적인 개념, 즉 문맥적이고, 일반적으로 현실과 프락시스를 인식하는 무의

1세기에 나타난 세례의 의사소통적인 성격과도 분명히 긴장 관계에 놓인다(→제2부 1.1).

이러한 문제가 첨예화된 곳이 교회법이다. 그래서 세례는—현재 독일 개신교연합(EDK)의 교회 회원법(§ 1)에 따르면—교회 회원이 되기 위한 본질적인 전제다.[23]

> 교회 회원이라는 것은 특정한 종파(신앙고백 상태)와 구체적인 지역교회, 즉 독일에 있는 또한, 독일개신교연합(EKD)(거주지 기준)에 있는 교회 공동체, 국교회에 소속됨을 포함하고 있다. 교회 회원은 교회가 주관해야 하는 일을 이용하고 성만찬에 참여하고 대부직의 자격과 교회 장로를 선출할 자격이 있다. 동시에 교회 회원은 예를 들어서, 통계학적인 조사와 종교세 사정(査定)을 위한 합법적인 전제다.[24]

분명히 여기에서—국교회 법적인 규정에 근거하고 있는—세례의 법적 성격이 드러나고 있다(→2.1).

무엇보다 교회 활동에서 세례와 교회 회원 자격이 법적으로 연결된 것과 관련해 두 가지 관점에서 문제점이 드러난다. 하나는 통과 의례 영역에서이고, 다른 하나는 고용주로서 교회의 기능 영역에서다.

통과 의례 때에는 (전에는 "공적 행위"로 불렸다) 다음과 같은 질문들이 제기됐다.

즉 교회를 탈퇴한 사람이 교회에서 장례를 치르려 해도 되는 건가?

식적인 전망성을 강조한 개념에 대해서는 Armin Nassehi, Soziologie. Zehn einführende Vorlesungen, Wiesbaden 2008, 52 이하를 보라.

[23] Heinrich de Wall/Stefan Muckel, Kirchenrecht. Ein Studienbuch, München ³2012, 269-271.

[24] Taufe und Kirchenaustritt. Theologische Erwägungen der Kammer für Theologie zum Dienst der evangelischen Kirche an den aus ihr Ausgetretenen (EKD Texte 66), 2000, 5.

교회를 탈퇴한 사람이 세례 때에 대부직을 맡을 수 있는가?

교회 회원이라는 교회법의 하위 담론에서 이 경우는 분명해 보인다. 교회를 탈퇴한 사람은 더 이상 교회의 회원이 아니고, 그래서 더 이상 그들의 자격을 이용할 수 없다(하게 해서는 안 된다). 신학적으로는 사태가 좀 더 복잡하다. 왜냐하면, 세례를 통해—여기에 주요 종파들이 일치하고 있는데—지울 수 없이 그리스도의 몸의 지체가 된 것이기 때문이다(소위, character indelebilis). 이러한 것은—확실히 복음 이해에 따르면—구체적인 지교회를 뛰어넘어 미치는 것이다.

그렇다면 그리스도의 몸의 지체가 ("개신교") 교회 공동체에 있는 예전적인 행위로부터 제외될 수 있는 것인가?

죽은 사람의 장례식 때에는 "목회적인 이유"로 계속해서 아량 있는 모습을 보여주고 있고 적절한 문구가 법 규정에 삽입됐지만, 대부 직의 문제에 대해서는 일선에 있는 사람들이 부분적으로 거부적인 태도를 보인다. 개별 사례에서 어떠한 어려움이 나타날 수 있는지, 하노버국교회(Hannoversche Landeskirche)가 2007년 목사직과 당회 수행에서 대부직(Patenamt)에 대해 작성한 설명으로부터 유추할 수 있다.

> 아이들의 모든 세례에는 최소한 한 명의 대모, 혹은 대부가 속한다. 많은 사람에게는 가족적이고 정다운 관계가 대부 직에서 특히 강렬하게 표현된다. 이러한 보다 사적인 의미와 대모와 대부의 교회 임무가 연결돼 있다. 그들은 세례의 증인들이고, 수세자의 기독교 교육을 위해 동반책임을 지고 그 속에서 수세자에 대한 교회공동체 전체의 책임을 인지한다. (…)
> 이러한 이유로 근본적으로 모든 세례 때에 적어도 입교한 개신교 회원 한 명의 대부나 대모가 명명돼야 한다. 개신교에 입교하지 않은 회원들에게 목회자는 기독교 신앙의 기초에 대한 면담을 한 번, 혹은 여러 번 가진 후에 대부 직에 대한 권리를 공인할 수 있다. 실제에서는 언제나 종종 어려

움이 있으므로, 법이 변함에 따라 예외적으로 다른 교회의 기독교인도, 그 교회가 실제로 기독교협력공동체(ACK)에 속했다면, 한 명의 대부 또는 대모가 될 수 있다. 이러한 경우에는 한쪽 부모가 개신교여야 한다. 한 명의 개신교 대부, 혹은 대모가 있다면, 그 전과는 다르게 그 외의 대부들과 대모들의 종파에 대한 더 이상의 규정은 없다. 그러나 그들 모두는 기독교에 속해야만 한다. 유아 세례를 실행하지 않는 교회의 대부와 대모에게는 면담에서 대부 혹은 대모가 아이의 세례를 완전히 효력이 있는 것으로 수용할 것인지 해명이 돼야 하고, 그렇지 않으면 대부직을 맡는 것이 불가능하다.

대부나 대모를 찾지 못한 경우에는, 교회가 교회에서 대부직을 맡을 수 있는 한 사람을 알아봐야 한다. 당연히 세례받는 아이의 가족도 찬성해야 한다. 교회 공동체로부터 맡게 된 대부직은 교회 공동체의 책임에 대한 표현일 수 있다. 이러한 모든 노력에도 불구하고 대부나 대모를 전혀 구하지 못한 경우라고 할지라도, 어쨌거나 보호자가 개신교의 회원이면, 아이들은 세례를 받을 수 있다. 대부직은 신학적으로 세례를 위한 강제적인 전제에 속한 것은 아니므로 세례를 거부하거나 미루는 것보다는 오히려 대부 없는 세례가 옹호될 수 있다. 하지만 이러한 경우는 예외로 머물러야 한다. 이러한 이유로 교회 책임자는 정보를 받아야 한다. 교회에 속하지 않은 사람들은 대모나 대부가 될 수 없다. 개신교 이해에 따르면 "반(半)공식적인" 교회 신분이나 호칭("세례 증인"과 같은)도 없다.[25]

분명하게 세례 프락시스는 시시콜콜하게 논증하고 있는 교회법이라는 담론을 중요한 도전 앞에 세우고 있다. 그 사이 개신교 목사들의 표현 속

---

[25] Getauft auf deinen Namen. Eine Handreichung zur Praxis der Taufe für Pfarrämter und Kirchenvorstände. Evangelisch-Lutherische Kirche hannovers, o. O. o. J. (2007), 13.

에서 만나볼 수 있는 세례 대부와 세례 증인과의 구분은[26] 거부되고 있다. 그러한 구분은 실제로 계속되지 못했다. 왜냐하면, 그러한 구분이 교회법과/또는 예전에 대한 사전지식이 없는 사람들에게는 이해되지 않기 때문이다.

세례의 특별한 우위를 지키기 위해, 개별적인 경우에 대부를 포기하는 경우가 마지막 해결책으로 남아 있다. 그러나 그것은 소수의 국교회에서는 (아직?) 허락되지 않고 있다. 대부직은 즉 복잡하게 얽힌 역사적 발전의 결과이지,[27] 성경적인 토대를 지닌 것은 아니다. 이러한 점에서 대부 없는 세례는 상상할 수 있다. 그리고 예를 들어, 긴급 세례 때에 지속해서 실행됐었다.

아마 보다 더 심각한 것은, 권력을 형성하는 강력한 관계와 연결된 교회에서의 (그리고 구제 사업 기관의) 근로 조건을 증명할 때 생길 수 있는 문제이다(→구체적인 경우에 관해서는 1.5를 보시오). 왜냐하면, 이러한 근로 조건은(일반적으로는) 세례에 근거를 두고 있는 교회 회원들이라는 것을 전제하기 때문이다.

세례받지 않는 사람들이 높은 비중을 차지하고 있는 동독에서만이 아니라 예를 들어, 교회의 유치원, 학교 또는 병원에서 일자리를 공고할 때, 전문적인 자격을 갖추었으나 세례를 받지 않은 지원자의 문제를 만나게 된다. 규모가 큰 구제 사업 기관의 직원들 사이에 행해진 최근의 설문 조사는 이들이 전문적인 자격과 교회 회원과의 연결을 객관적으로, 개인적으

---

[26] 이러한 구분은 로마 가톨릭교회에서는 중요하다. 로마 가톨릭교회에서는 단지 자신들의 교회 회원들만이 대부로 허락되고, 개신교인들은 단지 "세례 증인"만이 될 수 있다 -어쨌든 교회법에 따르면 (실제로는 가끔 다르게 행해진다는 것이 공공연한 비밀이다).

[27] 개관을 위해서는 Ulrich Schwab, Die Taufpaten. Praktisch-theologische Erwägungen zu Genese und Gestalt einer Institution, in: ZThK 92 (1995), 396-412; 개혁교회에서의 불안정한 발전에 대해서는 Paul Drews, Taufe III. Liturg. Vollzug, in: RE 19 (1907), 424-450, 450과 비교하라.

로 거부한다는 것을 암시하고 있다.

개신교 재단 알스터도르프(ESA)에 있는 노동조합 베르디(ver.di)에 의해 2013년 초에 행해진 여론 조사는 재단에서 종사하기 위해서는 교회 회원이어야 한다는 전제를 거부했다는 것만이 결과로 나온 것이 아니었다. 오히려 여론 조사 참가자들의 절반은 다음과 같이 표명했다.

> 나는 만약에 이러한 것이 ESA에서 일자리를 얻기 위한 조건이 더 이상 아니라면 교회를 탈퇴할 것이다.[28]

이러한 상황은 교회들이 각 분야에서 주요한 고용주인 지역에서 첨예하게 나타난다. 그 외에 이곳에서는 드물지 않게 실업자들이 일자리를 얻기 위해서 어떠한 머뭇거림도 없이 세례를 받는다. 교회(또는 구제 사업 기관)에서 일자리를 얻기 위해 세례를 받은 사람들과의 인터뷰에서 다음과 같은 사실을 유추할 수 있다.

> 여가 시간 또는 사생활과 교회는 (…) 부합하지 않는다. 오히려 한 여자 응답자는 교회와 연결되기 위한 자신의 "행위"를 직업에 대한 기대를 충족하려고 "이행"하려는 것처럼 보인다. (…) 매일 이뤄지는 교회와의 관계는 실용적-형식적 관계로 규정되고, 전형적으로 경계 지을 수 있는 생활의 단면에 한정돼 머문다.[29]

---

[28] 학문적 타당성과 신빙성에 대해서는 물론 진술되지 않았지만 정확한 수치에 대해서는 다음을 보라. Bericht in: ver.di -Vereinte Dienstleistungsgewerkschaft (Hg.), Kirche.info Nr. 21. September 2013, 15.

[29] Susanne Lemke, Erwachsenentaufe. Soyiologische Analyse einer unwahrscheinlich Option, in: sinnprovinz. Kultursoziologische working papers Nr. 4, www.sinnprovinz.unileipzig.de, 1-50, 27 이하.

그러한 세례에서 직업/직장이라는 담론이 때에 따라서는 신학적인 내용을 지배하거나 혹은 배제한다는 것은 명백하다.

"독일개신교연합(EKD)과 독일개신교연합(EKD) 구제 사업의 사법상의 직업 요구에 대한 지침"(2005년 7월 1일부터)은 구분을 통해 이러한 문제들을 해결하려고 시도하고 있다.

> § 3: (1) 개신교와 개신교 구제 사업에서의 직업은 근본적으로 독일 개신교 지교회 혹은 독일 개신교와 교회공동체에 연합돼 있는 교회 소속을 전제로 한다.
> (2) 말씀 선포, 목회 상담, 교육, 또는 지도로 분류되지 않는 과업에 대해서는 패러그래프 1절과 다를 수 있는데, 다른 적합한 직원이 구해질 수 없을 때 그렇다. (…)
> (3) 개신교와 개신교 구제 사업에서 일하기 위해서는 개신교를 탈퇴한 사람은 부적절하다. 다른 기독교 교회의 사업공동체 회원으로 옮겼거나 개신교 자유교회 연맹의 회원으로 옮긴 경우는 제외된다.[30]
> § 5에서는 중요한 이유로 해서 임시적인 해고의 가능성에 대한 지시가 나온다.

존속하고 있는 회원 규정과 기존의 관계를 서로 보완하기 위해서 교회 법률가들은 교회와 구제 사업 활동을 반드시 교회 회원 자격을 요구하는 "말씀 선포, 목회 상담, 가르침, 지도"의 영역과 이러한 것이 꼭 필요하지 않은 것으로 보이는 다른 영역을 구분했다.

이러한 지침이 국가교회의 구체적인 교회법에 받아들여졌는지 연구한 결과, 이것이 결코 많은 곳에서 실제로 도움이 되고 있지 않다는 것

---

[30] 이것은 Amtsblatt der EKD H. 9 2005 am 15. 09. 2005, 413 이하에 공시돼 있다.

이 드러났다. 그래서 베를린-브란덴부르크-슐레지쉐 오버라우지츠(Berlin-Brandenburg-schlesische Oberlausitz) 개신교 교회의 "사법상의 직업에 대한 요구와 노동계약의 인가에 대한 교회법"(그 교회 잡지 2007, 41에 실려 있다)은 EKD-지침에 대한 보완책을 포함하고 있다. § 3에 세 번째 절이 새롭게 삽입됐다.

"교육과 가르침의 과업을 위해 종교국은 개별적인 경우에 예외를 허락할 수 있다."

명백한 것은 "가르침"의 영역에서 지침을 고수하는 것이 위의 국가교회 영역에서는 더 이상 불가능하다는 것이다. 거기에서 다뤄지고 있는 것이 교회의 핵심적인 과업인지는 논쟁의 여지가 있다. 그것과는 별도로 여기에서 개별적인 부분들이 특별히 강조될 때, 그와 함께 다른 부분들이 그 의미에서 약화 된다면, 전 생애를 포괄하는 복음의 의미의 관점에서 신학적으로 생각해봐야 할 문제이다. 무엇보다 구제 사업 활동이 제외된 것은 문제가 있다.

3. 다음의 경험적 연구 조사는 현재의 세례 프락시스에 대한 새로운 전망을 열어준다

연구의 대상은 세례를 원하는 사람들과 가족 연합체로 세례를 축하하는 사람들이다. 첫 번째 나온 도표는 십 년마다 시행되는 교회 회원에 대한 독일개신교연합(EKD)-설문 조사의 결과들에서 나온 것이다. 가족의 맥락에서 이뤄지는 세례 프락시스에 대한 질적인 특수 연구는 응답자들의 고유 논리를 드러내고 있다. 세례 프락시스에 대한 다른 관점들은 마지막에 성인 세례에 관한 연구에서 나온다.

독일개신교연합(EKD)-설문 조사를 시작한 이래(1972년) 세례의 의미에 대한 질문은 계속돼 왔다(도표 3을 보라).

도표 3: 개신교인들에게 세례의 의미 1972-2002(찬성 백분율로)[31]

	1972	1982	1992 서독	1992 동독	2002 서독	2002 동독
아이는 세례를 통해 믿는 사람들의 공동체에 받아들여지는 것이다.	82	76	90	82	92	91
아이가 세례를 받는 것은 교회에 속하기 위해서이다.	85	73	85	71	86	83
세례는 무엇보다 가족 축제다.	40	41	62	57	64	57
세례와 더불어 어린이는 하나님의 보호 아래 놓이게 된다.	-	66	74	66	81	79
아이가 세례를 받는 것은 기독교적으로 교육받아야 하기 때문이다.	75	74	77	74	77	83
아이가 세례를 받는 것은 나중에 교회에서 결혼식을 올리기 위해서이다.	78	59	69	70	65	70
아이가 세례를 받는 것은 단순히 아이가 거기에 속하기 때문이다.	-	-	61	51	62	48
세례는 이름 수여를 공식적으로 강화하는 하나의 축제이다.	-	-	-	-	63	67
아이가 세례를 받는 것은 미래를 망칠만한 어떤 것도 없도록 하기 위해서이다.	-	-	50	31	44	30
세례와 더불어 삶의 여정의 시작이 기념되는 것이다.	-	-	72	63	69	72
아이가 세례를 받는 것은 해로움을 막기 위해서이다.	-	-	-	-	41	38

분명하게 드러나는 것은, 개신교인들은 세례의 의미를 자각하고 있다는

---

[31] 이 도표는 다음의 책에서 가져온 것이다: Peter Scherle, Kasualien: Stärken und Schwächen kirchlicher Lebensbegleitung, in: Jan Hermelink/Thorsten Latzel (Hg.), Kirche empirisch. Ein Werkbuch, Gütersloh 2008, 175-197, 179.

것이다. 세례는 그들에게 복합적인 전망을 지닌 것으로 여겨지고 있다. 응답자들의 대다수는 믿는 사람들의 공동체로 받아들여지는 것을 세례와 결합하고 있다. 하나님의 보호에 대한 희망과 기독교 교육과도 결합하고 있다. 그 외에도—찬성의 비율은 조금 낮았는데—가족 축제, 이름 수여식, 그리고 삶의 여정 시작을 위한 축제가 등장하고 있다. 개신교인들은 세례를 일반적인 의미의 다양한 담론과 연결하고 있다.

그와는 반대로 세례받는 것을 당연하게 여기는 사람들이 감소세를 보이는데, 특히 동독에서 그렇게 나타나고 있다. 세례의 사회적 안전 장치는, 역사적으로 몇백 년 동안 정치와 법과 그것들과 결부된 권력이라는 담론의 우위에 근거를 두고 있었는데, 그 영향력을 잃고 있다. 오늘날에는 아이가 세례를 받지 않았다고 해서 더 이상 몇십 년 전처럼 아이의 "미래를 망치지" 않는다.

하지만 전체적으로 인식론적인 입장의 영역에서는 앞에서 인용했던 실망한 목사의 말과는 분명히 다른 모습이 나타난다. 개신교인들은 세례에 대한 주요 해석을 알고있을 뿐만 아니라, 개인적으로도 세례를 중요하게 여기고 있다.[32]

여기에 더해 도표에 나타난 비종교인들(Konfessionslosen)에게 행해진 진술에 대한 답변을 주시해 보면, 다른 면이 드러난다(도표 4를 보라).

---

[32] 여기에 대해서는 대표적인 것은 아니지만 Stuttgart의 지역에서 행해진 설문 조사의 결과와 비교하라. Claudia Schulz, Warum evangelische Eltern ihre Kinder nicht zur Taufe bringen, in: Folker Fendler/Claudia Schulz (Hg.), Taufentscheidungen erkunden und verstehen, Hildesheim 2013, 8-27.

도표 4: 비종교인들에게 세례의 의미 2002 (찬성 백분율로)[33]

	서독	동독
아이는 세례를 통해 믿는 사람들의 공동체에 받아들여지는 것이다.	62	60
아이가 세례를 받는 것은 교회에 속하기 위해서다.	66	65
세례는 무엇보다 하나의 가족 축제다.	67	72
세례와 더불어 어린이는 하나님의 보호 아래 놓이게 된다.	36	32
아이가 세례를 받는 것은 기독교적으로 교육받아야 하기 때문이다.	52	62
아이가 세례를 받는 것은 나중에 교회에서 결혼식을 올리기 위해서다.	44	52
아이가 세례를 받는 것은 단순히 아이가 거기에 속하기 때문이다.	45	24
세례는 이름 수여를 공식적으로 강화하는 하나의 축제다.	34	46
아이가 세례를 받는 것은 미래를 망칠만한 어떤 것도 없도록 하기 위해서다.	23	11
세례와 더불어 삶의 여정 시작이 기념되는 것이다.	34	53
아이가 세례를 받는 것은 해로움을 막기 위해서다.	15	15

놀라운 것은 비종교인들이 다음 항목에 확실히 절반 이상의 찬성을 나타냈다는 것이다.

---

[33] 도표는 다음에 나와 있는 것이다: Wolfgang Huber/Hohannes Friedrich/Peter Steinacker (Hg.), Kirche in der Vielfalt der Lebensbezüge. Die vierte Erhebung über Kirchenmitgliedschaft, Gütersloh 2006, 441.

아이는 세례를 통해 믿는 사람들의 공동체에 받아들여지는 것이다.

개신교 교회 회원들과 비교하면 약화된 형태이긴 하지만, 매번 대부분의 다른 항목들에 대해서도 유사하다. 그러므로 비종교인들은 단연 세례의 의미에 대해 상세하게 잘 알고 있다. 그들 중 적지 않은 사람들에게 세례는 심지어 매력적인 사건이기도 하다.

방금 상술한 것처럼 이렇게 긍정적인 경향은 응답자의 높은 세례 준비 자세에서 분명하게 나타난다. 2002년 서독 개신교인들의 95%, 동독 개신교인들의 87%가 그리고 적어도 서독의 비종교인들의 51%, 동독의 비종교인들의 24%가 다음의 항목에 긍정적인 답을 했다.
"당신의 자녀가 세례를 받도록 할 것인지 아닌지 선택을 해야 한다면 당신은 어떤 선택을 하겠습니까?"
세례 받는다.[34] 그러므로 (자녀들의) 세례에 대한 호감은 법률적으로 구성되는 교회라는 담론을 훨씬 뛰어넘는다.

하지만 SINUS-생활 환경-구상에 맞춰 행해진 연구들은[35] 세례에 제기된 구체적인 기대와 표상들이 독특한 환경에 따라 세분화될 수 있다는 것을 보여준다. 하인츠페터 헴펠만(Heinzpeter Hempelmann과 동료들)은 이것과 관련된 바덴(badisch)과 뷔르템베르그(württembergisch)교회의 영역에서 나온 결과들을 유형화해 요약하고 있다.

> 불확실한 삶의 관계에 있는 사람들은 (…) 세례를 소속과 안전장치의 의식과 동일시하고,
> 시민들은 세례를 가족의 축제로 연출하고,

---

[34] A. a. O. 442을 보라.
[35] Heinzpeter Hempelmann, handbuch Taufe. Impulse für eine milieusensible Taufpraxis (KIRCHE UND MILIEU), Neukirchen-Vluyn 2013, 17-20.

보수적이고-안정적인 사람들은 세례를 사회적인 일로 거행하고,
포스트모던한 사람들은 세례를 개인적이고 영적인 선택과 이벤트로
꾸미고,
실험정신이 강한 사람들은 세례에서 영적인 경험과 자신들의 지평이 확장
되는 것을 추구하고,
쾌락주의자들은 세례를 '지루한'-기관의 공격적인 일이라고 두려워한다.[36]

더불어 관찰되는 것은, 세례받는 사람의 가족과 친척 중에서는 종종 여러 환경을 배경으로 하는 사람들이 포함돼 있다는 것이다.

4. 지금까지 언급한 대표성을 목표로 한 설문 조사들은 일반적인 견해만을 모은 것이다

그와는 반대로 질적인 연구들은 감정적이고 실제적인 영역을 들여다볼 수 있게 해 준다.
레기나 좀머(Regina Sommer)는 쿠어헤센(kurhessisch) 지역에 있는 교회에서 세례받은 아이들의 부모들과 15개의 원리에 초점을 맞춘 인터뷰를 진행했다. 좀머는 그들 중에서 6명을 보다 상세하게 평가했다. 실천신학에서의 경험적 연구가 대부분 형식적인 교육을 받았고, 그로 말미암아 언어적 능력도 지닌 중산층의 구성원에 한정된다는 사실에 따라 보면 가난한 사람들을 향한 좀머의 관심은 특별히 주목할 만하다.
아이를 셋(5살, 4살, 6개월) 뒀고, 점원으로 일하고 있는 25살 된 한 엄마와의 인터뷰가 인상적이다. 그녀는 인터뷰 시점에 사회적 보조를 받고 살

---
[36] A. a. O. 51.

고 있었다.

> 그녀의 거실 중앙에는 "세례 상자" 같은 것이 있었다. (…) 거기에 하르트만(Hartmann) 부인은 아이들의 세례 문서와 세례 초를 세워놓았다. 그 외에 거기에는 하르트만 부인이 이혼한 남편의 막냇동생을 위해 대모로 받은 대모직 문서가 놓여 있었다.[37]

이 부인의 예에서 좀머는 한편으로 통상적인 신학적이고 교회 법적인 표상과 생활 세계 사이의 커다란 차이를 보여주고 있다. 하르트만 부인은 가톨릭 신자였지만, 자녀들은 개신교에서 세례를 받게 했다. 왜냐하면, 그녀의 사회적 환경이 대부분 개신교였기 때문이다. 그녀 스스로는 교회와 거리를 유지하고 있었다.

"제가 마지막으로 교회에 갔을 때는 제 딸이 세례를 받을 때였어요. 저는 생각했죠. 이것이 처음이자 마지막이 될 거라고요"(176).

아이들이 그녀에게는 중요한 의미를 지녔다.

"제 아이들이 맨 먼저이고, 그다음이 저예요"(178).

그로 인해 그녀는 막내의 기저귀 같은 생필품들을 사기 위해 매일의 전장에 뛰어들고 있다.

하르트만 부인이 세례를 묘사하는 것에서 관심을 끄는 것은, "일반적"이라는 단어를 자주 쓴다는 것인데, 예를 들면 이렇다.

"아뇨, 아주 일반적인 거죠, 세례에 속한다는 건요"(182).

특별히 그녀는 세례 의식 자체를 강조했다.

"음, 저는 대부가 제 딸을 세례 반 위쪽에서 안고 있고 그리고 나서 빈

---

[37] Regina Sommer, Kindertaufe – Elternverständnis und theologische Deutung (PTHe 102), Stuttgart 2009, 173. 계속되는 부분에서는 a. a. O. 172-193에 묘사된 예시를 인용할 것이다. 뒤이어 나오는 괄호 안에 있는 번호들은 이 책의 페이지를 가리킨다.

터(Winter) 목사님이 세례를 베푸는 것이 정말 멋지다고 느껴요. 정말 좋은 것 같아요"(183).

전체적으로 그녀에게 아이들의 세례는 정말 중요하다.

> 왜냐하면, 항상 어떻게든 무슨 일이 생길 수 있는 거잖아요. 아이를 잃어 버리는 불행 같은 거 말이죠. 그리고 저는 제 아이들이 그 우스꽝스러운 집단 무덤에 묻히는 걸 원치 않아요. 이미 자신들의 무덤은 얻게 되는 거 잖아요(186).

좀머(Sommer)는 처음 읽을 때는 독특한 이러한 세례 근거를—인터뷰의 다른 문구의 배경에서도—공감을 가지고 해석했다.

> 세례를 받는다는 것은 그녀에게 그러므로 하나의 공간을 갖는 것을 의미한다. 세례와 더불어 얻게 되는 이러한 사회에서 공간에 대한 표상은 상징적으로 공동묘지에서 자신만의 무덤으로 묘사된다. 집단 무덤의 익명성과는 반대로 세례는 이름이 새겨진 비석을 지닌 개인 무덤에서 묘사하고 있는 개개인의 인격과 품위를 보증해 준다(186).

세례와 개인의 "인격"/"품위"와의 이러한 결합을 이해하기 위해서 인터뷰한 사람들의 삶의 정황을 어느 정도 아는 것이 필요불가결하다. 그녀는 자신의 사회적 상황 때문에—그녀가 병원에서의 진료의 예에서 명백하게 묘사한 것처럼—종종 차별대우를 받기도 한다.

> 세례는 (…) 무시의 경험과 반대로 모든 사람이 자신의 사회적 지위를 고려치 않고 품위를 지니고 있다는 것과 적절한 대우와 장례에 대한 권리를 가지고 있다는 것을 확정한다(187).

신학적인 전망에서 이 엄마는 오랫동안 다른 담론들 때문에 혼선을 빚어온 세례의 포용적인 성격을 고무적이고 매력적인 것으로 경험하고 있다.

이러한 구체적인 경우를 뛰어넘어 부모들이 세례를 수용하는 두 가지 요인을 다른 인터뷰에서도 만나게 된다.

한편으로 부모들의 추억의 중심에 대부분 구체적인 세례 행동이 있다. 성호 긋기, 수세 행위, 세례 축복과 세례 격언에 특별한 의미가 부여될 수 있다(개별적으로는 282-295를 보라). 세례는 그러므로 "수행적인(performativ) 행동"으로 작용하고 있다.

> 세례 의식의 수행적인 행동에서 세례 사건은 부모들에게ㅡ부모들의 인터뷰 진술에 따르면ㅡ이성적이 아니라, 무엇보다 신체-감정적인 경험 방식에서 감지할 수 있다(301).

다른 한편으로 인터뷰한 사람들의 3분의 2 이상은 인터뷰하는 사람이 물어보지 않았는데도 죽음에 대한 경험을 대화 속으로 끌어들였다(개별적인 것은 316-329를 보라). 이에 대해 좀머는 다음과 같이 요약했다.

> 자녀의 삶이 시작될 때 부모에게 삶의 끝은 특별한 방식으로 현재적이다(329).

죽음이라는 담론의 이러한 현재성은 지금까지 주장해 왔던 처음에 조심스러운 대화에서 인지되는 피상적인 세례 욕구와는 모순되는 것이다.

독일어권 스위스(Deutschschweizer) 가족의 세례 프락시스와 관련한 크리스토프 뮐러(Christoph Müller)의 연구는 방법적인 면에서 보다 폭넓게 행해진 연구다. 뮐러는 세례 받는 아이 부모와의 반(半)규격화된 인터뷰 외에 세례 예배와 교회 교육에 참여해 관찰했고(비디오 녹화를 포함해) 목사들과의 전문가-인터뷰를 연구의 토대로 삼았다. 그것을 통해 그는 세례를 네 개의 관점에서 이해할 수 있었다.

① "예전으로,"
② "생애사적이고 매우 자주 가족의 행사로,"
③ "전통과 삶의 실제에 대한 상호적인 해명으로,"
④ "세례를 생생하게 그려내는 다양함 속에 삶의 과정으로 등이다."[38]

그의 분석은 세례받는 자녀의 부모가 가진 교회 이해를 위해 다음과 같은 결과를 내놓았다.

> 자료에 대한 평가들이 보여주는 것은 많은 부모가 세례와 관련해 자기 책임 있는 태도를 보인다는 것이다. 기관으로서 교회에 대해서는 양가 감정적으로 간주하고 있다. 결정적인 것은 생애사적인 확고함이 가능할 것이지 아닌지, 그리고 함께 찾고, 발견하고 다시 찾는 것에 참여자들의 종교적 권한이 허용될 것인지 아닌지 하는 것이다(172).

좀머의 연구와 유사하게 교회와 세례와의 연관성이, 그러나 동시에 무엇보다 가족과의 연관성이 나타나고 있다. 반대로 세례는 단지 가족 축제로만 이해되는 것이 아니라 더 나아가 종교적 여지를 보여준다(112). 그래서 인터뷰했던 한 엄마는 다음과 같이 표현하고 있다.

---

[38] Christoph Müller, Taufe als Lebensperspektive. Empirisch-theologische Erkundungen eines Schlüsselrituals (PTHe 106), Stuttgart 2010, 29. 이어서 괄호 안에 나오는 숫자는 이 책의 페이지를 가리키는 것이다.

제가 생각하기에, 세례 의식은 아이들이 단지 우리와 만이 아니라 다른 사람들과 영성과 종교적 감정에 관해 이야기하는 어떤 곳으로 입장하는 거로 생각해요. 제가 생각하기에, 이 점에 있어서 세례는 한 걸음 나가는 거죠. 그렇죠, 가족과 떨어져 새로운 영역으로 갈 수 있도록 하는 발걸음이죠. 그리고 제가 몹시 바라는 것이기도 한데요, 해가 지남에 따라 우리가 토론할 수 있는 자극이 생겼으면 좋겠고요. 또 아이들의 호기심도 깨어났으면 좋겠어요(116).

뮐러는 그의 분석에서 계속 "세례 참여자들의 실제 삶과 기독교(세례)-전통 사이의 상호 이해 과정이 분명한 성과를 얻을 때 주요 장면"을 만나게 된다(179). 이와 관련해서 한 목사는 "가난하고 자신들의 사회적 상황 때문에 무시 받는 가족의 부모들"(189)에게 있어 세례의 특별한 의미에 대해 주의를 기울이게 되었다. 쿠헤센(kurhessisch) 연구의 하르트만 부인의 예에서 인용한 것과 아주 유사하다.

그것은 동시에 다음을 의미한다. 즉 자주 거절당하는 사람들은 교회 회원 자격 규정에 맞춰진 배제를 일반적인 제외로 인식한다는 것이다. 특별한 교회 규정에 대한 목회적 안내는 그런 면에서 전혀 변한 것이 없다. 그러한 것은 관청에 의해 익숙한 과소 평가와 제외로 이해된다.

뮐러는 세례받은 장애인 자녀 부모와의 인터뷰를 통해 특별한 자극을 준다. 엄마는 이렇게 말한다.

다운 증후군을 앓고 태어난 우리 딸의 세례는 우리에게 특별히 중요했고 의미 있는 것이었어요. 딸아이를 유일무이한 존재로 그리고 도움이 필요한 아이로 손수 지으신 우리 딸을 향한 하나님의 친밀한 사랑이 세례로부터 명백해졌어요. 거기에서 우리 딸아이에게 세례를 주신 목사님은 너무나 자연스럽고 다정하게 딸아이를 대해주셨어요. 그 목사님은 그저 휴가

철에 대신 사역을 맡아주신 분이셨는데, 종이에 있는 표준 세례문을 낭독하셨어요. 거기에 나와 있는 축복문은 좋게 말하려고 하고 점잔빼는 말이 아니어서 불필요한 눈물을 흘리지 않도록 해 주었어요(206).

다음은 여 목사 한 분이 소아 병동의 집중 치료실에서 기형이 심한 아이가 세례를 받을 때 목격한 것이다. 이것은 세례의 분위기가 직접 어떻게 도움을 줄 수 있는지를 보여준다.

우리가 어떻게 원을 만들었는지 - 나는 아직도 기억한다. 우리는 원으로 둘러앉았다. (…) 누군가가 아이를 안고 있었다. 기억하기로는, 대부가 초에 불을 켰다. (…) 그런데 거기에 그냥 어떤 능력이 함께 있었다. 그 능력! 그 집중도. (…) 거기에는 두려움도 있었다. 부모 둘 다 죽을 정도로 지쳐있었다. (…) 그리고 나는 엄마가 무슨 말을 했는지 아직도 기억한다.
"나는 어쩌면 … 나는 어쩌면 내 아들을 놔줘야만 한다는 것을 알고 있어요. 그리고 내 아들이 고비를 넘길 것인지 분명하지 않다는 것도 알고 있어요." (…) 그런데 큰 신뢰감이 생겨났고 이렇게 말할 수 있었다.
"우리는 우리 아들이 이 고비를 잘 넘길 거라고 믿어요. 그리고 혹시 고비를 넘기지 못하더라도 우리가 나락으로 떨어지지는 않을 거라고 믿습니다"(207).

목회상담자였던 그녀조차도 자신의 기억을 말로 표현하는 것을 어려워했다. 그 외에도 분석적인 인터뷰에서—특히 그들의 대부직에 대해 문의를 받은 목사들에게서—"할 말을 잃은 유형"을 만나게 된다(182). (인식론적인) 교의학의 담론에서 이러한 것은 "전달"을 통해 고쳐져야 할 결핍이라고 비난받을지도 모른다. 그러나 뮐러의 해석은 더욱더 설득력을 가지고 있다. 왜냐하면, 그의 해석은 세례의 특별한 커뮤니케이션 형식을 진지하게 여기기 때문이다.

"할 말을 잃었다는 것은 경험의 집중도에 대한 표현이다"(182).

거기에서 뮐러는—좀머와 유사하게—언어화에서 벗어난 세례의 수행적 성격에 주의를 기울이고 있다.[39]

좀머와 뮐러의 연구를 비교해 보면, 아주 일치하는 부분이 두드러지는데, 그것은 전혀 우연이 아니다.

세례 때에 구체적이고 감각적으로 경험할 수 있는 수행들의 핵심적 의미, 세례와 교회와 가족과의 관계가 한쪽에서 일방적으로 파기할 수 없이 전적으로 긴장감 넘치게 서로 얽혀 있는 것이다.

인상적인 것은 많은 예시에서 세례가 얼마나 각각의 삶의 정황에서 도움이 될 수 있다고 느끼는지 하는 것이다. 교리적인 지침 때문이 아니라, 자율적인 해석을 통해서다. 가난이나 혹은 아픈 아이를 둘러싼 두려움에 따른 어려운 상황에서 평등하고 포용적인 세례의 근본 특징은 해방적인 것으로 두각을 나타낸다. 뮐러는 다음과 같이 요약하고 있다.

교회의 해석 독점권이 깨지고 세례를 받도록 하는 사실상의 사회적 강요가 단절된 것은 세례 참여자들의 세례 전통에 대한 논쟁을 변화시켰다. 설문 조사 평가는 오로지 세례가 전통을 통해 참여자들에게 알려진 것처럼, 세례는 참여자들에게 중요하다는 것을 보여준다. 그러나 세례는 단지 소

---

[39] 경험의 집중도를 진지하게 수용한 한 가지 가능한 해석을 여기에서는 Eugene Gendlin의 경험 이론이 "felt sense"라는 개념으로 제공하고 있다. (Johannes Wiltschko, Felt Sense, in: Gerhard Stumm/Johannes Wiltschko/Wolfang Keil (Hg.), Grundbegriffe der Personenzentrierten und Focusing-orientierten Psychotherapie und Beratung, Stuttgart 2003, 115-117).

수에 의해 당연한 것으로 전수됐다. (…) 대부분 참여자는 전통, 관습 또는 관례로 사칭해서 비치는 것이 무엇인지 섬세하게 구분한다. (…) 그들은 세례를 해석하고, 습득하고, 거행하고, 경험하고 그에 대해 생각한다. (…) 새로운 세례문화를 가능하게 할 새로운 여지가 생겨났다(216).

5. 동독에서 성장한 성인들의 세례에 대한 수잔네 렘케(Susanne Lemke)의 사회학적인 연구는 또 다른 지평을 열어준다[40]

2010/2011년에 열 개의 이야기-전기식으로 진행된 인터뷰에 기초하고 있는 이 연구에서 세 개의 "교회 가입 유형"(23-29)이 뚜렷이 드러났다. 이 유형들은 통계학적인 의미에서 대표적이지는 않지만, 성인들의 세례 동기의 큰 폭을 나타내고 있다.

첫째, 렘케는 실직 때문에 교회에서 일자리를 찾고 있었고, 결국 일자리를 구한 한 여자를 참작해 "실용적이고-형식적인 유형"(23)을 그리고 있다. 직업을 위해 필수 불가결한 세례는 "세례 강좌"를 마친 후에 끝났다. 이 세례는 나중에 "대가 모델"(일자리를 대가로 한 교회가입)에 따라 해석된다(26). 여기에서 분명하게 1.2)에서 묘사된 문제가 나타나고 있다.

둘째, 렘케가 "규범적-사회적 유형"으로 특징지은 다른 경우에 한 여자는 시아버지의 자살과 같은 개인적인 파국을 경험한 후에 교회에서 "피난처"(29)를 발견했다. 부활절 전야에 받은 세례는 그녀에게 강한 인상을 남겼다.

---

[40] Susanne Lemke, Erwachsenentaufe. Soziologische Analyse einer unwahrscheinlichen Option, in: sinnprovinz. Kultursoziologische working papers Nr. 4, www.sinnprovinz.uni-leipzig.de, 1-50. 계속해서 괄호 안에 나오는 번호는 이 인터넷-출판의 페이지를 가리킨다. 인용한 인터뷰 부분의 표기는 좀 더 잘 읽히기 위해 단순화시켰다.

그리고 … 네, 사월 … 부활절 전야에 저는 세례를 받았어요. 거기에 내 동료들이 전부 다 있었어요. 그것도 정말 좋았어요. (…) 그리고 … 네, 어떤 느낌 … 내가 전에는 한 번도 느껴보지 못한 건데, 세례를 받고, 음 … 어떤 그룹에 받아들여지고, 그것도 아주 큰 그룹, (…) 그리고 음 … 또, 나보다 좀 나이 드신 분들이 저에게 와서는 그 나이에 정말 용기 있는 일이라고 말해주셨어요. 그리고 저는 말했어요. "좋아요, 저 교회에 예배드리러 가고 싶어요." 그리고 … 음 … 정말 좋았어요. 그리고 그건 정말 탁월한 느낌이었어요. 그리고 … 그 후 정말 많은 것들이 변했어요(30).

세례는 이 여인의 삶에 새로운 "국면"(30, 각주 33)을 불러일으켰는데, 규칙적으로 예배에 참여하는 것으로 표현되고 있다. 그와 함께 그룹에 속했다는 긍정적인 감정이 드러나는데, 그에 대한 특별한 내용이 보고되고 있지는 않다.

셋째, 렘케는 "지적이고-인격화된 유형"을 발견한다(32)

이에 대한 예는 의식적으로 무신론적이고, 동시에 지적인 가정에서 자란 한 여자다. 그녀는 어린 시절에 몰래 기독교 교리 시간에 참석했었다(33). 그러나 그때는 모든 것이 그녀에게 낯설었고 그녀는 다시 참석을 중단했다.

그때부터 어떤 때는 많이, 어떤 때는 조금이지만, 언제나 다시 하나님이나 하나님 개념과 관련된 이야기에 관심을 가졌어요(34).

그러고 나서 학교 종교 수업이 굉장히 중요한 역할을 했다. 결국, 그녀는 종교와 역사를 전공하는 사범대에 가기로 했다. 그 때문에 그녀는 세례에 대해 깊이 고민해야 했다.

당연히, 음 ⋯ 누군가 교회에 가입한다면, 분명히, 세례의 기본 사고는 그러니까 음 ⋯ 이제 거대한 조직의 부분이 아니라, 정말 예수 그리스도의 이름으로 음 ⋯ 세례를 받는 것이고, 그러니까 정결 의식과 음 ⋯ 교회가 신앙고백 하는 것을 자신도 신앙고백 하는 것이죠. 그리고 거기에 나는 완전히 함께할 수 있고, 전혀 문제가 되지 않아요. 하지만 독일 개신교 국교회에 가입하는 것은 조금 어렵게 느껴져요. 왜냐하면, 교회가 나에게는 전혀 고향 같지 않고, (⋯) 어쩐지 거기에 속하고 싶지 않고, 교제 때문에 교회에 속하려는 게 아니기 때문이에요. 오히려 저는 모든 것을 분명하게 이해하고 싶고, 분명히 자각하고 싶고 신중해지고 싶고, 그에 관해 결정하고 싶어요(36 이하).

첫 번째 경우와 유사하게 인터뷰에 응한 이 여자는 종교 교사가 교회의 부름을 필요로 한다는 점에서 권력을 형성하고, 법적 학위를 실행하는 존속하고 있는 교회의 지위와 마주쳤다. 물론 여기에서 이러한 것이 방해되는 것은 아니었다. 오히려 기독교와의 지적인 논쟁을 위한 자극이 됐다.

두 번째의 경우와 다르게 그녀에게 교제는 중요하지 않았다. 반대로 기관으로서의 교회는 오히려 방해되는 것으로 보인다. 학습이라는 담론은 종교 수업과 신학 공부를 통해 전해졌고, 인터뷰에 응한 여자에게 세례를 위한 생산적인 접근을 가능하게 했다.

전체적으로 세 개의 인터뷰는 완전히 다른 세례 생애사를 담고 있다. 근로 시장에서 교회의 확실한 독점적인 지위를 통해 강요된 첫 번째 세례는 신학적인 전망에서 문제가 있는 것으로 보이지만, 다른 두 여인은 세례 전통으로부터 확실한 해석 전형을 수용하고 있고 너무나 건설적으로 경험한 것들을 다루고 있다. 거기에서 명백히 세례 자체는 철저하게 다양한 역할을 하고 있다. 압도적인 공동체 경험과 해석적인 점유("정결 의식")가 나란히 존재한다.

6. 나는 앞의 진술 가운데 많은 전망에서 오늘날의 세례 실천을 살펴봤다

세례는 일반적으로 잘 알려진 실행이고 그 매력은 확실히 교회(회원)의 경계를 넘어선다. 그와 더불어 변화들을 간과할 수 없는데, 무엇보다 세례를 당연하게 여기던 것과 사회적 안전 장치로 이해하던 것이 약화됐다.

이러한 상황에서 다양한 변화가 일어났다.

첫째, 인터뷰들은 수세자의 부모들이 자신들의 삶과 자신들의 자녀들을 위해 세례를 어떻게 이해하는지 명시하고 있다. 그와 더불어 긍정적으로 세례의 평등하고 포용적인 성격을 다양하게 만나게 된다. 가난한 사람들도, 사회적으로 낮은 계급의 사람들도, 건강 표준을 만족시키지 못하는 사람들도 세례를 받는다. 동시에 초기의 배제 결과들을 주목해야만 한다. 결혼하지 않은 개신교 엄마들은 몇백 년 동안 교회적으로 차별 대우를 받아 왔다. 이제 그들 중 소수만이 자신들의 자녀가 세례받기를 원한다.

둘째, 성인이 되어서 세례를 받는 사람들에게서 매우 다양한 동기와 상황을 마주하게 된다. 거기에서 교회 기관은 오히려 거리감이 있는 것으로 보인다. 고용주로서 교회의 위치는 심지어 신학적으로 문제가 될 수 있는, 자율적이지 않은 세례로 이끌 수 있다.

셋째, 교회 목회에서 적어도 부분적으로는 오늘날의 세례 프락시스의 다양한 형태와 유동적인 상황에 관심을 기울이는 것이 어렵다. 규정으로 이뤄진 교회법이라는 담론은 다른 담론들로 규정되는 생활 세계에서의 변화와 충돌하고 있다.

제2장

교회 행정적 측면: 법적 규정과 교회를 이끄는 방향

현재의 세례 프락시스는 교회의 규정들, 예식서, 공고와 입장 표명을 통해서도 특징지어진다. 이제는 이것들에 대해 주목해 보려고 한다. 이를 위해 나는—존속하고 있는 법적 상황의 묘사에 따라—가능한 독일개신교연합(EKE)과 종파 연맹의 기본적인 문서에 한정할 것이다. 일치하지 않는 법적인 상황과 개별적인 국가교회의 다양한 지역적 상황 때문에 개별적인 문서들의 의미와 효과를 매번 정확하게 규정하는 것은 불가능하다. 하지만 이러한 문서들은 목회자들을 통해 구체적인 세례 실천에 영향을 주는 교회를 이끌어가는 행동의 표현일 수 있다.

그 외에도 교회법이라는 담론에서 세례와의 관계가 목사들에게 반영되는데, 교회법은 확실히 갈등 상황에서 규율상 목사에게 중요한 것이다.

개별적으로 국가교회에서 얻은 수많은 문서의 평가는 고유한 출판이 필요하다. 그러한 것들은 국가교회에서 구체적인 돌발적인 사건과 적지 않게 관련돼 있고, 거기로부터 세례 주제에 대한 새로운 시각이 펼쳐진다.[1]

---

[1] 이에 대한 예는 개신교 Kurhessen-Waldeck 교회의 신학부의 근본적인 작업이다. "Zum Verständnis und zur Praxis der Taufe"(1984), 동기로서 한 목사의 "재세례"와 그의 보조 목사직으로부터의 해고는 무엇보다 유아 세례의 근거에 주의를 기울이게 했다(잘 이용할 수 있는 것으로 Heft 48 der Schriftenreihe der Evangelischen Kirche von Kurhessen-Waldek „Didaskalia„: Zur Lehre und Praxis von Taufe und Abendmahl, 13-71).

멕클렌부르크(Mecklenburg)에 있는 개신교-루터 교회 사역팀은 목회 현장에서 다음과 같은 문의들을 수집했다.

내 삶의 동반녀의 아들이 세례를 받을 수 있을까요? 나는 개신교이고, 그녀는 종교를 가지고 있지 않은데요.
우리는 교회에 다니고 있는데, 하지만 대부를 구하지 못하고 있어요.
우리의 친구들은 모두 교회에 다니지 않고 내 여동생은 교회를 탈퇴했다고 말하네요.
나는 흔쾌히 세례를 받고 싶어요. 토요일 오후에 목사님의 교회에서요.
제 아들과 저, 우리 둘은 발트해(Ostsee)에서 세례를 받으려고 합니다. 해변에서요!
제 여자 친구는 대모가 되려고 해요. 그녀는 항상 교회에 다니고 싶어 했어요.
우리에게는 우리 아이를 위해 대모가 두 명이 있는데, 내 사촌은 가톨릭이고 내 가장 친한 여자 친구는 교회에 다니지 않아요.
내 조카도 대부가 될 수 있어요. 그는 세례를 받았고 내년에 입교해요.
우리에게 공간적으로 교회/목사는 정말 받아들여지지 않아요.
우리 아이가 여기에서 세례를 받을 수 있을까요?
친애하는 동료에게-나에게 아주 끔찍한 일이 생겼습니다. 나는 귀하의 교회에 있는 한 아이에게 세례를 베풀었습니다.
저는 세례를 받아야만 했어요. 그래야 구제 사업 기관에서 계속 일을 할 수 있었거든요.
저는 세례와 신앙을 진지하게 받아들여요. 그래서 시급하게 결단하지 않으려고 해요.

하나님은 세례 없이도 저를 사랑하세요.[2]

1. 세례에 대한 법적인 규정들은 개별적인 교회에서 다양한 위치를 차지하고 있다

이러한 담론을 위한 기초는 대부분 두 개의 교회연맹 VELKD(독일 개신교-루터교회연합)와 UEK(독일개신교연합)의 교회 규정이 형성하고 있다. VELKD 교회를 위한 규정들은 "교회 생활의 원칙, 교회 생활 규정을 위한 책자"(2003)에, UEK의 교회를 위한 규정들은 "개신교 연합의 교회 생활 규정"(1999)에 나와 있다. 그럼에도 다양한 국교회들 사이에서 규정의 정확한 법적인 지위에는 차이가 있지만, 내용에서는 거의 일치한다.

VELKD-지침의 세례 이해에서는 교회 중심화가 나타나고 있는데, 그와 관련된 문단이 시작할 때 이미 분명해진다. 첫 문장은 다음과 같다.

> 자신의 결정이든, 부모의 바람에 의해서든, 세례를 통해 사람들은 교회에 받아들여진다.[3]

비로소 그 후에 하나님의 행위에 대한 암시가 따른다. 그리고 도입 문단은 계속해서 세례를 교회를 위한 것으로 첨예화하면서 끝난다.

---

[2] Matthias de Boor, Die Kindertaufe als "Aufgabe" und "Glück", in: Johannes Goldstein (Hg.), Taufe -und dann? Kasus Taufe zwischen Kampagne, Quoto und Gemeindeleben (LoPr 23/11), Rehburg-Loccum 2011, 15-25, 17.

[3] Leitlinien kirchlichen Lebens der Vereinigten Evangelisch-Lutherischen Kirche Deutschlands (VELKD). Handreichung für eine kirchliche Lebensordnung, Gütersloh 2003, 35. 계속해서 괄호 안에 나오는 숫자는 이 문서의 페이지를 가리킨다.

의식적으로 교회 생활을 하는 사람들은 하나님의 사랑의 명백한 징표를 세례에서 본다. 그들은 그 징표와 연결돼 있고, 그 징표에 자신의 삶을 맞춰 나갈 수 있다. 그들에게 있어서 세례 안에 근거 지워진 교회의 소속은 기쁨이자 책임이다(36이하).

교회조직을 위한 세례의 기능화가 이보다 더 대담하게 작성될 수는 없을 것이다. 성경에 근거하고 있는 예수 그리스도와의 관련성은 상론의 세 번째 페이지에서야 비로소 나타난다.

구체적인 "규정들"은 우선 세례 준비의 의미를 강조하는데, 준비는 수세자의 나이에 적합한 것이어야 한다. 유아 세례 때에는 무엇보다 부모와 그리고 가능하다면 대부와 세례에 관해 대화해야 한다. 세례를 받지 않은 청소년을 위해서는 입교 수업에 주목해야 한다. 이러한 세례는 (입교를 위한) "수업 기간 또는 입교 예배에서"(39) 행해질 수 있다. 마지막에 언급된 세례 시점과 관련해 세례가 주변적인 것으로 밀려나는 문제에 대해서는 언급되고 있지 않다. 다른 교회에서 받은 세례 승인에 대한 안내 후에 세례 예배에 관한 질문들이 다뤄지고 있다(→ 제3부 1.1). 상세하게 대부직이 논의되고 있는데 대부직의 기능도 분명하게 서술되고 있다.

> 대모와 대부는 세례 실행의 증인들이고 입교할 때까지 부모와 함께하고, 교회의 위임을 받고 기독교 신앙 안에서 아이의 교육을 돌볼 것을 약속한다(41).

하지만 대부를 선택할 때 목회 현장에서 만나게 되는 어려움을 의식하게 되면서 — 적어도 최악의 경우에 — 대부를 포기하는 것이 가능한 것으로 여겨지고 있다.

아이들을 위해 최소한 한 명의 대부 혹은 한 명의 대모가 있어야 한다. 예외적으로 이러한 것이 이뤄지지 않더라도, 아이들은 세례받을 수 있는데, 최소한 한쪽 부모 혹은 보호자 한 쪽이 개신교 교인일 때이다. 만약 대부나 대모가 없는 경우에는 교회 장로회가 교회에서 대부나 대모를 임명할 수 있다(41이하).

세례받지 않은 아이들과 관련해서는 세례로의 초대가 강조된다. 계속해서 "교회 규정들은" 세례 회상에 대한 의미를 강조하고 있다. 세례에 대한 전체 열 한 개의 분류 항목 중 끝맺음하는 네 개의 항목은 세례 프락시스의 법적인 문제를 다루고 있다. 세례 연기 혹은 세례 거부, 그에 대한 이의, 관할권 혹은 증서 작성, 법적 결과를 다루고 있다. 마지막 문단은 다시 한번 세례와 교회 회원의 관계를 강조하고 있다.

> 세례는 교회 공동체의 회원 자격의 근거가 되는 동시에 그로부터 발생하는 교회 직무의 인수와 교회 세금과 같은 권리와 의무를 동시에 지니고 있는 국가교회에서 회원 자격의 근거가 되고 있다(45).

UEK의 규정은 많은 경우에 위에서 전달한 VELKD-문서와 일치한다. 여기에서도 바로 도입 부분에 다음이 강조되고 있다.
"세례는 교회의 회원 자격에 대한 근거를 제공하고 있다."[4]
하지만 "원칙과 규칙들"에서 좀 더 다정한 음색이 감돌고 있다. 예를 들어, 성인의 세례 준비와 관련해서 다음과 같이 말한다.

---

[4] Ordnung des kirchlichen Lebens der Evangelischen Kirche der Union. Im Auftr. des Rates hrsg. von der Kirchenkanzlei der Evangelischen Kirche der Union, Berlin ²2001, 29. 계속해서 괄호에 나오는 숫자는 이 문서의 페이지를 가리키고 있다.

세례 교육은 과중한 요구들 때문에 하나님의 약속을 받아들이는 것을 겁먹어 그만두게 해서는 안 된다(33).

동시에 "교회 공동체" 연결이 좀 더 강하게 강조된다. 고유한 세례 예배는—VELKD-문서와는 반대로—언급되지 않는다. 여기에서는 세례가 소위 대예배 안으로 들어가야 한다는 칼빈의 세례관(→제1부 6.2)이 드러나고 있다. 대부와 관련된[5] 갈등 상황에 대한 표현은 아마도 마찬가지로 어느 정도의 여지를 남기고 있다.

"한 아이의 세례를 위해 일반적으로 대모나 대부가 임명된다"(34).

"일반적으로"가 개인적인 사정 때문에 대부를 포기하는 것으로 해석될 수 있을지는 불확실한 채 남아 있다. 동시에 입교 때까지라는 기한에 대한 대부 임무의 (VELKD-)제한이 빠져있다. 끝으로 마지막에 정확한 법적 규정에 대한 상당히 방대한 설명에서 교회 회원 자격에 관한 규정이 조금 다르게 강조되고 있다.

"세례는 교회 공동체와 국가교회의 회원을 위한 기초이다"(37).

VELKD-규정에 나와 있는 교회 직무와 교회 세금에 대한 직접적인 지시는 빠져있다.

이렇게 두 개의 교회 연맹의 규정에서 세례가 교회에 집중하고 있다는 것은 간과할 수 없는 사실이다. 하지만 UEK-문서에서 몇몇 표현들은 조금 더 소극적이다. 반대로 UEK-문서는 교회 관련성, 구체적으로 말해서, 매주 일요일 오전 예배 모임과의 관련성을 보다 강하게 강조하고 있다. 두 개의 문서는 1.4)에서 봤던 강요된 세례에 대한 문제를 언급하지 않는다.

---

[5] 개혁교회에서의 대부직의 특별함에 대해서는 다음을 보라. Hans-Wilfried Haase, Das Patenamt in der Kirche, in: Johannes Goldstein (Hg.), Taufe- und dann? Kasus Taufe zwischen Kampagne, Quote und Gemeindeleben (LoPr 23/11), Rehburg-Loccum 2011, 89-97, 92-94.

거기에 근본적으로 놓여 있는 세례의 법적 특성과 세례가 공적인 법 단체에서의 회원 자격과 직접으로 관련돼 있다는 것은 명백하게 전제돼 있다.

VELKD-지침은 그에 대한 결정적인 근거를 다음과 같이 언급하고 있다(세례와 함께 연결된 교회세 의무).

2. 그에 비해 예배에서는 보다 더 현재의 실천적 조건에 맞는 세례이해가 나타난다

다만 개혁교회 예배서에서는 전적으로 세례가 공동 예배 안으로 들어오도록 의도하고 있다.

> 세례는 공동 예배에서 설교 전이나, 후에 베풀어질 수 있다. 세례가 설교 전에 이뤄진다면, 세례는 직접 개회 찬송 후에 들어가게 된다. 세례를 위한 기도는 개회 기도를 대신할 수 있고, 세례 수여 말씀은 말씀 봉독을 대신할 수 있다. 신앙고백은 세례 예전 내에서 암송된다. 주기도문은 세례 행위와 연결될 때는 중보 기도 후에 생략한다. 세례에 이어 설교 전 찬송이 나온다. 세례의 의미를 증언하기 위해 세례 행위를 여는 세례사가 빠져서는 안 된다. (…) 세례가 설교 후에 행해진다면, 세례는 설교 후 찬송 다음에 이어진다. 신앙고백은 세례 행위에서 비로소 고백 되고, 기도는 세례 후에 감사 기도와 중보 기도와 함께 연결해서 드려진다.[6]

6　Reformierte Liturgie. Gebet und Ordnungen für die unter dem Wort Gottes versammelte Gemiende, Wuppertal 1999, 303 이하.

여기에서는 예배사적으로 봤을 때, 세례 표현 방식이 최저점에 도달해 있다. 세례의 의미 자체는 상세한 교회 설교 뒤나 혹은 전에 행해지는 예식사를 통해 표현돼야만 한다. 이렇게 말씀에 무게 중심이 쏠릴 때, 전형적인 것은 세례에서 여러 징표 가운데 물만이 포기할 수 없는 징표로 비치도록 암시한다는 것이다.

계속해서 상징적인 행위들이 수행될 때, 다음과 같은 사실에 주의를 기울여야 한다. 즉 상징적인 행위들은 세례의 신학적인 내용을 강조하는 것이지, 감추는 것이 아니라는 것이다.[7]

해석을 촉진하는 고유한 역동성을 지닌 세례의 퍼포먼스적인 특성은 주목받지 못하고 있다-교의학과 교회 공동체라는 담론이 우세하다.

그에 비해 처음으로 1988년과 약간 개정된 판으로 1999년에 출판된 루터교 세례-예식서는 보다 폭넓은 스펙트럼을 제공하고 있다. 거기에는 독립적인 세례 예배를 위한 서식도 있는데, 이 예배는 풍부한 징표와 그것을 각색 할 여지를 주고 있다.

개신교연맹(EKU; 후에 UEK)의 세례 책자는 예식서가 계속 발전하고 있음을 보여주고 있다. 이미 21쪽이나 되는 서문이 세례 프락시스의 표현 방식을 위한 신학적 지식에 대한 토대를 이루고 있다. 특별히 교훈적인 것은 "세례와 세례길"이라는 단락이다. 이 단락은 교회 구조와 교회 교육이라는 주제에까지 미치고 있고 세례의 과정적 성격을 고려하고 있다. 분명하게 에큐메니컬 한 견해가 제시되고 있다.

고대교회의 모범은 다음과 같은 사실도 회상시켜 준다. 즉 세례는 개별적

---

7   A. a. O. 304.

인 사람에게 일어나는 하나의 사건이고, 그 사건은 성만찬에 참여하는 가운데("세례 성만찬") 교회로의 공동체화를 목표로 한다는 것이다. 이제까지 통상적인 것보다 더 분명하게 (한 번 뿐인) 세례와 (반복할 수 있는) 성만찬이 서로 연관될 수 있다. 최근에 에큐메니컬 한 토론에서 확산된 통상적인 "기독교 입회" 개념도 그 방향을 지향하고 있다.[8]

최소한 예술적 성과를 지닌 가능성으로서 "세례 예전의 기본 형태"에서 기인한 "세례길"이 언급되고 있다.

> 다음과 같은 사실을 (…) 생각해 볼 수 있다. 공간에서 가능한 움직임을 이용하고 세례의 예전적 기본 형태의 몇몇 걸음걸이를 움직임과 장소 변경을 통해 분명하게 하는 것이다. 즉 도입 부분(데리고 옴) - 설교단/낭독대 (권고) - 세례 장소(시행) - 제단(징표와 가입). 적절하게 꾸며진 공간에서는 교회 전체(수많은 곳이 아니라)를 공간 이동을 위해 사용할 수 있을 것이다.[9]

거기에 더해 예식서는 구제 사업인 헤파타(Hefata)-의식에 이르기까지 징표의 풍성함을 제시하고 있다. 이러한 의식이 대예배에서 행해지는 세례에는 맞지 않는다는 것은 숙고되지 않고 있다. 그래서 개신교연맹(EKU)의 세례 책자는—보다 명백하게는 초안—교회라는 담론의 우위가 줄어들지 않으면서도, 세례 이해가 더욱 강하게 세례 실행에 맞춰져 있다는 인상을 주고 있다.

---

8 Taufbuch. Agende für die Evangelische Kirche der Union Bd. 2, Berlin 2000, 20.
9 A. a. O. 22.

3. 2000년에 "세례와 교회탈퇴"라는 주제에 관한 독일개신교연합 (EKD)-신학부의 입장 표명이 출판됐다. 출발점은 다음과 같은 질문이었다

교회를 탈퇴하는 사람들에게 세례를 받았다는 것이 어떠한 의미를 지니고 있고, 세례를 받은 것이 교회를 탈퇴한 사람들에 대한 교회의 봉사를 위해서는—세례를 받지 않고 한 번도 교회에 속해 본 적이 없는 사람들과 다르게—무엇을 의미하는지와 어떻게 적합한 교회법 관점에서 더 잘 고려될 수 있는지 등이다.[10]

경험적으로 확인할 수 있는 변화, 특히 개신교 교회 탈퇴 증가는 교회법이라는 담론의 틀에서 이러한 성찰해야 했다.

언급된 질문들을 해명하기 위해서 우선 교의학적인 문구들이 집중적으로 반복된다. 교리사적인 개요는 아우구스티누스에 의해 강조된 세례의 "각인의 성격"(character indelebilis)을 지적하고 있다. 거기에서 결론으로 이끌 수 있는 것은 다음과 같다.

복음적인 책임 속에서 세례받은 사람들에게 세례가 부여하는 "각인의 성격"에 대한 언급이 5가지 방식으로 발전돼야 한다.

① 탈퇴자이지만 여전히 예수 그리스도에게는 속하였고, 그와 함께 구원 약속에 대한 파괴될 수 없는 직설로서,
② 그에게 유효한 이러한 약속에 대해 탈퇴자가 불행하게도 반대한다는

---

10 Taufe und Kirchenaustritt. Theologische Erwägungen der Kammer für Theologie zum Dienst der evangelischen Kirche an den aus ihr Ausgetretenen (EKD Texte 66), 2000, 5이하. 뒤에 나오는 괄호 안의 숫자는 이 문서의 페이지를 가리킨다.

암시로서,

③ 그가 신앙에 대해 여전히 반응할 수 있다는 것으로서,

④ 세례를 통해 주어진 그리스도인의 품위라는 탈퇴자의 정체성에 대한 질문으로서,

⑤ 교회 공동체와 교회를 떠난 사람들도 포함해, 세례받은 모든 사람과의 관련성으로서 등이다(13).

여섯 페이지를 포괄하고 있는 이러한 도입 후 비로소 19번째 줄에(거기에는 아르놀즈하이너 의회(Arnoldshainer Konferenz)의 문서 인용 5줄을 포함하고 있다) 생각할 수 있는 "교회 탈퇴 동기"가 간결하게 서술돼 있다. 그 당시에—부분적으로는 이미 오래전부터—제시된 종교 사회학적인 분석들과[11] 사람들의 생활 세계가 전체적으로 고려되고 있지 않다.

그 사이 종파를 뛰어넘어 계속되는 교회 탈퇴에 관한 연구들이 제시되고 있다. 이 연구들은 교회 탈퇴가 더욱 젊은 성인들에게 (18세에서 35세 사이) 현실적인 주제라는 것을 보여준다. 무엇보다 직장 생활을 시작할 때는 더불어 교회 세금을 지급해야 하므로 탈퇴를 "고민하도록 부추기는 결정적 시점"이다.[12]

종파적으로 비교해 보면, 다음과 같은 사실을 추측할 수 있다. 즉 이전에 가톨릭 신자였던 사람들이 무엇보다 자신들의 교회를 비판적으로 본

---

[11] 여기에서는 무엇보다 단행본들만 언급한다면: Andreas Feige, Kirchenaustritte. Eine soziologische Untersuchung von Ursachen und Bedingugnen am beispiel der Evangelischen Kirche von Berlin-Brandenburg, Gelnhausen 1976 (^{2}1977); Armin Kuphal, Abschied von der Kirche. Traditionsabbruch in der Volskirche. Zugleich ein Beitrag zur Soziologie des kollektiven Verhaltens, Gelnhausen 1979; Matthias Hoof, Der Kirchenaustritt. Eine empirische Studie zur Pastoraltheologie, Neukirchen 1999이다.

[12] Michael Ebertz/Monika Eberhardt/Anna Lang, Kirhcenaustritt als Prozess: Gehen oder bleiben? Eine empirisch gewonnene Typologie (KirchenZukunft konkret 7), Berlin 2012, 171.

반면에 이전에 개신교도들이었던 사람들은 "국가와 교회와의 연결, 혹은 윤리적인 문제에 관한 논쟁들을"[13] 교회와 관련된 문제점으로 제기하고 있다.

전체적으로 EKD-문서의 결과는 만족스럽지 않다. 신학적인 담론과 법률적인 담론은 두서없다. 한편으로는 다음과 같은 신학적 주장을 한다.

> 세례는 교회 탈퇴자들도 계속적인 신앙에 반응할 수 있다는 것과 하나님께로 향한 불변하는 자녀의 권리에 근거하고 있다(15).

다른 한편으로는 법적으로 다음과 같은 사실이 확인된다.

> 기독교 교회 공동체 안에서 특정한 기능들을 수행하기 위해서는 명백한 교회 회원 자격이 의무화돼 있고, 다시 입회할 것을 전제 조건으로 삼아야 한다(17).

그러나 이러한 주장에 대한 신학적인 근거는 빠져있다.

독일과 스위스에 있는 로마-가톨릭교회에 대해 잠깐 살펴보면, 여기에서도 복잡한 국교회 법이 문제가 되고 있다는 것을 알 수 있다.[14] 근본적으로 (종교 교육) 교직 이수자들의 교회 탈퇴 가능성을 거부하는 것과 국가법은 서로 대립하고 있다. 국가법은 교회 탈퇴를 승인하고 있고, 그에 대해 주의를 기울이며, 종교세와 관련한 법적 결과를 내포하고 있다. 논란이 되는 문제는 국가 측의 설명이 (로마-가톨릭) 교회 행동을 위해 의미를 지닐 수 있는 것인지 혹은 얼마만큼의 의미를 지닐 것인지 하는 것이다.

---

[13] A. a. O. 211.
[14] 이에 대해 구체적으로는 Urs Brosi, Recht, Strukturen, Freiräume. Kirchenrecht (Studiengang Theologie 9), Zürich 2013, 288-308을 보라.

이러한 주제와 연결된 교회의 재정 문제는 교회의 실천적 의미를 지적하고 있다. 그래서 독일 주교들은 일반 지령을 통해 (2012. 09. 20부터) 법적 안전 장치를 만들었는데, 이 지령은 국가 입장에 대한 행동을 교회법적으로 평가하는 것이다. 그리스도의 지체와 구체적인 법적 조직 형성 사이를 구분하는 부분적인 교회 탈퇴에 대한 신학적인 질문은 거기에서 사라져 버렸다. 스위스에서는 이러한 조치가 아직 나오지 않고 있다.

4. 2006년에—대중들에게 널리 주목받은—EKD 위원회에 의해 승인을 받은 문서『자유의 교회』가 출판됐다[15]

그와 함께 부제목이기도 한 "21세기 개신교를 위한 전망들"이 펼쳐졌다. 근본적이고 포괄적이며, 적어도 100페이지가 넘는 이 문서의 관심사는 "추세에 반해 성장하려는 것"이다(7). 거기에서도 세례가 주목을 받는다. 이미 "기회와 도전"이라는 제목을 달고 있는 첫 장에서 "우리 사회에 살고 있는 개신교에서 세례를 받았지만 비교회 회원이거나 비기독교인들의 엄청난 수"(17)가 3백 5십만 명에서 5백만 명 사이를 오가는 규모라는 것이 지적되고 있다. 또한, 저자들은 "세례 숫자에 비해 죽는 경우가 더 많다는 것"(18)과 지난해 세례 받은 사람의 감소를 지적하고 있다(23). 이 문서와 다른 조사 결과들은 다음과 같은 사실을 요약하고 있다.

> 경제학적으로 표현해서 개신교는 자신의 핵심사업 영역에서 엄청난 시장 손실을 당하고 있다(23).

---

[15] Kirche der Freiheit. Perspektiven für die Evangelische Kirche im 21. Jahrhundert. EinImpulspapier der EKD, 2006. 계속해서 나오는 괄호 안의 숫자는 이 문서의 페이지를 가리킨다.

"전망"을 내놓는 장에서는 통과 의례를 위해 더불어 세례를 위해서도 "신뢰할 만한 품질 관리"가 요구되고 있다(51).

> 신뢰할 만하고 수준 높은 편안한 분위기의 결혼 예배와 세례 예배 표현 방식은 교회의 이미지를 위해서만이 아니라, 긴 삶의 긴장을 넘어서 기독교 신앙에 대한 접근을 위해서도 특별한 의미가 있다(51).

구체적으로는 "세례 비율을 현저하게 높이려는" 목표가 주어졌다(52). 마지막으로 특히 "2007년에서 2017년까지 개혁 10주년의 주제 일정표와 1년 주제"에 대해 심사숙고할 때 "예를 들어, 세례와 교회 탈퇴"라는 주제가ㅡ"교회 건물의 유지와 미래"(102)라는 주제 바로 옆에ㅡ상세히 설명되고 있다.

전체적으로 『자유의 교회』 문서에서는 가끔, 주변에서 언급되던 세례가 교회 조직을 안정화하려는 관심사에 완전히 종속되고 있다. 감소하고 있는 재정 자원에 따라 세례는 "핵심 사업 영역에서의 시장 손실" 방지를 위한 요소로써 활성화돼야 한다는 것이다.

기독교 역사의 전망에서 봤을 때, 배제를 포함하고 있던 초기의 정치적 담론은 새로운 모습으로 등장하고 있다. 이전에 교회는 국가 권력의 폭력 잠재력을 사용하였는데, 이제는 국가 권력의 자리에 기업 경제가 등장하고 있다. 기업 경제는ㅡ시민 사회 조건에서ㅡ교회의 시장 여건을 안정화하고 가능하다면, 확장하는 데 도움을 줘야 한다.

5. 2008년에 책의 형태로 출판된 문서: 『세례』(Die Taufe)

"세례"(Die Taufe)는 독일개신교연합(EKD)위원회에 의해 촉발된 "당면과 제-위원회"가 신학적으로 보다 더 철저하게 착수한 것이고, 오로지 세례에만 초점을 맞춘 것이다. 이 문서는 "개신교 세례에 대한 이해와 실천을 위한 기준"이 될 것이다.[16]

이 문서의 배경은 2007년 소위 막데부르크 성명(Magdeburger Erklärung)에서 표현된 것과 같이, 세례에 대한 에큐메니컬 한 대화이다. 이 성명에서는 11개 교회가 엄숙하게 세례의 상호적 승인을 천명했다. 이러한 상황에서 계속 증가하는 세례 실천의 다양화에 따라 "개신교 세례 이해와 개신교 세례 프락시스에 대한 일반적으로 유효하고 구속력 있는 근본 요소들이 표현"(12) 돼야만 했다.

2008년의 문서 역시 짧게 몇몇 성경 텍스트를 언급하고, "교회 역사 회고"를 부언함으로써 연역적으로 이뤄졌다. 거기에서 교회 세례 프락시스의 권력 형성과 힘의 형성은 언급되지 않았다. 이렇게 선택적인 기초에서 교의학적인 세례 교리가 발전됐고, 그 결과를 요약하면 다음과 같다.

> 세례는 짧게 말해서 은혜의 선물인데, 이는 죄의 세력으로부터 해방되고, 그리스도의 십자가와 부활에 참여하고, 성령을 받고 믿는 자들의 공동체에 받아들여지는 것이다(29).

끝맺음하는 "실천을 위한 추천"에서는 기관으로서 교회의 안정화를 겨냥해 다음과 같은 것이 강조됐다.

---

[16] Die Taufe. Eine Orientierungshilfe zu Verständnis und Praxis der Taufe in der evangelischen Kirche. Vorgelet vom Rat der Evangelischen Kirche in Deutschland, Gütersloh 2008. 계속해서 괄호 속에 나오는 숫자는 이 소책자의 페이지 수를 가리킨다.

세례 단독으로 보이지 않는 예수 그리스도의 지체 속으로 들어가는 그런 세례는 없다. 세례는 예수 그리스도의 교회에 소속됨과 나란히, 또한 언제나 구체적인 교회 회원 자격의 근거다(42).

교의학이라는 신학적 담론과 교회 회원이라는 법률적인 담론이 서로 연결되고 있다. 19세기 이후부터야 비로소 존속하고 있는 독일교회 회원 자격에 상응하지 않는 가시적인 교회의 다른 형태들이 있을 수 있다는 것은 주목받지 못하고 있다.[17]

언어적으로만이 아니라, 현재의 생활 세계와 동떨어진 "기준"의 배경에는 정적이고, 교의학적으로 확정된 세례 이해가 있다. 이러한 것은 "전수"돼야 하는 것으로 여겨진다. 그래서 "가르침으로 동행하는 것"(16) 혹은 "세례 문답"(59)이 요구된다는 것이 여러 번 강조되고 있다. 이러한 개념화가 보여주는 것은 특히 교육 개념과 열린 의사소통 과정에 맞춰진 종교교육적인 담론[18]이 문서의 저자들에게는 고려할 만한 것으로 비치지 않았거나 또는 아마도 그에 대해 모르고 있다는 것이다.

---

[17] 정치적으로 통일되기 바로 전에 교회 회원법 문제에 대한 동독-교회의 논쟁에서도 이에 대해 모순적인 입장들이 나타났다. (Martin Richter, Kirchenrecht im Sozialismus. Die Ordnung der evangelischen Landeskirchen in der DDR (JusEcc 95), Tübingen 2011, 125) -20년 후에 그것은 명백하게 잊혀졌다. 법률적으로 교회 회원법과 교회 세금의 필요 불가결한 관련성에 대해서는 다음을 보라. Felix Hammer, Rechtsfragen der Kirchensteuer (JusEcc 66), Tübingen 2002, 261-289.

[18] 예를 들어, Bernd Schröder, Religionspädagogik, Tübingen 2012, 1-12를 보라.

6. 독일개신교연합(EKD) 위원회에 의해 위임된 프로젝트팀은 계속해서 세례라는 주제에 이바지했다

2009년 말에 "당신이 (다시) 함께해서 좋아요!"라는 표현으로 "개신교 가입과 재가입"[19]에 관한 텍스트를 내놓았다. 이 텍스트의 배경을 이루고 있는 것은 2001년 EKD 교회 회원 자격 규정의 변화[20]다. 이 규정은 EKD의 입장 표명을 설명한 "세례와 교회 탈퇴"(→2.3)의 자극을 수용한 것으로서 교회 공동체와 결속되지 않으나, (재)가입이 가능한 입장이다. 손쉬운 교회 가입이 요구됐다는 점에서 이 텍스트는 2006년 문서의 전통에 서 있다(→2.4).

마지막 문서와의 연결을 통해 공고(Verlautbarung)의 중요한 신학적 (그리고 경험적) 문제를 해명할 수 있게 됐다. 왜냐하면, 이제 다른 기독교에서 개신교로의 개종, 성인 세례를 통한 교회 가입, 개신교 탈퇴 후 재가입이 적어도 부분적으로 취합되고 있기 때문이다.

그와 함께 세례의 신학적인 의미가 조정되고 있다. 이러한 것은 교의학적이고 더불어 성례 신학적으로 특징지어진 이전의 텍스트에 대한 진로변경을 표현하고 있지만, 2006년 문서의 경영 경제의 경향에는 어울리는 것이다. 왜냐하면, 경영 경제 담론에서 가입과 회원은 중요한 개념들이지만, 세례는 그렇지 않기 때문이다. 그래서 2009년의 문서에서는 다시금 세례 신학적으로 중요한 주제인 공동체 개념에 대한 설명이 부각되고 있다.

---

[19] Schön, dass Sie (wieder) da sind! Eintritt und Wiedereintritt in die evangelische Kirche (EKD Texte 107), o. J. (2009). 계속해서 괄호에 나오는 숫자는 이 소책자의 페이지 수를 가리킨다.

[20] 이에 대해서는 Christoph Thiele, Erste Änderung des Kirchenmitgliedschaftgesetzes, in: ZevKR 47 (2002), 79-89을 보라; 이 장과 비교해 Christian Grethlein, „Schön, dass Sie (wieder) da sind! -Widereintritt in der Perspektive der EKD, in: PTh 102 (2013), 20-26도 보라.

하지만 여기에서도 "교회와 교회 탈퇴"에 대한 텍스트와 유사하게 통일성 있는 논증이 이뤄지지 않고 있다. 한편으로 종교 사회학적인 담론으로부터 나온 "교회 결합"이라는 개념을 통해 시도된 것은 "공동체 지향적이지 않은 결합 형태를 책정하고 평가하는 것"이다(21).

다른 한편으로 교회 내적인 담론의 언어에서는 교회 생활이 확인된다.

> 무엇보다 중요한 것은 교회가 형태면에서 항상 장소라는 것이다. 교회에서 기독교 신앙을 특징짓는 것이 무엇인지 경험될 수 있다(44).

세례 프락시스를 위해 교회론을 위해서도 근본적인 용어인 "공동체"에 대한 설명은 행해지지 않고 있다.

7. EKD 교회관청과 개신교자유교회연합(VEF)이 공동으로 출판한 지침서 『정치적 망명 신청자들의 세례 요구와 관련해서』는 전혀 다른 문제에 대해 주의를 기울였다[21]

거기에서 출발점은 다음과 같다.

> 지난해 정치적 망명 신청자들은—혼자인건 가족이건—점점 더 기독교 신앙에 관심을 기울이고 있고, 세례를 받을 수 있는지 교회 공동체에 문의한다. 이러한 것은 정치 망명 신청자들을 위해서만이 아니라, 목사들과 많은

---

[21] Kirchenamt der Evangelischen Kirche (EKD), Vereinigung Evangelischer Freikirchen (VEF) (Hg.), Zum Umgang mit Taufbegehren von Asylsuchenden. Eine Handrichung für Kirchengemeinden, November 2013. 계속해서 괄호 안에 나오는 숫자는 이 소책자의 페이지 수를 가리킨다.

시간 세례를 원하는 사람을 섬세하고 책임감 있게 돌봐주고 기쁘게 그들과 함께 세례를 축하하는 교회를 위해서도 특별한 도전이다(4).

구체적으로 문제가 되는 것은 국가의 입장과 갈등의 가능성이 있다는 것이다. 갈등은 진행 중인 망명 소송 절차나 다시 수용해야만 하는 소송 가운데 세례를 통해 유발된다. 왜냐하면, 몇몇 나라에서는 특히 이슬람 국가에서 세례를 받는다는 것은 고대교회에서처럼 위험한 조처이기 때문이다. 그것은 이제까지의 신앙을 거부한다는 것과 연결되고, 이슬람 법을 엄격하게 해석한다면, 사형이 부가되고(7), 일상의 삶에서 엄청난 불이익을 당하게 되는 것이 당연하기 때문이다. 이러한 것이 망명 소송에서 중요한 점이 될 수 있다는 것은 분명하다.

마찬가지로, 국가의 입장에서 세례에 대해 "스스로 만들어낸 망명 이유"(7)라고 의심한다는 것도 분명하다.

이렇게 어려운 상황에서 이 텍스트는 모든 사람에 대해 근본적으로 개방적인 세례를 구체적인 정치적 상황에서 중재하려고 노력한다. 거기에 더해 그사이 전 유럽에서 유효한 법 상황에 대한 중요한 지침들이 생겨나고 있다(16 이하). 목회적으로 "많은 세례 지원자 단체"를 위한 특별한 세례 강좌가 추천된다(7). 당연히 세례 준비는 서둘러서는 안 되고, 투명하게 이뤄져서 개종의 진지함이 독일 법정 앞에서도 증명될 수 있어야 한다.

종교적 발전 과정이 구체적으로 묘사될수록 관청과 법정은 망명 신청자의 망명 이유를 더 잘 이해할 수 있고 발생 가능한 위태로움을 더 잘 산정할 수 있다(12).

간략하게 세례 동기에 관해서도 관심을 기울이고 있다.

세례를 원하는 난민과의 관계 속에서 생겨나는 경험들은 다음과 같은 사실을 보여준다. 즉 기독교 신앙에 대한 감격과 매력 외에 도망쳐 온 나라와 그 나라의 종교적 특색에 대한 이질감 역시 신앙을 바꾸도록 할 수 있다는 것이다. 그것을 넘어서 많은 사람이 세례를 포괄적인 문화 유입과 연결하는데, 새롭게 갖게 된 신앙 외에도 새로운 고향에 대한 희망과 자유로운 가치에 대한 희망, 진정한 미래와 도피국에서 수락해 줄 거라는 희망이 그것이다(8).

마지막으로 교회 공동체의 "증대"(9)를 지적하고 있지만, 내용이 상세히 설명되고 있지는 않다.

실제로 이 지침서에는 법률적인 관점이 주를 이루고 있다. 이미 서두에 "각각의 교회 법률"(6)의 규정들이 준수돼야 한다는 것이 강조되고 있다. 또한, 난민 수용소에서 세례 때에는 "관할 지역교회로 들어가서 세례"를 받고, 때에 따라서는 "관할 지역 목사의 증명서"를 제출해야 한다(7)는 것을 지적하고 있다. 독일 교회법 규정은 이런 극적인 장소에서조차 세례의—문자적 의미에서 전 지구를 포괄한다는—에큐메니컬한 지평을 가리고 있다.

하지만 지침서에서 긍정적인 것은 망명 지원자 자녀들을 위한 학교 종교 수업에 관해 설명한 것과 난민들을 안내해 줄 때 성가대 지휘자를 염두에 둘 수 있다는 것을 적어놓은 것이다. 왜냐하면, 그들은 그 외에 널리 퍼져 있는 목회적 차원의 세례 프락시스의 협소한 시행을 벗어나기 때문이다.

8. 확실히 위에서 인용한 독일개신교연합(EKD)-문서는 세례라는 주제가 그사이 교회 운영과 교회 운영 위원회(혹은 부)의 의사 일정의 꼭대기까지 올라갔다는 것을 분명히 하고 있다

독일개신교연합(EKD) 문서는 세 개의 중요한 도전을 시사하는데, 그것은 현재의 세례 프락시스에서 나온 것이다.

① 세례에 관한 내용 부각, 특히 에큐메니컬한 맥락에서,
② 사정에 따라-세례와 연결된 공동체 개념의 해명,
③ 세례를 받았지만, 교회를 탈퇴한 사람과의 적절한 관계.

무엇보다 통합 세례 책자는 거기에 더해 중요한 성찰과 다양한 방식을 제안하고 있다. 하지만 거기서부터 세례 프락시스를 위한 설득력 있는 결과를 끌어내지는 못하고 있다.

주목할 만한 것은 독일개신교연합(EKD)-문서가 경험적 연구에서 오늘날 나타나고 있는 수세자 부모들로부터 세례를 둘러싼 노력들과 독립적인 해석들에 전혀 주의를 기울이고 있지 않다는 것이다.

반면에 교의학이라는 담론이 신학 역사적인 연역법과 함께 우세하게 나타난다. "믿음"과 "세례"는 독일개신교연합(EKD)-문서에서는 내용적으로 확실하고, 단지 "전수" 돼야만 하는 개념으로 비치고 있다. 이제는 문법적으로 명사에서 동사로 바뀐[22] 믿음과 세례에서 의사소통의 수행이 중요하다는 것은 망명 지원자들의 세례 요구에 대한 지침에서만 최소한으로 관찰되고 있다. 그와 함께 세례를 원하는 사람들과 수세자들은 세례 이해

---

[22] 이에 대한 유익한 관찰을 위해서는 Erich Fromm, Haben oder Sein. Die seelischen Grundlage einer neuen Gesellschaft, Stuttgart 1976, 30을 보라.

를 위한 그들의 담론과 함께 서서히 사라지고 있다.

오늘날까지 교회 문서에서 법률 조치의 범례(→I.3.1)는 우세하다. 1.3과 1.4에서 수집된 경험적인 자료들은 이러한 것을 많은 사람이 점차로 다르게 본다는 것을 추측하게 한다. 계속되는 강조점들은 루터교와 통합 측 예배서가 포함하고 있다. 새로 태어난 아이에 대한 기쁨처럼 세례를 축하하는 사람들을 종종 만날 수 있는데, 거기에는 이런 사람들의 입장에 대한 관련성이 다시 나타나고 있다.[23]

전체적으로 보면, 세례에 관한 교회 행정적인 문서에서 중요한 문제 영역이 언급되고 있다. 그러나 두드러지게 나타나고 있는 변화에 직면해 아직 통일성 있는 해결책은 제공되지 않고 있다. 교회 행동의 폭력 형성과 권력 형성이 약화하는 것과 교리적인 지침에 방향을 맞추는 것도 세례의 커뮤니케이션 특징을 소홀하게 하는 것이다. 현재의 종교라는 담론에 신뢰성과 생애사 관련성과 같은 근본적인 의사소통의 개념들은 고려되지 않고 있다.[24]

나는 법률적으로 파악된 교회라는 담론에 세례를 엄격하게 귀속시키는 것이 이렇게 비뚤어진 상황으로 이끌었다고 생각한다. 세례의 잠재력과 세례의 언어 운용의 고유한 역동성은 세례를 축하하는 사람들에게서 와는 다르게 그다지 주목받지 못하고 있다. 독특하게도 경험적으로 확인된 수세자 부모들의 진술과 초기 기독교 세례 프락시스의 성인 수세자들의 진술은 교회의 문서보다 더 상세하다.

하지만 이러한 문서에서는 부분적으로 거론된 에큐메니즘이라는 담론

---

[23] 예를 들어, Begrüßung der Taufgemeinde in der Agende für Evangelisch-Lutherische Kirchen und Gemeinden Bd. III. 1, Hannover 1988, 51 이하를 보라.

[24] 여기에 대해서는 예를 들어, ARmin Nassehi, Religiöse Kommunikation: Religionssoziologische Konsequenzen einer qualitativen Untersuchung, in: Bertelsmann Stiftung (Hg.), Woran glabut die Welt? Analysen und Kommentare zum Religionsmonitor 2008, Gütersloh 2009, 169-203을 보라.

이 하나의 새로운 지평을 열어주고 있고, 거기에서 고무적인 것이 기대될 수 있을 것이다.

제3장

비교: 에큐메니즘

로마 가톨릭교회의 에큐메니컬 신학자 요한네스 욀데만(Johannes Oeldemann)은 다음과 같이 확언한다.

20세기 에큐메니컬 운동의 역사를 살펴보면, 즉시 다음과 같은 사실이 분명해질 것이다. 즉 세례를 그리스도인들 사이의 일치에 대해 근본적인 끈으로 이해하는 것은 모든 에큐메니컬한 노력의 기초를 이루고 있는 중심적인 확신에 속한다.[1]

1982년의 소위 『리마 문서』(Lima-Erklärung)에 나와 있는 세례편(→I.7.3)에는 그에 상응하는 노력들이 요약돼 있다. 이 세례 항목은 50년 넘게 작성된 선행 작업에 이러한 노력들을 받아들였고, 그것을 한데 묶었다.[2] 특

---

[1] Johannaes Oeldemann, Ökumenische Konvergenz im Taufverständnis? Das Lima-Papier über die Taufe und seine Bewertung von freikirchlicher und katholischer Seite, in: Walter Klaiber/Wolfang Thönissen (Hg.), Glaube und Taufe in freikirchlicher und römisch-katholischer Sicht, Paderborn 2005, 191-214, 191.

[2] Lausanne(1927)에서 있었던 신앙과 교회법을 위한 운동의 첫 번째 세계회의 이래 그에 상응하는 주제를 참작해 에큐메니컬 토론을 재구성한 것을 보라. Erich Geldbach, Vorgeschichte und Rezeption, in: Konfessionskundliches Institut (Hg.), Kommentar zu den Lima-Erklärungen über Taufe, Eucharistie und Amt (Bensch H 59), Göttingen 1983, 7-14, 9.

히 이 문서는 계속해서 개정돼야만 하는 중요한 주제들을 강조하고 있다.[3] 그래서 나는 여기서부터 시작하려고 한다.

그다음 예시로 다양한 기독교 세례 프락시스를 살펴볼 것인데, 이것은 초교파적인(ökumenisch) 순회가 될 것이다.[4] 로마 가톨릭교회와 정교회 외에, 자유교회의 세례 프락시스에도 관심을 기울이려고 한다. 침례교는 오늘날까지 유아 세례에 대해 반대하고 있고, 부분적으로 초교파적으로 계속돼 온 변형이 있을 뿐이다. 감리교에는 세례와 교회 소속에 대한 특별한 귀속이 있다.

기독교 운동들과 그룹들을 짧게 살펴보면 좀 더 확장된 지평이 열릴 것이다. 이 운동들과 그룹들에는 제한적이나마 세례 프락시스가 있기도 하고, 없기도 했다.

---

[3] 최소한 부분적으로 리마-성명에 연결된 세례에 대한 에큐메니컬한 문서들의 개관은 (2012년까지) 다음의 책에 있다. Karen Westerfield Tucker, Taufe und Ökumene. Ansprache des Präsidiums, in: Martin Stuflesser/Karen Westerfield Tucker/Patrick Prélot (Hg.), Die Taufe. Riten und christliches Leben, Regensburg 2012, 21-33, 21이하.

[4] 독일에 있는 다양한 교회들의 다른 점과 공통점에 대한 훌륭한 조망을 주는 것(Orthodoxe Kirche, Äthiopisch-Orthodoxe Kirche, Armenische Kirche, Römisch-Katholische Kirche, Anglikanische Kirche, alt-katholische Kirche, evagelische Kirche im Rheinland (uniert)/ in Westfalen (uniert), Lippische Kirche (reformiert), evangelisch-methodistische Kirche, Bund Evangelisch-Freikirchlicher Geminden (Baptisten), Bund Freier evangelischer Gemeinden: Mülheimer Verband freikirchlich-evangelischer Gemeinden, Selbstständige Evangelisch-Lutherische Kirche, Herrnhuter Brüdergemeine, Mennonitengemeinde Krefeld): Michael Kappes/Eberhard Spiecker (Hg.), Christliche Kirchen feiern die Taufe. Eine vergleichende Darstellung, Kevelaer 2003; 특별히 관심을 끄는 것은 a. a. O. 50-55에서 개괄적으로 당시의 세례 예전의 구조를 제시하고 있다.

1. 『리마 문서』는 세례에 관한 다섯 개의 장에서 무엇보다 유아 세례를 인정하는 교회와 거부하는 교회 사이의 완고한 적대 상황을 완화하려고 시도한다

거기에서 주도적인 에큐메니컬한 담론은 배제를 피하고 상호 이해를 싹 틔우는 경향으로 나간다.

첫 번째 장과 두 번째 장은 세례 이해를 설명하고 있다. 이를 위해 세례에 관한 중요한 성경 텍스트가 인용되고 있다. 여기에는 이미 묘사했던 이미지(I.1.1)의 다양성과 그와 연결된 해석의 풍부함이 인상적으로 드러나고 있다. 동시에 논평은 "교회들의 무능"에서부터 비롯된 문제점을 지적하고 있는데, "교회들의 다양한 세례 실행 방법들을 하나의 세례에 참여하는 것으로 서로 승인할 것"을 지적하고 있다.[5]

세 번째 장은 "세례 이해에 대한 처음 두 개의 장과 세례 프락시스에 관한 마지막 두 개의 장 사이에서 핵심"[6]을 이룬다. 몇 줄을 할애해 "세례와 믿음"이라는 주제에 대해 다루고 있다. 서두 문장은 끊임없이 주의를 기울여온 긴장에 주목하고 있다.

"세례는 하나님의 선물인 동시에, 이러한 선물에 대한 우리 인간의 응답이다"(11; 8.). 이러한 신학적인 견해는 세례가 "그리스도 안에서 전 생애에 걸쳐 성장하는 것이라는 것과" 연결될 때, 세례가 촉진되도록 한다(11;

---

[5] Taufe, Eucharistie und Amt. Konvergenzerklärungen der Kommission für Glauben und Kirchenverfassung des Ökumenischen Rates der Kirchen, Frankfurt 1982, 11 (6). 이어서 나오는 괄호 안의 첫 번째 숫자는 출판물의 페이지 수를 말하는 것이고, 두 번째 숫자는 문서에 나와 있는 목차를 말하는 것이다.

[6] Johannes Oedemann, Ökumenische Konvergenz im Taufverständnis? Das Lima-Papier über die Taufe und seine Bewertung von freikirchlicher und katholischer Seite, in: Walter Klaiber/Wolfgang Thönissen (Hg.), Glaube und Taufe in freikirchlicher und römisch-katholischer Sicht, Paderborn 2005, 191-214, 196.

9.). 특히 거기에 윤리적인 결과가 속하게 된다.

네 번째 장은 "믿는 사람들의 세례와 아이들(아기)의 세례"를 주제화하고 있다. 두 개의 세례 형태 사이의 공통점은 "세례를 받은 사람은 믿음을 이해하는 가운데 성장"(113;12.)해야만 한다는 불가피성 속에 있다. 거기에 더해 다음과 같은 내용이 등장한다.

> 만약에 세례의 두 가지 형태가 하나님의 고유한 주권을 그리스도 안에 구현하는 것이고, 믿는 사람들의 교제 안에서 주어진 믿음에 대한 응답을 표현하는 것이라는 것을 인정한다면, 유아 세례와 믿는 사람들의 세례 사이의 구분은 좀 덜 날카롭게 될 것이다(13; 12.).

어떠한 경우에든지 두 개의 세례 형태에서 "기독교 가르침에 대한 유사하고 책임 있는 상태"(13; 12.)가 요구되고 있다.

실제에서 나타나는 두 번째 복합 문제로 문서에 언급되고 있는 것은 "세례-기름 부음-입교"이다. 근본적으로 거기에서 "기독교 세례는 물과 성령을 통해 일어나는 것"(14; 14) 이라는 공통점이 드러난다. 하지만 이에 대한 예전적인 표현은 다르다. 특별히 『리마 문서』는 이러한 것을 세례와 성만찬과의 관련성에서 첨예화시킨다.

> 아이들에게 세례를 베풀지만, 입교 전에 아이들이 성만찬에 참여하는 것을 거부하는 교회들은 그들이 세례의 결과들을 완전히 인정하고 수용하고 있는지에 대해 아마도 깊이 숙고하려 해야 할 것이다(15;14.).

끝으로 이 문서는 마지막 장에서 모든 세례 예전에 있어야 하는 요소들을 총괄하고 있다 (→제3부 2.3).

네 번째 장에서 모든 세례 받은 사람을—그사이에 끼어 있는 입교 없이—성만찬에 참여할 수 있도록 허락할 것을 외교적인 어투로 제시하고 있는 권고는 독일 개신교 국교회에서 그 효력이 나타나고 있다.[7] 그 사이 독일에서는 세례받은 아이들이 성만찬에 참여하는 것이 원칙적으로 가능해졌다.[8]

세례에 대한 상호 승인을 강조한 2007년의 "마그데부르크 성명"(Magdeburger Erklärung) 역시 마지막에 명백히 동의하면서 『리마 문서』를 인용하고 있다. 마지막으로 오랫동안 지속해 온 국교회에서의 유아 세례에 대한 집착은 좀 더 나이가 많은 수세자에 대한 관심이 커짐에 따라 후퇴하고 있다. 생활 세계에 근거한 세례 프락시스에서의 변화가 그렇게 하도록 강요하고 있다.

물론 "의견 합의"를 확인할 때는 아무런 변동도 없었고, 노력한 일치에는 도달하지 못했다. 수용 과정에서—개 교회 또는 교회 협의회의 백 개가 넘는 견해가 받아들여졌는데[9]—"성경과 전통에 대한 보다 정확한 관계 규정"이 근본적인 문제로 나타나고 있다.[10] 거기에 더해 직무와 성만찬 이

---

[7] 독일에서는 그 보다 더 선행해 설득력 있는 실천신학 연구가 이뤄졌는데, 본(Bonn)대학교의 박사 학위 논문이다. Eberhard Kenntner, Abendmahl mit Kindern. Versuch einer Grundlegung utner Berücksichtigung der geschichtlichen Wurzeln der gegenwärtigen Diskussion in Deutschland, Gütersloh 1980.

[8] 각각 지교회의 규정에 따라 많은 곳의 교회 공동체는 예배 규정의 담당자로서 구체적인 프락시스를 결정한다. 독일에서는—지역총회와는 반대로—이러한 변화가 아직도 어디에서나 추진되고 있는 것은 아니다. 그러나 이것은 책무 문제라기 보다는 재교육의 문제다.

[9] Max Thurian (Hg.), Churches respond to BEM 6 Bde., Genf 1986-88; 간략하지만 유익한 개관을 다음 책에 나와 있다. Johannes Oedemann, Ökumenische Konvergenz im Taufverständnis? Das Lima-Papier über die Taufe und seine Bewertung von freikirchlicher und katholischer Seite, in: Walter Klaiber/Wolfgang Thönissen (Hg.), Glaube und Taufe in freikirchlicher und römisch-katholischer Sicht, Paderborn 2005, 191-214, 199-212.

[10] Johannes Oedemann, Ökumenische Konvergenz im Taufverständnis? Das Lima-Papier über die Taufe und seine Bewertung von freikirchlicher und katholischer Seite, in:

해와 관련해서 전통적인 차이가 드러난다.

2. 종파에 대한 통계의 측면에서 볼 때, 로마 가톨릭교회의 세례 프락시스는 독일 개신교에 중요하다

다른 종파끼리 결혼한 부부의 수가 많고, 친척과 친구들 무리 가운데 종파가 섞여 있을 가능성은 매우 크다. 그래서 개신교인들은 로마-가톨릭교회의 세례에 참여하게 된다(그 반대도 마찬가지다).

근본적으로 가톨릭에서는 제2차 바티칸 공의회의 자극에 이어 다층적인 성인 세례 교육 과정(SC 64)과 유아 세례의 고유한 의식(Ritus)이 완성됐다(SC 67). "유아 세례 축제"(1971; 1969: "*Ordo baptismi parvulorum*")는 로마식 예전 서식(1614)에 비해 현저하게 짧아졌다(예를 들어, 불어서 털어버리는 축귀적인 행위와 소금 뿌리는 행위가 빠짐).[11] 또한, 전과 같이 대답할 수 없는 젖먹이가 아니라, 이제는 부모와 대부가 직접 그들의 거부와 믿음에 대해 질문을 받게 됐다.

하지만 유아세례는 지금도 입회의 시작일 뿐이고, 세례에 이어 첫 성만찬과 견진성사라는 두 개의 단계가 (대부분) 몇 년의 사이를 두고 뒤따라온다. 그와 함께—독일에서는 언제나 통상적인[12]—첫 성만찬과 견진성사의 터무니없는 순서가 이어 붙이기식의 근본적인 문제로 지적된다. 교구(pfarrgemeindlich) 프락시스에서 거의 (어릴 때) 세례 받은 모든 사람이 첫 성

Walter Klaiber/Wolfgang Thönissen (Hg.), Glaube und Taufe in freikirchlicher und römisch-katholischer Sicht, Paderborn 2005, 191-214, 214.

[11] 개별적으로는 다음에 나와 있는 표현(로마 예전과 비교해)을 보라. Reinhard Meßner, Einführung in die Liturgiewissenschaft, Paderborn ²2009, 118-130.

[12] A. a. O. 141.

만찬에 참여한다. 그러나 그 가운데 단지 약 70%만이 견진성사에 참여한다.[13] 오늘날 독일 가톨릭 신자의 약 3분의 1에게서 입교성사는 불완전한 부분으로 남아 있다.

이러한 것은 "성인의 교회 가입 축제"(1972; "*Ordo initiationis christianae adultorum*")에서와는 다르다.[14] 고대교회를 모범으로 한 성인 입교는 상관 관계 속에서 네 개의 단계에서 이뤄지고 있다.

① 세례 교육 전(前) 과정(첫 번째 접촉)
② 세례 교육 과정(부활절 참회 시기에 있는 더욱 깊은 준비)
③ 부활절 전야에 있는 세 개의 입교 의식 축제
④ 세례 후 교육(신앙의 심화)

역사적인 회고에서 나타나는 세례의 주변화는 예배학적 담론으로부터의 통찰을 수용하는 가운데 여러 번 교정되고 있다.

① 서식 용지는 다시 세례 교육 과정과 관련되어 있고, 그와 함께 세례의 교육적, 혹은 세례 문답 차원을 내세우고 있다.
② 견진성사의 분리는 수정된다.
③ 성만찬을 포함한 축제는 세례를 직접 매 주일 예전과 연결하고 있다.
④ 거기에 더해 부활절 전야에 잡혀 있는 일정은 세례를 그 외 교회 공동체의 예전적인 삶으로 통합하는 것을 가능하게 한다.

---

[13] 독일 주교회의에서 발행된 소책자 Katholische Kirche in Deutschland. Zahlen und Fakten 2011/12 (Arbeitshilfen 257), 15을 보라.
[14] Ernst Werner, Leitlinien der Katechese mit Erwachsenen im Katechumenat, in: Angela Kaupp/Stephan Leimgruber/Monika Scheidler (Hg.), Handbuch der Katechese. Für Studium und Praxis, Freiburg 2011, 375-389.

라인하르트 메스너(Reinhard Meßner)는 다음과 같이 요약한다.

> 이렇게 세례, 견진성사, 그리고 첫 성찬에 대한 일치를 다시 획득하는 것은 유아 세례의 계속된 개혁을 위해서도 모범이 될 수 있다.[15]

하지만 로마 가톨릭교회에서 성인 세례 지원자들의 실제 숫자는 한계에 처해 있다. 2011년에는 성인 세례 지원자(14살 이후)가 3,013명이었고, 올해 수세자는 총 169,599명이었다. 성인 세례 때 예전적으로 단계별로 이뤄지는 세례교육 구상은 현저히 높은 성인 세례의 수를 보유하고 있는 개신교 국교회에 확실히 인기가 있다. 어떤 것들은 수용하기 힘든 것임에도 불구하고 말이다(→4.4).

마지막으로 현재 로마 가톨릭교회의 세례 프락시스 현장에서 에큐메니컬한 프락시스를 어렵게 만드는 한 가지 문제점을 언급해야 한다. 즉 개신교 교인들은 대부가 아니라, 단지 세례 증인으로서만 로마 가톨릭교회에서 세례 때 함께 할 수 있다(CIC can. 874). 이렇게 유감스러운 배제는 종파적인 차이를 근본적으로 상대화하는 세례의 포용적인 특성을 어둡게 한다. 이러한 제한이 반대로는 통용되지 않기 때문에, 에큐메니컬한 프락시스에서 세례는 특히 그래서 불편하다.

3. 현재 약 1,300,000명의 정교회 그리스도인들이 독일에 살고 있다

그들은 각각 국적에 따라 다양한 정교회에 속하는데, 그들 가운데 열 개의 교구가 독일의 정교회 주교 회의에 합병됐다. 국가의 분열과 교인 대부

---

[15] Reihnard Meßner, Einführung in die Liturgiewissenschaft, Paderborn ²2009, 135.

분의 이주 배경 때문에 독일에 직접적으로 미치는 그들의 영향은 적다. 하지만 정교회는 이미 오래전부터 예전과 예배학적인 작업을 위해 서방교회에 중요한 역할을 하고 있다. 그래서 이제부터는 개별적인 전통 사이의 차이에 관심을 기울이기 보다 세례의 예전 형식을 중심으로 다룰 것이다.[16]

오래전부터 정교회에서는 유아 세례가 통상적인 것이었으나, 성인 세례가 언제나 세례 의식을 특징짓는다. 젖먹이의 세례 때에도 세례 전(前) 의식과 세례 후(後) 의식이 거행되는데, 이것은 시간적인 순서에서 모형론적으로 성경의 이야기를 수용한 것이다.[17] 세례 준비는 아기가 태어나자마자 사제가 엄마를 위해 기도하는 "첫째 날 기도"로 시작된다(205).

출생 후 팔 일째 되는 날에 이름 수여를 위한 기도가 드려진다.

사제는 아이에게 성호를 긋고 성전에서의 예수를 묘사하는 찬송을 읽거나 부른다. 거기에서 사제는 시므온처럼 아이를 안고 성경 이야기를 기억하면서 아이를 보호해 줄 것을 마리아에게 간청한다(205).

사십일 째 되는 날에 남자아이에게 세례가 베풀어진다. 더불어 성전에서의 예수에 관한 묘사와 연결된다.[18] 세례는 엄마와 아이 및 대부의 환

---

[16] 이에 관해서는—특히 다른 교회의 세례의 다양한 승인 프락시스와 관련해—다음을 보라. Karl Cristian Felmy, Einführung in die orthodoxe Theologie der Gegenwart, Berlin ²2011, 227-236.

[17] 나의 설명은 다음의 책에 나온 개관을 따른 것이다. Hans-Dieter Döpmann, Die orthodoxen Kirchen in Geschichte und GEgenwart (Trierer Abhandlungen zur Slavistik 9), Franfurt ²2010, 204-208, 여기에서 중점은 동방 정교회에 놓여 있다. 계속해서 괄호 안에 나오는 숫자는 이 책의 페이지를 가리키는 것이다. 다양한 정교회 전통에 대한 상세한(그리고 정말 복잡한) 개관은 다음 책에 나와 있다. Bruno Kleinheyer, Sakramentliche Feiern I. Die Feiern der Eingliederung in die Kirche (GDK 7,1), Regensburg 1989, 78-86.

[18] 여자아이의 경우에는 출생 후 팔십일 째 되는 날에 세례 일정이 잡힌다(Michael Kappes/Eberhard Spiecker (Hg.), Christliche Kirchen feiern die Taufe. Eine vergleichende Darstellung, Kevelaer 2003, 6을 보라).

영 후에 사제를 통해 교회 문에서 시작하고 "세례 교육 의식"을 함께 거행한다.

사제는 십자가와 복음서를 성경 낭독대에 올려놓는다. 사제는 "깨달음을 위해 오는 사람의 허리띠가 풀려 있는지" 확인한다. 그리고 사제는 복종적 자세의 표현으로서 얼굴을 "동쪽으로 돌리고, 늘어뜨린 팔과 하얀 가운만을 입은 채 허리띠 없이 모자를 벗고 맨발인"(…) 수세자를 세운다.
사제는 십자가 형태로 세 번 수세자의 얼굴에 입김을 불어 넣고, 그에게 세 번 이마와 가슴에 십자가 성호를 긋는다(인침). (…) 안수하면서 수세자가 "하나님의 유업 무리에 들어가기를," 수세자가 생명의 책에 기록되고 장차 하나님의 뜻에 따라 살기를 기도한다.
세례 교육 의식에는 성인세례와 마찬가지로 유아세례 때에도 네 번의 축귀와 "마귀에 대한 거부와 그의 천사"가 포함돼 있다. (…) 세 개의 거부는 (…) 불결한 영들인 악마에 대한 것이고 네 번째 (…) 악마에 대한 거부는 기도 때문이고 사제의 세 번의 질문에 의해 덧붙여지는데, 그 질문들은 유아들을 위해 남자아이의 경우에는 대부가, 여자아이면 대모가 대답한다.
이렇게 죄악과 교만과 외람됨과의 관계를 끊는 것은 시선을 서쪽으로 향하면서 일어나는 반면, 예수에 대한 승낙은 수세자가 대부로 인해 동쪽 방향에서 세 번 일어난다.
"나는 예수님과 연결돼 있습니다."
다시 한번 다음과 같이 묻는다.
"그리고 당신은 그를 믿습니까?"
그에 대한 대답이 이어진다.
"나는 주님과 하나님이신 그를 믿습니다."
그러나 하나님에 대한 믿음만으로는 충분하지 않기 때문에 (…), 그리스도에 대한 동시적인 신앙고백과 함께 그에게 삶을 헌신하겠다는 각오를 밝힌다. 수세자 혹은 대부는 이제 니케아-콘스탄티노폴 신경(Nizänokonstantinopolitanisches Glaubensbekenntnis)을 외우고 무릎을 꿇고 다음과 같은 말을 한다.
"나는 아버지와 아들과 성령, 한 본질이시고 나눠질 수 없는 삼위일체께 엎드립니다."
사제는 세례 교육 의식을 기도로 마친다.
"주님! 우리의 하나님, 당신의 종(여종)을 당신의 거룩한 영광을 위해 부르시고 그(녀)를 당신의 거룩한 세례의 크신 은혜에 합당하게 하옵소서"(206 이하).

이제야 비로소 세례가 시작될 수 있는데, 세례는 교회나 혹은 고유의 세례당에서 거행된다. 세례 반 주위에 세 개의 초가 삼위일체에 대한 징표로 켜진다. 물로 세례를 주는 행위 전에—유향으로 공간을 연출한 후에—세례수 봉헌(중보 기도를 포함한 스무 번의 청원)과 세례 전 기름 부음을 위한 기름의 봉헌이 성행된다. 수세 자의 이마와 가슴과 어깨에 기름을 바른다. 세 번의 완전한 침수(혹은 물에 잠기거나 물을 부음)를 통해 세례가 이뤄진다. 그때 사제는 삼위일체에 대한 세례 문구를 말한다. 대부와 교회 공동체의 아멘이 뒤이어 나오고 시편 31편을 노래한다. 그리고 나서 수세자는 하얀 가운을 입는다.[19]

다음 단계로 견진성사가 이어진다. 그것을 위해 사제는 수세자에게 손을 올려놓고—다른 기름으로—이마와 몸에 기름을 바른다. 이어서 의복을 입은 후에 수세자는 왕관을 쓴다(그리고 허리에 띠를 두른다).

장엄한 성만찬이 세례 축제의 끝을 장식하는데, 이 성만찬에 수세자가

19　계속해서 나는 다음의 책을 따를 것이다. Bruno Kleinheyer, SAkramentliche Feiern I. Die Feiern der Eingliederung in die Kirche (GDK 7,1), Regensburg 1989, 81.

참여하고 필요에 따라서는 그 전에 성찬대로 가기 위해 교회로 장소 이동이 이뤄진다. 성경 낭독과 성만찬 후에 우유와 꿀이 제공된다.

세례 후 의식으로 8일 후에 왕관을 떼어내고, 허리띠를 풀고 또 다른 의식이 거행된다.

고대 담론에서 나온 정교회에서의 예전 전통의 직접적인 진행은 두 개의 측면을 지니고 있다. 하나는 징표들의 풍성함이 오늘날의 많은 사람에게 과하게 느껴진다는 것이다. 그 외에도 "세례 교육"-의식이 6주밖에 되지 않은 아이에게 적합하지 않다는 것은 분명하다.[20] 그러나 두 번째로 세례의 중요한 의미가 인상적으로 펼쳐질 가능성을 얻는다.

전체적인 과정적 성격, 감각적으로 경험할 수 있는 성경 이야기와의 연결, 입회 의식의 통일성은 서술했던 것처럼 서방교회의 예전 전통에서 세례가 주변으로 밀려난 것을 교정할 수 있는 중요한 동인이다.

4. 동방정교회에서는 갓난아이의 세례가 통상적인 것이다

동시에 그들이 가지고 있는 하나님 신앙에 대한 중요한 표현이다. 하지만 침례교는 그들이 생성된 이래 이러한 세례 방식을 비판해 왔다(침례교 생성에 대해서는 I.7.2). 반면에 통일된 "침례교" 입장을 재구성하는 것은 어려운 일이다. 교회들 각각은 개별적으로 중요하게 여기는 부분이 있고 다양한 국제적 배경들 때문에 서로 다른 프락시스와 해석들을 가지고 있다. 그러나 침례교회에서 공통적인 것은 소위 믿음 세례이다. 세례는 신앙고

---

[20] 비판적으로 덧붙일 수 있는 것은, 개회 의식 때 남자와 여자 수세자들 사이에 구분이 있다는 것이다. 단지 남자 수세자들만 사제에 의해 성찬대가 있는 장소로 이동되고 그들에게만 예전적인 기구들에 대해 설명해 준다는 것이다.

백에서 말로 표현할 수 있는 수세자의 믿음을 전제한다.[21] 따라서 중심 무게는 신앙고백이라는 담론에 놓여 있는 것이다.[22] 그에 상응해 침례 교인은 긴급 세례(Nottaufe)를 거부한다.[23]

대개 침례 교인과 에큐메니컬한 대화의 중심에는 유아 세례 승인에 대한 문제가 있는데, 유아 세례를 베푸는 교회에서 침례교로 이적하려고 할 때 생길 수 있는 문제다. 침례교에서 실제로 (유아 세례를 행하는 교회가 보기에) "재세례"가 물론 강제적인 것은 아니다. 예를 들어, 미국에는 개종자들이 자신들의 신앙을 고백하고 이전의 자신의 세례를 믿음의 의식으로 이해한다면, 재세례를 포기하는 침례교 교회들이 있다.[24] 안드레 하인츠(André Heinz)도 새롭게 교회로 온 그리스도인이 "어릴 때 받은 세례에서 하나님을 통해 창조된 새로운 생명의 실재로의 인도를 알고 받아들일 수 있다면," 예배에서의 "세례 회상"을 충분한 것으로 간주한다.[25]

마크 하임(Mark Heim)은 아이들에게 세례를 주는 교회를 비판하는 침례교의 이러한 배경 때문에 간접적으로만 침례교 세례 프락시스에 대한 질문을 주시한다. 오히려 그는 교회 이론의 영역에서 토론의 부족을 제기한다.

---

[21] André Heinz, Glaube und Taufe als Initiation. Exegetische Anmerkungen aus baptistischer Sicht, in: Walter Klaiber/Wolfgang Thönissen (Hg.), Glaube und Taufe in freikirchlicher und römisch-katholischer Sicht, Paderborn 2005, 49-70, 49-52를 보라.

[22] Thomas Halbrooks, Baptisten I. Konfessionskundlich, in: [4]RGG Bd. 1 (1998), 1091-1094.

[23] Michael Kappes/Eberhard Spiecker (Hg.), Christliche Kirchen feiern die Taufe. Eine vergleichende Darstellung, Kevelaer 2003, 78.

[24] Mark Heim, Baptismal Recognition and the Baptist Churches, in: Michael Root/Risto Saarinen (Hg.), Baptism & the Unity of the Church, Grand Rapids 1998, 150-163, 160.

[25] André Heinz, Glaube und Taufe als Initiation. Exegetische Anmerkungen aus baptistischer Sicht, in: Walter Klaiber/Wolfgang Thönissen (Hg.), Glaube und Taufe in freikirchlicher und römisch-katholischer Sicht, Paderborn 2005, 49-70, 68.

침례 교인은 일반적으로 세례를 받고 그리스도에게 속하는 것과 개별적인 교파가 아닌, 보편적인 교회에 속하는 것을 하나라고 생각한다.[26]

마크 하임은 (대부분의) 침례교 교회에서는 세례와 교회 회원 사이에 구분이 있다는 것을 지적한다. 그래서 교회 지도부는 세례를 받은 사람을 교회에 수용하기에 앞서 먼저 시험한다.

침례교의 정책과 프락시스에 대한 지침서들은 어떤 사람을 교회 회원으로 수용해도 좋은지를 결정하기 위해서 일반적으로 세 개의 방법에 주목하는데, 그것은 침례(믿는 사람의 침례를 의미), 체험, 증서다. "체험"은 그리스도 안에서 직접적이고 개인적인 신앙고백을 나타내고, 그리스도와 관계의 경험은 사람이 구원받은 증거를 나타낸다. "증서"는 그 사람이 침례를 받았고 교회 회원이라고 확증하는 다른 그리스도 공동체로부터의 증명 서류를 가리킨다.[27]

이렇게 세례와 (조직상의) 교회 회원 사이의 관련성이 상대적일 때, 개인과 하나님과의 관계의 의미는 우위를 차지한다. 그에 비해 독일 국가교회 세례 프락시스가 오늘날까지 규정하고 있는 법이라는 담론은 감퇴하고 있다. 거기에서 긍정적으로 강조될 수 있는 것은, 이러한 프락시스에서는 세례 자체의 중요성이 유지되고 세례가 교회 가입으로 "쇠퇴하지" 않는다는 것이다.[28] 개인의 입장과 결정의 이러한 진지함은 근본적으로, 무의식

---

[26] Mark Heim, Baptismal Recognition and the Baptist Churches, in: Michael Root/Risto Saarinen (Hg.), Baptism & the Unity of the Church, Grand Rapids 1998, 150-163, 155.
[27] A. a. O. 159. 각주, 12.
[28] André Heinz, Glaube und Taufe als Initiation. Exegetische Anmerkungen aus baptistischer Sicht, in: Walter Klaiber/Wolfgang Thönissen (Hg.), Glaube und Taufe in freikirchlicher und römisch-katholischer Sicht, Paderborn 2005, 49-70, 67.

적으로 기관에 들어가는 것보다 다원주의 사회에서의 삶의 방식에 더 적합하다.

하지만 현실적으로 세례 연령에 대한 질문이 제기된다.[29] 그 외에도 신앙고백이라는 우세적인 담론의 약점으로서 인식론적인 제약 때문에 신앙고백을 말로 표현할 수 없는 사람들을 배제하는 문제가 남는다.

예시가 암시한 것처럼(→1.3), 바로 그런 사람들에게 세례는 특별한 의미를 지닐 수 있는 것이 아닐까?

5. 방금 언급했던 세례와 명백한 법적 결과를 지닌 교회가입의 분리는 마찬가지로 개신교 감리교에도 있다

방금 말했던 침례교 교회와는 반대로 감리교 교인들은 처음부터 아이들의 세례를 실시하고 있다. 그래서 1784년 존 웨슬리에 의해 작성된 "신앙조항"(Articles of Religion)의 17항에는 다음과 같이 간결하게 쓰여 있다.

> 어린아이들의 침례는 교회 안에서 계속 유지돼야 한다.[30]

---

[29] 이에 대해서는 다음을 보라. Birgit Marchlowitz, Freikirchlicher Gemeindeaufbau. Geschichtliche und empirische Untersuchung baptistischen Gemeindeverständnisses (APrTH 7), Berlin 1995, 159-162; Volker Spangenberg, Religiöse Sozialisation, Taufpraxis und Gemeindemitgliedschaft. Kinder und Heranwachsende in baptistischen Gemeinden, in: Walter Klaiber/Wolfgang Thönissen (Hg.), Glaube und Taufe in freikirchlicher und römisch-katholischer Sicht, Paderborn 2005, 155-171, 162. 각주 11.

[30] Manfred Marquard, Taufpraxis, religiöse Sozialisation und kirchengliedschaft in der Evangelisch-methodistischen Kirche, in: Walter Klaiber/Wolfang Thönissen (Hg.), Glaube und Taufe in freikirchlicher und römisch-katholischer Sicht, Paderborn 2005, 135-153, 136. 계속해서 나오는 괄호 안의 숫자는 이 논문의 페이지를 가리키는 것이다.

그사이에 이러한 것이—감리교회에서도 부모가 아이들이 스스로 결정하도록 놔두려고 하는 것 때문에—교회 규정에서 약간 수정됐다.

예수 그리스도를 통한 하나님의 사랑은 복음 안에서 모든 사람에게 유효하기 때문에 교회는 세례를 베푼다. 교회는 아이들과 어른들에게 세례를 베푼다(143).

물론 아이의 세례와 법적으로 유효한 교회 회원 자격이 자동으로 연결되는 것은 아니다. 오히려 다음과 같은 것이 유효하다.

세례받은 아이들은 교회 소속으로서 교회에서 지도를 받는다. 교회 회원으로 받아들여지는 것은 세례받은 사람들의 신앙고백에서 성취되는데, 그들 스스로가 그에 대한 준비가 돼 있다고 할 수 있게 됐을 때이다. 즉 스스로 그에 관해 결정할 수 있고 그것에 관해 결정을 내렸을 때다. 교회 소속의 명단에는 세례받지 않은 아이들도 그들 부모의 신청으로 이름을 올릴 수 있고, 다른 교회에서 세례받은 성인들이 (아직) 개신교 감리교회의 지체가 되기를 원하지 않을 때도, 명단에는 이름을 올릴 수 있다(143).

이 뒤에 깔린 세례에 대한 이해는 세례를 베풀 때 성직자의 말에서 표현된다.

누구(이름)여, 나는 너에게 성부와 성자와 성령 하나님의 이름으로 세례를 주노라. 우리는 네가 예수 그리스도에 대한 믿음 안에서 자라나고, 예수 그리스도를 선택하고 교회의 살아 있는 지체로서 신앙고백할 수 있기 위해 너를 기독교 교회의 사귐에 받아들이노라(144).

거기로부터 나오는 결과는 아이들의 교육을 위해 진력해야 하는 감리교 교회의 의무이다. 장로 취임식 때에 아이들은 비할 나위 없는 인격체 무리로 특별히 언급된다(146).

확실히 감리교회에서 세례를 법적인 것으로 변형시키지 않고, 세례와 교회 소속의 관련성을 고수하는 흥미로운 모델을 만나게 된다. 교회 소속과 교회 회원 자격이 구분되면서 세례와 교육의 관련성이 지켜지고 있다.

6. 지금까지 다루었던 세례 실천의 형태들에 비해 "오순절교회"(Pentecostals)의 경우에, 다른 삶의 세계와 표상 세계를 만나게 된다[31]

독일에서 오순절 운동은 현재 아주 널리 퍼져 있는 것은 아니지만, 오순절 운동은 전 세계적으로 가장 빠르게 성장하는 기독교 단체를 형성하고 있다. 이 단체는 다시금 그 안에서 다양성을 지닌다. 그들의 회원들에게 공통적인 것은 구체적인 실천인데, 예수 그리스도와의 관계를 표현하고, 공고히 하는 것이다. 그에 대한 예시로 오순절 운동의 시작이라고 공통적으로 말하는 로스앤젤레스(Los Angeles, 1906-1909)의 아주사 거리 집회(Azuza Street Treffen)를 볼 수 있는데, 거기 참석자들은 방언을 했다.

그 사이 오순절 운동은 다양하게 분리 독립하였고 북아메리카와 유럽 외에 특히 아프리카와 남아메리카에 퍼졌다. 거기에서 중산층에 맞추어진 독일 개신교 신학이 주먹을 끌 만한 것이 있는데, 그것은 오순절교회인데, 이는 가난하고 형식적인 교육을 잘 받지 못한 사람들이 주요 범위를 이루고 있다는 점이다.

---

[31] 이러한 교회 파의 특색에 대한 간략한 소개는 다음을 보라. Eberhard Hauschildt/Uta Pohl-Patalong, Kirche (Lehrbuch Praktische Theologie 4), Gütersloh 2013, 234-240.

이 책에서 이러한 운동에 대해 상세하게 묘사하거나 비판적으로 분석할 수는 없다. 오히려 나에게 중요한 것은 이 운동의 예에서 세례에 대한 전혀 다른 접근을 보여주는 것이다. 그것은 적어도 독일 국교회 세례 프락시스에 줄 수 있는 몇 개의 고무적인 질문들을 포함하고 있다.

부분적으로 이 운동의 몇 안 되는 학문적인 형태와 그것의 불일치 때문에 나는 영국 리젠트신학대학(Regent Theological College)에서 가르치는 케이트 워링턴(Keith Warrington)이 내놓은 "오순절신학"에 대한 습작에 따라 이에 관해 연구하고 안내하려고 한다. 그 글에서 그는 가능한 한 많고 다양한 오순절신학의 입장을 수용하려고 시도했고, 그에 상응하는 담론들에 대한 유익한 통찰들이 나왔다.

"오순절신학"에서 근본적인 것은 물 세례와 성령 세례의 구분이다. 대부분의 오순절 교인들은 대개 성인들로서 물 세례를 받는다. 하지만 물 세례의 구원론적인 이해는—성례의 개념으로 표현하자면—거의 거부된다. 물로 (종종 물속에 들어감으로) 세례를 받는다는 것은 "예수님의 명령에 대한 복종의 표시"로 여겨진다.[32]

대개 거기에서 삼위일체 표현이 사용된다. 그러나 예수 그리스도의 이름 또는 "주 예수"의 이름으로 세례를 베푸는 공동체도 있다(163). 내용적인 이해에서 다양한 성경 본문들이 사용되고 있다. 성경 본문들은 물 세례를 회개, 죄 사함, 그리스도와의 연결 등의 의식으로 이해하도록 한다. 하지만 대개 성령 세례를 받는다는 해석은 거절된다.

성령은 소위 성령 세례에 속한 것으로 간주되는 데 성령 세례는 오순절 그리스도인들의 삶과 경건을 위해 물 세례보다 훨씬 중요한 의미를 지니고 있다. 그와 동시에 그들은 감리교인들의 언어 사용과 19세기 성결교회

---

[32] Keith Warrington, Pentecostal Theology. A Theology of Encounter, London 2008, 162 이하. 계속해서 괄호 안에 나오는 숫자는 이 책의 페이지를 가리킨다.

의 추종자들과 접목한다. "성령 세례"(Baptism in Spirit)는 "성화의 경험과 연결된 것이고, 회심 후에 일어난다고 믿는"(96) 하나의 사건으로 불린다.

거기에서 중요한 의미는 성령 세례가 구체적인 경험 속에서 나타난다는 것이다. 고린도전서 12:10에 나와 있는 9개의 은사, 특히 방언의 은사가 성령 세례의 표현으로 간주된다(120이하). 그 사이 오순절 신학자들 사이에서 많은 추종자가 이러한 특별한 표현 형태에 집착하는 것이 빠르게 퍼짐으로써 생겨나는 문제에 관한 상세한 논쟁이 있었다. 엘리트 의식과 그와 함께 그리스도인 됨의 일상적인 형태에 대한 부정적인 평가와 같은 곤란한 발전들과 또는 구원론적인 견해를 희생시키며 경험을 지나치게 강조하는 것에 대한 비난은 많은 곳에서 간과될 수 없다.

성경적으로 봤을 때, 누가와 바울에게서 나타난 "성령"에 대한 다양한 의미의 조정이 중요하다. 바울에게서 "성령"은 구원론적으로 이해되고, 근본적으로 회심을 일으키지만, 누가는 성령을 선교적인 능력("권능 부여와 선포," 126)과 동일시한다. 케이트 워링턴(Keith Warrington)은 그리스도인 됨은 전체의 영적인 차원을 이해할 수 있는 틀로서 바울의 성령 이해를 지지한다(128).

이러한 문제를 제외하면, 확실히 성령의 경험에 대한 깊은 갈망을 확인할 수 있다(130). 오순절교회에서 "성령"은 일종의 추상으로서가 아니라, 구체적인 경험 가운데에서 활동하는 능력으로 이해된다. 이러한 것은 형식적 교육을 적게 받은 사람들과 가난한 사람들에게 중요한 매력이 될 수 있다. 이들은 자신들의 삶에서 예를 들면, 육체 노동에서 계속 감각적이면서 직접적인 경험에 직면하는 사람들이다.

물 세례와 성령 세례의 구분이 성경적으로 또는 조직신학적으로 문제가 있는 것처럼 보일지라도, 세례와의 관련성 속에서 경험과의 관련성을 강조하는 것은 시선을 끈다. 그것은 경험이라는 중요한 담론에 연결할 뿐만 아니라, 세례의 수행적인 성격에 관한 관심을 강화한다. 이러한 성격은 오랫동안 정통 의식 거행 뒤편으로 사라질 위험에 처했다. 그뿐만 아니라 성령 세례라는 개념은 늦어도 견진성사의 분리 이후 존속해 온 문제, 즉 세례와 성령의 관련성을 경험적으로 표현하는 문제를 지적하고 있다.

7. 짧게나마 (필수적인) 세례를 인정하지 않는 기독교 공동체를 살펴 보려고 한다

여기에서 다시 그리스도 혹은 하나님과의 개인의 내적인 관계에 집중하는 아주 신비주의적인 경건을 만나게 된다(→I.5.4). 그런 경우 세례처럼 감각적으로 감지할 수 있는 것은 부차적인 것이거나 불필요한 것으로 간주된다.

전통적으로 세례 없이 신앙의 삶을 사는 사람들은 소위 퀘이커교도들이다. "종교적 친우회"(퀘이커교의 공식 이름-역주)의 첫 번째 회원은 17세기 중엽에 특히 영국교회의 분리주의 무리들과 비국교파 침례 교인들로 구성됐다.[33]

거기로부터 그들의 세례 거부도 설명될 수 있다. 세례라는 의식은 한편으로 국교회의 사제들에 의해 성취되는 국교회로의 소속 의식으로 의심스럽게 보였다. 다른 한편으로 성령 세례의 신학적인 구상은 유아 세례 프락시스와 모순됐다. 이미 조지 폭스(George Fox)는 성경에 영감을 불어 넣으신 성령에게 직접 접근하는 것이 가능하다는 사실에서 출발하고 있다.

계속적인 내부의 논쟁과 분열을 통해 발생한 서로 다른 교리 또는 그에 대한 해결 방법과 이 친우회에서의 특별한 모임 형태들은 복원될 수도 없

---

[33] Wilmer Cooper, Quäker, in: TRE Bd. 28(1997), 35-41, 35.

고, 지금 복원해야 하는 것도 아니다.³⁴ 흥미로운 것은 오히려 그들이 세례를 비판했던 두 가지 배경이다.

첫째, 국가 종교 기관에 대한 초기의 비판은 심사숙고하게 한다. 그것은 신앙고백과 사제직 외에, 세례 역시 국가 종교 기관에 속한 것이라는 비판이다.³⁵

둘째, 오늘날까지 퀘이커교도의 사회적이고 평화주의적인 위대한 책임감은 깊은 인상을 주는데, 이러한 책임감은 특별한 방식으로 정치라는 담론과 연결돼 있다. 그 배경을 이루고 있는 것은 믿음은 직접적으로 실천과 연결돼 있다는 인식이다.

그와 함께 이러한 인식은 특히 미국에서 확산된 신앙 공동체에서 국가 교회 세례 프락시스의 두 가지 문제점에 주목하게 한다. 즉 정통 형식을 강하게 따르면서 생기는 경직과 세례 프락시스에서 윤리적 차원이 포괄적으로 상실된 것이 그것이다.

전혀 다른 배경에는 목표 설정에서는 부분적으로 유사한 무교회주의(Mukyokai)의 세례의 상대성이 (그리고 부분적으로는 부정이) 있다. 간조 우치무라(Kanzo Uchimura)로 소급한 이러한 일본 신앙 운동은 (문자적으로 번역하면 "무-교회-운동"이다³⁶) 세례를 꼭 필요한 것은 아니라고 여긴다. 1878년 대학생일 때 처음 감리교 선교사에 의해 세례를 받은³⁷ 우치무라의 신학적

---

34 Wilmer Cooper, A Living Faith. An Historical Study of Quaker Beliefs, Richmond 1990.
35 Wilmer Cooper, Quäker, in: TRE Bd. 28(1997), 35-41, 36.
36 번역의 어려움과 뉘앙스에 대해서는 다음을 보라. Hannelore Kimura-Andres, Mukyokai. Fortsetzung der Evangeliums-Geschichte (Erlanger Monographien aus Mission und Ökumene), Erlangen 1984, 5-8.
37 대학 강사 클락(Clark)를 통한 강령적이고 교의학적이지 않은 기독교와 그의 첫 번째 만남에 대해서는 다음을 보라. a. a. O. 32-38. 계속해서 괄호에 나오는 숫자는 이 책의

출발점은 십자가-경건과 더불어 예수-경건인데, 그는 이러한 것이 성령을 통해 전수되는 것으로 봤다(116).

> 나에게 기독교는 없지만, 나사렛 예수가 있습니다. 나에게 교회는 없지만, 예수와 함께하는 형제 공동체가 있습니다. 나는 교리를 가지고 있지 않지만, 예수의 가르침과 모범을 가지고 있습니다. 예수는 나의 종교이고, 나의 교회이고, 나의 교리입니다. 예수 외에 나에게 필요한 것은 아무것도 없습니다(인용 124).

거기에서 우치무라에게 중요한 것은 그가 이러한 십자가 신앙을 1886년에야 비로소 즉 세례 이후에 경험했다는 것이다. 그의 고유한 견해에 따르면, 그가 비로소 그리스도인이 된 것은 이미 얼마 동안 교회 회원이 되고 난 이후였다. 그때부터 그에게 교회 회원이라는 것은 그다지 중요하지 않은 것으로 비쳤다. 의사소통 면에서 흥미로운 것은, 그가 자신의 교리를 무엇보다「무교회주의」라는 이름의 잡지를 통해 확산시켰다는 것이다.

그는 그 잡지를 "외진 지역에서 교회에 나가지 않거나, 어떤 이유로 인해 교회를 방문할 수 없거나, 방문하기를 원하지 않는 사람들"에게 썼다. "무교회주의"는 이러한 무-교회-신앙인들 사이의 연결 수단이다(인용 122).

그와 함께 그는 근본적으로 교회라는 우위 담론과 지금까지의 교회 기관의 형태와 결별했다.

페이지를 가리키는 것이다. 이 책 속에는 우치무라(Uchimura)의 수많은 (번역된) 인용들이 나와 있다.

만약에 우리가 하나의 교회를 가지고 있다면, 그것은 우리가 하나님을 섬기고 찬양하는 곳인 우리의 가족, 우리의 기숙사 방, 사무실, 전답, 사업장이다(인용 123).

교회의 모든 조직적인 것들을 이렇게 상대화하는 것이 세례에까지 미쳤다. 결정적인 것은 믿음이다. 그래서 우치무라는 이렇게 썼다.

먼저 하나님께 기도하라. 그리고 별로 쓸모없는 세례가 주의를 끌지 못하게 하라(127).

세례, 통틀어 성례는 그것의 확고한 의식화 속에서 법적으로 교회의 권력을 뒷받침하기 위한 것으로 비쳤다. 그와는 반대로 그에게 성령의 은사는 결정적인 것으로 여겨졌다.

또한, 여기에서 주목할 만한 것은 경직됐다고 느껴지는 교회를 거부하고, 동시에 엄격히 예수에게 집중하는 것이 어떻게 세례에 대한 비판으로 이어지는가 하는 것이다. 더욱 정확히 말해, 구분의 문자적인 의미에서 말이다. 우치무라는 세례를 전적으로 거부한 것이 아니라, 세례 프락시스가 ―혹은 무-프락시스―그에게는 결정적인 것이 아니었다. 세례는 그에게 신앙을 위한 조건으로 여겨지지 않았다.

이러한 것을 그는 자신의 전기(傳記)를 근거로 들고 있다. 그 자신에게 세례와 그리스도인 됨은 동시에 발생하지 않았다. 그런데도 그는 개인적으로 고령이 될 때까지 그가 세례 받은 날을 감사하게 기억하고 있다. 물론 이날에 근본적인 신학적 의미를 부여하는 것은 아니지만 말이다.

이 두 개의 기독교 공동체에 있어서 세례의 거부 혹은 세례에 대한 과소평가는 근본적으로 교회 비판과 밀접하게 관련돼 있다. 세례는 당시 영국에서의 공동체 창립자들에게는 국가적으로 규제하는 정통 의식으로, 일본에서는 외부에서 오는 의식으로 경험됐다. 둘 다 오로지 고유한 신앙의 대상인 예수와는 관계가 없다. 그 외에 일본에서는 그리스도인들이 흩어져서 신앙생활을 하고, 유럽이나 미국에서 생겨난 교회 공동체의 전통적이고 사회적인 기독교 조직을 가지지 않게 됐다.

이러한 배경은 오늘날까지 독일교회 규정에서 세례를 교회(조직)에 들어가는 것이라는 집중적인 생각에 비판적인 영향을 미친다(→2.1).

8. 단지 예시적으로밖에 살펴볼 수 없었지만, 다른 교회들과 다른 기독교 공동체들의 세례 프락시스는 다양한 자극들을 제공한다

『리마 문서』는 지난 10년 동안 있었던 세례에 관한 에큐메니컬한 다양한 노력들을 위한 기초를 형성하고 있다. 근본적으로 『리마 문서』는 세례의 과정적 성격에 주의를 기울이고 있다. 이러한 과정적 성격은 특히 교회에게는 교육적인 도전을 포함하고 있다. 그 외에 『리마 문서』는 세례 받은 아이들이 성만찬에서 제외되고 있다는 점에서 세례와 성만찬이라는 담론 사이의 신학적인 긴장을 지적하고 있다.

로마 가톨릭교회는 성인 세례에 대한 포괄적인 단계를 만들면서 최소한 여기에서는 입회 의식과의 관련성을 재획득하도록 하고 있다. 거기에 더해 교육적인 차원과 그 외 교회의 예전적인 생활과의 관련성이 분명해지고 있다.

예전 형식을 위해서만이 아니라, 정교회 세례 예전은 풍부한 재화를 지니고 있다. 특히 정교회 세례 예전은 세례 예배와 더불어 세례라는 담론의 자체 중요성에 강하게 주의를 기울이도록 한다. 이러한 중요성은 세례가 소위 주일 예배 안으로 귀속될 때 상실하게 됐다.

인상적인 것은 상당수의 침례교 교회들이 구체적인 사람들의 입장을 진지하게 수용한다는 것이다. 그래서 이미 유아 세례를 받은 사람이 새로 침례교에 들어왔을 때 전통적인 교리가 아니라, 구체적인 사람들의 고유한 평가가 세례를 받을 것인지 아닌지를 결정한다.

감리교회에서의 교회 소속과 교회 회원 사이의 구분은 교회를 위한 세례의 의미를 보존하고 동시에 세례의 법적인 변화를 막을 가능성을 열어준다.

성령 세례와 물 세례의 엄격한 분리는 성경적이면서 조직신학적으로 문제가 있는 것으로 보인다. 하지만 오순절교회에서 성령 세례의 강조는 경험과 관련돼 있고, 실제적인 세례의 의미에 주의를 기울이게 한다. 그들은 세례 프락시스를 일상에서 중요한 담론인 경험과 윤리에 연결하고 있다.

마지막으로, 개별적인 기독교 공동체들의 세례 비판적인 태도는 그리스도 관련성과 교회적으로 형성된 세례 프락시스의 관련성을 새롭게 생각하도록 경고한다.

독일 개신교 국가교회의 세례 프락시스는 초교파적으로 다양한 도전을 받고 있다. 다음에 서술될 세례 프락시스 모델들은 물론 부분적으로 이에 대한 첫 번째 건설적인 응답으로 이해될 수 있을 것이다.

제4장

실천: 자극들과 모델들

1980년대 말 이후 독일에서는 계속해서 세례 프락시스 갱신을 위한 제안들이 나왔다. 독일개신교총회(Deutsche Evangelische Kirchentag)는 세례 포럼을 갖고 1989년에는 베를린에서, 1995년에는 함부르크에서 적절한 의견교환을 위한 기초를 제공했다. 페터 코르넬(Peter Cornehl)은 회상하기를 이러한 노력들과 연결된 불안정성을 이렇게 확언한다.

"세례는 어쨌거나 거기에 있고 그리고 이해하기 어렵다."[1]

그에 대한 실제적인 근거는 다음과 같다.

"세례는 삶의 다양성의 한 현상이고, 그리고 바로 그래서 세례는 중요하다."[2]

나는 그에 상응해 이어서 세례 프락시스의 계속된 발전을 위한 다양한 제안들을 제시하려고 하는데, 특별히 개신교 국가교회에 초점을 맞출 것이다.

우선 세례 프락시스를 위한 해석학적인 틀을 구상해 보려고 한다. 그 틀은 현재 삶의 세계와 그 담론에 연결될 수 있는 세례에 대한 이해를 목표

---

[1] Peter Cornehl, Taufpraxis im Umbruch. Nachlese zu einem Artikel (2002), in: Ders., "Die Welt ist voll Liturgie". Studien zu einer integrativen Gottesdienstpraxis (PTHe 71), Stuttgart 2005, 355-366, 355.

[2] A. a. O. 356.

로 하고 있다.

이어서 세례에 초점을 맞춘 교회 구조 모델을 소개할 것이다. 이 모델은 다양한 것들을 받아들이고 계속 발전시켜 만들어졌다. 이 모델은 주의를 기울여야 하는 행동 영역에 대한 시선을 확장케 하고, 세례 프락시스의 다양성을 위한 발달 심리학적인 접근을 가능하게 하며, 상징 교수법적인 작업을 추천해 준다. 거기에서 특별한 것은 초점이 가족에게 강하게 맞춰져 있다는 것인데, 가족은 동행 프로젝트에서도 강조된다.

이러한 실천 지향적인 연구들이 계속 제안하는 것은 세례를 통과 의례 프락시스의 중요한 중심으로 간주하고, 그에 상응하게 (다른) 통과 의례들을 세례 회상(또는 세례로의 초대)으로 표현하도록 하는 것이다.

이어서 이미 에큐메니컬한 단계에서 언급했던 로마 가톨릭교회에서 성인 세례의 갱신도(→3.2) 다시 한번 언급될 것이다. 이에 관해 그동안 독일어권의 몇몇 교구들에서 시험해 본 모델이 제시되고 있는데, 이는 개신교 측에서 관심을 가지는 것이다.

마지막으로 구체적인 축제의 영역에서 세례식들은 공개적인 영향력을 가진 세례 프락시스의 새로운 형태를 표현하고 있는데, 이는 특별히 EKD에 의해 선포된 "세례의 해"(Jahr der Taufe, 2011)에서 시도됐다.

1. 페터 코르넬(Peter Cornehl)은 1989년 베를린에서 열린 독일개신교 총회에서 "베를린 세례-논제들"[3]을 발표했다

이전의 노력을 처음으로 한데 묶었던 "베를린 세례-논제들"은 동시에 이어지는 논쟁을 촉발시켰다. 그 논제에서 그는 이전에 이뤄졌던 성만찬

---

3   총회에서 강연을 위해 배부된 책자의 원래 부제목.

논쟁[4]을 모범으로 해 "세례 프락시스의 갱신"에 기여하고자 했다.[5] 여기에서 중요한 것은 그가 세례를 "위협적인 세계 속에서의 구원의 성사"라고 규정한 것이다(20).

우리 시대의 본질적인 삶의 불확실성에 대한 대답으로 세례를 이해하기 시작했을 때, 우리는 시대에 맞는 세례의 의미를 경험했습니다. 첫 그리스도인들에게 세례는 다가오는 심판에 대한 구원의 성사였습니다. 세례의 이러한 최후와의 관련성은 오히려 오랫동안 낯선 것이었는데, 오늘날 그것은 우리에게 다시 매우 가까이 다가옵니다. 우리는 삶이 위협적이라는 것을 매일 경험하기 때문입니다. 우리는 스스로의 파멸에 의해 위협받는 세상에서 삶에 대한 수락으로서 세례를 경축합니다(20).

당시 함부르크대학교에서 가르치고 있었던 코르넬은 이것을 다섯 개의 논제로 전개했다.

① 세례는 악마의 옭아맴으로부터의 해방의 성사다.
② 세례는 새로운 창조의 성사다.
③ 세례는 받아들임의 성사다.
④ 세례는 교제의 성사다.
⑤ 세례는 기독교 일치의 성사다(20 이하).

---

[4] 그와 관련된 뉘른베르크총회(1979)에 관한 보고서에 대해서는 다음을 보라. Georg Kugler (Hg.), Forum Abendmahl, Gütersloh 1979.
[5] Peter Cornehl u.a., Auf dem Weg zur Erneuerung der Taufpraxis. Thesen vom 23. Deutschen Evangelischen Kirchentag, in: ZGP 1990/1, 20-22. 계속해서 괄호에 나오는 숫자는 이 문서의 페이지를 가리키는 것이다.

발표의 두 번째 부분에서 코르넬(Cornehl)은 막 시작된 세례 프락시스의 변화로부터 결론을 끌어낸다. 그는 "세례 연령의 해방"(21), "세례에서의 교회 사역"(21), 세례 예배의 더욱 강력한 개방성을 요구했고, 중요한 과제로서 "세례 기념과 세례 갱신"을 상기시켰다.

인상적인 것은 세례에 관한 성경 내용을 새로운 맥락에서 다시 표현하려는 그의 노력이다. 다섯 논제의 각각에서 코르넬은 인상적으로 세례의 정치적 내용을 암시하고 있고, 그에 상응하는 하위 담론과 연결하고 있다. 즉 세례는 "다른 사람에 대한 억압"(20)과 "무분별한 자연 착취"(20)와 "대체할 수 있고 불필요한 사회 경험"(20)과 "아파르트헤이트(인종 분리 정책)의 모든 유형"(20)과 "종파들 사이의 경계를 보다 확고하게 다시 그으려고 하는 모든 추세"(21)에 대항하는 것이다.

하지만 다섯 논제의 내용은 구체적인 의식(Ritus)의 표현 방식에 기여하기 보다는 오히려 중요한 사회 윤리적 인식의 합계처럼 읽혀진다. 주목을 끄는 것은 발표한 해석과 구체적인 세례 성취와의 연결이 부분적으로 그저 느슨하다는 것이다. 동시에 다섯 논제는 의심스러운 개신교 신학의 전통에 서 있다. 이미 마틴 루터(Martin Luther)는 세례에 관한 중요한 신학적 견해를 밝혔다. 그러나 구체적인 세례 사건과의 관련성을 가리키지는 않았다(→I.6.1).

그런데도 코르넬의 강연은 시대적 도전과 담론에 연결된 하나의 지평을 열었다. 그는 세례의 사사화(Privatisierung)와 교회화를 넘어 풍성하게 이끌었다. 이 논제들은 세례 속에 놓여있는 기본 동인을 오늘날의 사회적이고 문화적인 배경으로 변화시켜야 하는 중요한 과제를 표현하고 있다.

2. 거의 동일한 시기에 독일개신교루터교회연합(VELKD)의 교회신학원에 한 연구팀이 "세례가 중심을 이루는 교회 구조" 모델을 만들어냈다[6]

자극이 됐던 것은 노르웨이(Norwegen)의 개신교 루터교에서 여러 해 동안 프락시스를 통해 세례 중심으로 교회 구조를 조성한 전체 프로젝트였다(→I.7.5).

우선 이 프락시스 모델에서 주의를 끄는 것은 신학적인 원칙들이 아니라, 경험적 분석이 출발점을 이루고 있다는 것이다. 특히 태어나서 1년이 지난 후에 받는 세례가 증가하는 것은 미래의 세례 프락시스에 도전을 준다.

그래서 다른 곳에서는 거듭 중심에 놓여 있던 예전적인 영역을 훨씬 넘어선다. 특히, 가족이라는 담론이 중심으로 이동한다.

배움의 장소에 관한 이론으로 봤을 때 장소의 세분화가 관찰되는데, 가족 배움터에서의 출생 준비 강좌, 부모-아이-모임, 유치원, 놀이방, 어린이 예배, 종교 수업과/혹은 기독교 교리 시간, 입교 수업, 청소년 모임과 성인 교육이 있다(그래픽 6을 보라).[7]

발달 심리학적인 관점에서 봤을 때, 저마다 특별한 주제를 지닌 다양한 세례 시점이 특징적이다.

---

[6] Reiner Blank/Christian Grethlein (Hg.), Einladung zur Taufe -Einladung zum Leben. Konzept für einen tauforientierten Gemeindeaufbau. Entwickelt im Gemeindekolleg der VELKD, Stuttgart 1993. 계속해서 괄호에 나오는 숫자는 링 형태로 출판된 이 출판물의 페이지를 가리키는 것이다. 구상적으로 이에 관해 기초가 됐던 것은: Christian Grethlein, Taufe als Leitfaden des Leben, in: ZGP 1990/4, 27 이하.

[7] 그러한 동일한 교회교육과 예전적인 접근방법의 지금까지의 실천적 변화의 결과를 제공하고 있는 것은, Peter Barz/Bernd Schlüter (Hg.), Werkbuch Taufe, Gütersloh ²2012이다.

① 출생 후 바로 시행되는 세례에서는 "전혀 새로운 방향 설정"과 동시에 "존재와 가치 설정의 문제에 대한 커다란 개방성이(부분적으로는 사회적 고립에서)"(8) 부모들에게서 예측될 수 있다.

② 유치원에 다니는 아이들이 받는 세례는 다음을 뜻한다.
"아이들의 질문들은 정해진 일상의 틀을 위태롭게 한다-교육에 대한 큰 관심 (교육 목표와 의미의 문제)"(8).

③ 입학식 때 아이와 부모의 새로운 상황에 주의를 기울여야 한다.

④ 마지막으로 입교 때에 청소년들과 대부분 청소년의 부모들 ("중년-위기") 역시 안내를 필요로 하는 어려운 삶의 시기에 놓여 있다.

각각의 (전형적인) 상황을 위한 프락시스 모델들이 제시되고 있는데, 이 모델들은 세례를 준비하고 세례 후 그것을 되새김하도록 돕는다. 거기에서 교회 목사직과 어린이집, 어린이 사역과 대학에서의 경력을 가지고 있는 저자들은 세례 프락시스의 이러한 형태가 새로운 행동을 해야 하는 것이 아니라는 것을 강조한다. 그들은 오히려 기존에 교회가 제공하는 것들을 신학적으로, 다시 말해, 세례와 세례 회상의 측면에서 부각하는 것을 목표로 한다.

교수법적으로 이러한 것은—교회 사역의 다양한 형태에 대한 수많은 프락시스 예들이 보여주듯이—세례의 기본 상징들을 재수용함으로써 일어난다. 그러니까 세례의 내용이 추상적으로 선언되는 것이 아니라, 이러한 내용은 구체적인 세례 자체의 실행에서 추론된다.

이러한 기본상징으로서 예식에서 십자가, 손(안수), 이름, 물과 빛(초)이 확인되고 있다.[8] 그것들을 각색하고 해석할 때(→III. 3.3) 부분적으로는 코르넬에 의해 언급됐던 중점들이 다시 영향을 미치고 있다. 지금은 상징들

---

[8] 후기의 모델에는 세례 복이 더 추가된다.

에서 발전한 것이다.

세례의 기본 상징에 대해 집중적으로 숙고하는 것은 우리 시대의 본질적인 문제를 다루는 데 중요한 자극을 준다. 수질 오염(vs. 물 상징)의 문제, 즉각적인 즐거움에 집착하는 세상(vs. 십자가 상징) 속으로의 고통과 죽음의 침투, 삶의 관계에서 계속 증가하는 익명성(vs. 이름 상징), 고립(vs. 안수 상징)과 방향을 잃은 많은 사람의 (자기-) 붕괴(vs. 빛 상징)는 세례가 상징을 통해 긍정적으로 대처할 수 있는 사회적인 문제에 관한 최소한의 사례에 불과하다.

하나님의 선한 창조의 은혜로서의 물,
고난과 죽음을 인정하고 극복하는 징표로서의 십자가,
적절한 삶의 방향 표현으로서의 빛,
이웃 사랑에 대한 상징으로서의 손(안수),
하나님 앞에서 모든 인간은 특별하다는 증거로서의 이름.[9]

더 나아가 이 모델은 세례 프락시스가 교회 절기로 통합되는 것의 의미에 대해 주목하고, 고정적인 세례 일정으로 복귀할 것을 권하고 있다. 교회에서의 경험을 기초로 해 다음과 같은 절기가 구체적으로 언급되고 있다.

부활절(부활절 아침), 성령강림 주일, 여름방학 전 주일, 종교개혁 주일, 추수감사절, 주현절 (성탄절은 그다지 적합하지 않다)(13).

---

[9] Christian Grethlein, Unterwegs zu einer Neuentdeckung der Taufe, in: Erhard Domay (Hg.), Taufe (Gottesdienstpraxis Serie B), Gütersloh 1993, 9-17, 12.

프로젝트의 영역에서 비록 조직적이지는 않을지라도, 부분적으로는 개인적으로 프로젝트와 연결돼 있는데, "tripp trapp"(나이에 따라 조절 가능한 아기용 의자)이라는 소포 보내기-활동이 생겨났다.[10] 정기권 소지자(예: 대부)는 여섯 살이 될 때까지 수세자에게 보낼 초기 종교 교육을 위해 발달 심리학적으로 고른 자료들이 들어있는 총 19개의 "활동을 위한 선물"을 보유하게 된다. 그것은 세례 준비와 세례 후 되새김을 위한 중심적인 장소로서 가족을 중심에 놓이게 한다.

그래서 세례 회상은 아이가 노는 방에 자리 잡게 된다. 그 뒤에 국가교회 기구들은 상술된 모델의 기본 구조와 개별적인 제안들을 받아들였고, 변형시켰다. 그래서 예를 들어, 노르델비엔(Nordelbisch)교회에서는 "이슬(세례)방울(tau[f]tropfen, tau뒤에 f를 덧붙이면 세례가 된다)"이라는 활동이 생겨났다.[11]

이러한 모델 모두 세례를 독립적인 담론으로 교회 사역의 중심에 세웠고, 이 교회 사역에는 다시금 가족과 가족의 사회적 관계들이 밀접하게 결합해 있다. 프락시스에서의 경험들은 이러한 접근 방법의 실행이 개념적으로 사고하고 계획하는 교회(그리고 특히 목사)를 전제한다는 것을 보여준다. 급한 행동주의를 신뢰하는 교회 사역에는 이러한 것이 적합하지 않다.

---

[10] Horst Reller, "tripp trapp." Erfahrungen mit einem Familienbildungsprogramm für Kinder im Vorschulalter und ihre Eltern, in: Evangelische Akademie Baden (Hg.), Wenn Dich Dein Kind fragt ... Erzieherische Kompetenz -religiöse Erziehung in der Familie (Herrenalber Protokolle 112), Karlsruhe 1996, 71-83.

[11] Gemeindedienst der Nordelbischen Kirche (Hg.), tauf(f)tropfen. Von der Taufe bis zum Kindergarten. Die Zeitung für Mütter und Väter, 12 Ausgaben, Hamburg.

3. 세례 회상―그리고 세례받지 않은 사람들을 위해서는 세례로의 초대―를 강화하기 위해 노력할 때, 통과 의례-이론[12]에서 한 걸음 더 발전된 단계가 나타난다

이미 오래전부터 세례와 입교, 최근에는 제한적이지만 결혼과 장례는 대부분 개신교인에게는 교회와의 중요한 접촉점이다. 입학 예배와 부분적으로는 환자에게 기름 붓는 의식은 새로운 것으로서 확장된 통과 의례를 형성하고 있는 것으로 보인다. 이러한 의식들은 공통성을 가지고 있는데, 원초적인 종교적 경험에 깊이 고정되어 있고, 일대기와 가족이라는 생활세계와 서로 연관된 담론과 관련되어 있다. 거기에서는 새로운 삶을 이해하고, 사람들이 독립되며, 사랑의 기적과 유한한 인간 삶의 불가피한 운명이 중요하게 다뤄진다.

사람들은 이러한 사건 속에서 정해진 일상적인 틀로는 간단하게 극복할 수 없는 무언가에 매번 부딪힌다. 이러한 소위 통과 의례, 즉 인간의 삶에서 발생하는 "특수한 일들"과 관련된 행위들의 장점은―주일 예배보다―인간의 경험에 밀접해 있다는 것이다. 그러나 이것은 동시에 통과 의례의 문제이기도 하다. 기존의 희망과 바람에 대한―드물지 않게 환상적인―긍정은 명백하다.

여기에서는 내용적인 부각이 필수적인데, 성경에 보고되고 있는 것처럼, 부차적인 종교 경험을 기독교에서는 예수 그리스도와 관련성을 갖게 하는 것이다. 그것을 위해서 세례가 적합한 다양한 이유가 있다.

---

[12] Christian Grethlein, Grundinformation Kasualien. Kommunikation des Evangeliums an Übergängen im Leben, Göttingen 2007.

첫째, 독일에 있는 대부분 사람에게 세례는 언제나 삶의 초기에 놓여 있다.

둘째, 이미 신약성경에서의 해석은 세례는 결코 한 순간적인 의식이 아니라, 전 생애에 미치는 것이라는 것에 주목한다(→I.1.1). 예를 들어, 루터가 옛 아담이 매일 익사하는(→I.6.1) 인상적인 이미지에서 보여주는 것처럼, 세례 회상은 그리스도인의 삶에 중요한 도움이다.

셋째, 세례는 행동으로(performative) 그리스도인 됨을 총체적으로 표현하는 것이다. 세례의 징표들(상징들)은 인식론적인 영역을 넘어서 인상 깊은 회상이 가능하도록 한다. 세례의 징표들은 일상에서 사용되는 것과 연결돼서 어렵지 않게―경우에 적합한 선택과 제시 속에서―예전을 실행하는 가운데 통합될 수 있다.

넷째, 세례에서 그리고 세례 회상에서 개인의 일대기와 그리스도 관련성은 직접 서로 연결되어 있다. 그 외에는 종종 분리된 것으로 보이는 것이 구체적인 의식에서 연결된다.

다섯째, 세례에 대한 회상은 시대에 맞는 행위에 에큐메니컬한 기본 색채를 가미하는데, 이는 많은 통과 의례 공동체의 화합에 적절하다. 왜냐하면, 대부분 친척과 친구들 사이에서 종파적인 혼합은 통과 의례 행동의 에큐메니컬한 부각을 요구하기 때문에 문제를 일으키는 배타성으로 나아가서는 안 된다.

그러므로 우선 소위 합동 결혼식 서식지에 예배를 시작할 때 세례 회상이 놓여 있다는 것은 놀랄만한 일이 아니다. 이러한 것은 로마 가톨릭교회 결혼 예식에서 세례 회상을 위해 일반적으로 물을 사용할 때, 근거를 갖는다. 소위 에큐메니컬한 결혼식을 넘어 그사이 개신교 예배서에 결혼 예배의 시작에 재량에 따라 세례 회상이 삽입됐다. 그래서 예를 들어, 개신교 연합(UEK)의 결혼 예배서(2006년도)는 인사를 다음과 같이 제안한다.

사랑하는 부부 누구, 누구여(이름), 하나님의 집에 오신 것을 진심으로 환영합니다. 당신들은 하나님을 만나기 위해서 왔고, 하나님은 세례 때에 당신들을 하나님의 자녀로 부르셨고 여기까지 인도하셨습니다. (그것에 대해서 이 초가 기억나게 할 텐데요, 이 초는 우리가 불을 켠 부활초입니다.) 당신의 공동의 길을 위해 우리는 하나님께 축복을 간구하기를 원합니다. 우리는 서로 기뻐하고 이날을 하나님께 감사합니다.[13]

개신교 그리스도인들에게는 소위 성수(聖水)의 문제 때문에 물이라는 부담스러운 상징 대신에 세례 초가 자유 선택적으로(임의로) 등장하고 있다. 몇 년 전부터 개신교 세례에서는 이러한 초가 사용되고 있다는 사실에 따라 세례 초를 제공하기도 한다. 그 사이 개신교 장례 서식지에서는 세례와의 관련성이 더욱더 강하게 나타나고 있다.

그래서 최근의 개신교연합(UEK)-예배서에 개회 기도와 폐회 때의 부활 말씀을 위해 세례와 관련된 표현 제안들이 나왔다.[14] 그것을 넘어서 에큐메니즘을 살펴보면 흥미롭다. 루터파세례연합 연구팀은 장례의 기독교적 특성이 감소하고 있다는 사실에 의거해 장례와 세례와의 분명한 관련성을 추천한다.

세례는 마찬가지로 장례 의식에서 탁월한 방식으로 연상돼야 한다. 이것은 언어를 통해 성취될 수 있다(선언 또는 예전에서). 그러나 이것은 또한 행동으로 드러날 수도 있다. 삽에 가득한 흙이 세 번 스웨덴(Sweden)에 있는 관에 던져졌을 때, 세례의 세 번의 씻김이 생각나는 것처럼 말이다. 거의

---

[13] Kirchenkanzlei der UEK(Hg.), Trauung. Agende für die Union Evangelischer Kirchen in der EKD Bd. 4, Bielefeld 2006, 50.
[14] Kirchenkanzlei der UEK(Hg.), Bestattung. Agende für die Union Evangelischer Kirchen in der EKD Bd. 5, Bielefeld 2004, 238 또는 331.

보편적으로 매장을 위한 준비로서 몸을 씻는 것 또한 세례에 대해 언급할 기회를 줄 것이다. 이러한 준비가 기독교 가족에게 조용히 맡겨지는 경우에 그렇다.[15]

상징을 전달하는 세례와의 관련성은 힘겨운 장례 때에 특별한 힘을 발휘한다. 아이의 관 옆에서 불타는 세례 초는 예를 들어, 종종 신학적으로 잘 다듬어진 부활을 위한 설교보다 더 유족들을 위로해 줄 수 있다. 왜냐하면, 상징 자체 안에 언어적으로 포착할 수 없는 사건의 양면성을 표현하기 때문이다.

통과 의례 예배에서 이러한 세례 회상은 생활 세계적인 담론인 일대기와 또한 신학적 담론인 그리스도론과의 관련성을 통해 부각된다. 예전적으로 통과 의례는 세례의 여정을 가는 도중에 있는 역(Station)과 같은 예배가 되고 있다.[16]

4. 언급했던 것처럼(→3.2), 제2차 바티칸 공의회 예배-칙서에서 상응하는 과제는 성인 세례의 고유한 표현 방식을 발의했다

특별히 미국의 주교들은 이러한 자극들을 일찍이(1974년) 받아들였고 예전적으로 단계별 성인-세례 교육 과정으로 발전시켰는데, 이 과정은 부활절 전야에 있는 세례에까지 이어진다. 『사도 전승』(*Traditio Apostolica*)에서

---

[15] Marcus Felde, Summary on Funeral Rites, in: Anita Staffer (Hg.), Baptism, Rites of Passage, and Culture (LWF Studies 1/1999), Geneve 1998, 189-192, 190.
[16] 입교, 입학, 결혼과 병자에게 기름부음에 대한 적절한 이해를 위해서는 다음을 보라. Christian Grethlein, Grundinformation Kasualien. Kommunikation des Evangeliums an Übergängen im Leben, Göttingen 157 이하, 350, 154 이하, 386.

소개됐던 것처럼, 고대교회의 세례 준비 과정이 이에 대한 발견과 관련이 있었다.[17]

독일에서 이러한 형태는 1980년대 말부터 비로소 정치적인 변화 속에서 주목받았다. 왜냐하면, 정치적 변화 때문에 로마 가톨릭교회는—(구)동독 영역에서 온 이주민들 또는 독립 국가 연합 국가에서 온 이주자들 때문에— 성인세례에 관해 엄청나게 많은 문의를 받게 됐다.

중요한 것은 개신교 교회에서 여러 번 확산한 신앙 강좌와 신앙 세미나보다 이러한 모델에서는 구체적인 실행을 강하게 강조한다.

첫째, 세례 준비 교육으로 들어갈 때 세례 지원자들과 대부들을 축제 분위기 속에서 교회 문에서부터 데려온다. 세례 지원자의 감각에 십자가 표시를 하고 그들에게 성경과 십자가를 건넨다(68 이하). 이러한 예전적인 시작 후에, 세례 지원자 앞에 놓여 있는—앞으로의 신앙의 여정을 위해 세례 지원자를 강건하게 하려고—손바닥에 기름 부음이 거행된다(86 이하).

둘째, 세례 지원자들의 세례에 대한 허락은 두 개의 부분에 일어난다.

첫 번째 금식 주일 전야 때는 교회 예배가 이뤄지는 가운데 등록이 축제로 거행된다. 세례 지원자들의 이름이 문서에 오르는데, 이 문서는 다음 주일에 대성당에서 주교에게 건네진다. 주교는 세례 지원자들에게 인사를 하고 공식적으로 입교 적합 판정을 내린다. 이러한 의식에서 대부들은 중요한 역할을 한다. 대부들은 세례 지원자들이 세례를 원하는지에 대한 주교의 질문에 대답할 때, 세례 지원자들의 어깨에 손을 올려놓는다. 그것을 통해 대부들은 자신들이 지원할 준비가 돼 있다는 것을 명백하게 한다.

셋째, 세 번째와 네 번째, 다섯 번째 금식 주일에는 세례 지원자들에 대

---

[17] Franz-Peter Tebartz-van Elst, Handbuch der Erwachsennentaufe. Liturgie und Verkündigung im Katechumenat, Münster 2002, 36. 계속해서 괄호에 나와 있는 숫자는 이 책의 페이지를 가리키는 것이다.

한 시험이 치러진다. 여기에서 교회는 예배 때 매번 세례 지원자들을 위해 기도하고 사제는 안수한다. 임의로 기름 부음이 행해진다. 축제 분위기에서 사도신경과 주기도문을 고백하는 것이 허용된다(149이하).

넷째, 부활절 전 토요일에는 직접적인 준비가 이뤄진다. 신앙고백이 재생되고 에바다-의식(세례를 거행하는 사제가 수세자의 귀와 입에 손을 대고 "열려라"라고 외치는 의식-역주)이 거행된다.

다섯째, 세례 축제가 세례 준비 과정의 정점을 이루는데, 세례 축제는 기름 부음(견진성사)과 성만찬을 포함하고 있다. 세례 축제는 부활절 밤에 거행된다.

이러한 모델에 대한 비판적이고, 어쩌면 전형적인 "로마 가톨릭적인" 강조들은 간과될 수 없다. 위계적인 하위 담론에 구체적으로 주교에 강하게 고착되어 있는 것 그리고 의례의 우위는 개신교 교회에서 그대로 넘겨받을 수는 없다. "가입" 역시 복음의 소통적인 성격과는 긴장 관계에 놓여 있는 정적인 교회 이해를 가정하고 있다.

그러나 인상적인 것은 세례 지원자들을 높이 존중한다는 것인데, 이러한 것은 명료하게 구조화된 세례 준비 과정에서 표현된다. 거기에 더해 그들이 세례에 접근하는 것은 그 외 공동체/교회의 예배 생활과 밀접하게 연결돼 있다. 참여하는 교회 공동체에서 고난 주간은 세례 준비와 세례 회상의 시간이 되고 있다. 그 외에 사회에 미치는 이 모델의 영향력도 간과될 수 없다. 지역 신문들과 방송들도 세례 준비에 관해 보도한다.

5. 마지막으로 지난 몇 년 동안—근본적으로는 독일개신교연합(EKD)의 "세례"[18] 라는 주제의 해(Jahr) 동안 있었던 활동들을 통해 자극을 받아서—"세례식"이 종종 야외에서 거행됐다

이 세례식들은 교회가 주도한 자극이 아니라, 거의 지역의 프로젝트 그룹의 창의성에 기인하고, 환경에 따라 다양하게 변형된 형태로 거행된다. 거기에서 다음의 세 가지 공통점들이 언급될 수 있다.

① 세례를 받지 않은 아이들의 부모에게 의도적으로 편지를 쓴다.
② 공식적으로 세례에 초대한다(신문, 유치원, 산파 진료실 등에서).
③ 세례 예배 후에 음식과 음료를 겸한 잔치와 그 외에 (놀이와 같은) 행사가 열린다.[19]

이러한 세례 형태의 예로서 2012년 8월 말 카셀(Kassel)에서 개최됐던 세례 예배를 고려할 수 있다.[20] 이 예배는—특히 사람들이 쇄도해—특별한 장소에서 드려졌는데, 빌헬름스회에(Wilhelmshöhe)공원에서 열렸다. 약 1000명의 사람이 72명의 수세자를 데리고 왔다. 세례 자체는 색깔로 표시된 여덟 곳에서 거행됐다. 대형 천막을 쳐서 세례는 분명하게 구분됐다.

---

[18] 이에 관해서는 Johanna Will-Armstrong, Gottesgeschenk -das "Jahr der Taufe" 2011. Eine (nicht nur) westfälische Bilanz, in: Günter Ruddat (Hg.), Taufe -Zeichen des Lebens. Theologische Profile und interdisziplinäre Perspektiven, Neukirchen-Vluyn 2013, 122-128을 보라.

[19] Sabine Bäuerle/Doris Joachim-Storch, Tauffeste feiern. Entscheidungs- und Gestaltungshilfen, 3, einsehbar unter: www. zentrum-verkuendigung.de/material/downloads.

[20] Anika Albert/Lutz Friedrichs/Regina Sommer, "Das Tauffest haben wir als etwas ganz Besonderes erlebt". Einsichten einer empirischen Studie zum Kasseler Tauffest (2012), in: PTh 102 (2013), 338-354. 계속해서 괄호에 나와 있는 숫자는 이 논문의 페이지를 가리키는 것이다.

음악은 특히 전자 기타와 리듬감 있는 노래로 단조롭지 않게 꾸며졌다. 전체적으로 세례식은 그렇게 미학적으로 즐거움이라는 친밀한 담론에 연결됐다.

한 질문지-설문 조사는 대부분의 참여자가(88%) 이 세례식을 "거대한 교제 사건"으로 인식했다는 결과를 내놓았다(344). 거의 대부분 응답자는 (97%) 세례식에 참여한 가장 중요한 이유가 장소의 특별함 때문이라고 언급했다(345). 여기에서 1960년대 이래 본당 중심으로 추진되던 세례 프락시스의 획일화가 극복됐다.

EKD-통계에 나타난 이전의 범주들이 보여주는 것처럼, 그때까지 "대예배/어린이 예배, 정기적인 예배 외에 가정 세례, 병원 세례"[21]와 함께 장소의 다양성은 소수에 지나지 않았다. 카셀에서의 세례 예배에 참여한 사람들의 족히 3분의 2가 넘는 사람들이 자신들의 아이들도 그 당시에 세례를 받았으면 좋았을 것이라고 말했다. 다른 세례식, 예를 들어, 로쿰(Loccum)에서 있었던 세례식에서는 이러한 사람들의 수가 좀 더 적었다.[22]

참여자들은 — 다양한 장소들에서 관찰됐는데 — 다양한 생활권에 속해 있었다. 우선 가난이나 홀로 아이를 키우거나 이주 환경과 같은 특별한 문제와 부담을 가진 사람들이 족히 축제에 참여한 사람들의 대다수를 차지했다.[23] 그 외, 경우에 따라 발생하는 경제적이고 공간적인 종류의 문제들은 교회에서 재정을 지원하는 뒤풀이(후원!)를 통해 피하게 된다.

또한, 교회 밖에서의 세례식의 형태는 기관화된 교회와 교회의 건물

---

[21] 상응하는 도표는 다음을 보라. Christian Grethlein, Taufpraxis heute. Praktisch-theologische Überlegungen zu einer verantwortlichen Gestaltung der Taufpraxis im Raum der EKD, Gütersloh 1988, 56.

[22] Ingrid Goldhahn-Müller, "Lasset die Kinder zu mir kommen". Großtauffeste im Kloster Loccum. Ein Erfahrungsbericht, in: ZGP 27/3 (2009), 33-36, 35.

[23] Heinzpeter Hempelmann u.a., Handbuch Taufe. Impulse für eine milieusensible Taufpraxis (KIRCHE UND MILIEU), Neukirchen-Vluyn 2013, 53 이하.

에 대해 좋지 않게 생각하는 사람들에게 접근할 수 있는 통로를 제공한다 (342). 조직화된 교회는 확실히 세례 실행의 뒤편으로 물러난다. 세례 실행이 대부분 참여자에게(88%) 가장 중요한 것으로 인지되고 기억된다.

그 외의 세례 프락시스에 비해 특별한 것은 세례식의 **공식적인 영향력**이다. 큰 신문들도 그에 대해 보도했고(338), 지역 텔레비전은 관련 장면들을 내보냈다. 그와 함께 세례는 공개 석상에서 중요한 주제가 됐는데, 심지어 끊임없이 긍정적인 관점에서 다뤄졌다. 왜냐하면, 세례식에서는 행사의 끔찍한 혼란이 일어나지 않았기 때문이다. 세례 자체가 모임의 확실한 정점을 형성했다.

6. 예시적으로 묘사한 세례 프락시스를 위한 혁신적인 제안들과 모델들은 세례의 내용을 오늘날의 배경에서와 최근 담론과의 관련성 속에서 새롭게 이해하려고 노력하고 있다

1950년대와 60년대의 예식서가 규정하고 있는 것과 같은, 교리적인 문구를 단순히 되풀이하는 것은 지나갔다. 오히려 실제적인 실행에 더 주목하고 있고, 거기에서 세례의 징표들에 그 전보다 더 관심을 기울이고 있다.

세례는 다른 여러 담론과 연결돼 있으나 그러나 거기에 종속되지 않은 독립적인 담론으로 받아들여지고 있다.

아마 그 배경에는 이전에 일방적으로 "언어"가 우세했던 신학적인 구상에서보다 창조신학적인 관련성에 대한 좀 더 큰 감수성이 자리하고 있다. 이러한 것은 감각적으로 경험할 수 있는 사건을 위해 세례를 (함께) 축하했던 대부분 사람의 관심과 일치한다.

면밀하게 조사한 자극들의 한 가지 중요한 공통점은 세례 행위가 예전

적 틀을 넘어섰다는 것과 그와 더불어 교회를 벗어난 담론과의 연결이다.

　세례 프락시스는 교회 공동체의 정점이 됐고, 가정 안에서의 종교 교육의 결정점이 됐다. 거기에서 세례의 교육적인 측면이 분명하게 드러난다. 물론 이러한 것을 교수법적이고, 심지어 수업 형식의 협소한 교육으로 혼동해서는 안 된다. 오히려 품위 있는 제안들과 모델에서 우선적으로 중요하게 여기는 것은 사람들에게 삶을 이해할 수 있는 세례의 잠재적 자원을 스스로 발견할 수 있는 공간을 열어주는 것이다.

　거기에서 관심을 끄는 것은 (기관)교회의 가입이라는 교회 행정적인 강조와 그와 함께 법률적인 규정들도 희박해졌다는 것이다.

대부분의 혁신적인 제안들은 복수주의적인 교회 이해를 전제하고 있는데, 교회 참여의 다양한 형태들을 당연한 것으로 전제한다.

　거기에 상응하는 교회 회원 자격 규정의 새로운 표현과 교회법이라는 담론의 개선과 교정은 아직 나오고 있지 않다.

　마지막으로 상반되는 발전이 관찰된다. 로마 가톨릭교회의 단계별 예전적 성인-세례 준비 과정이 고대 표현 형식들을 의식적으로 사용하고 엄격하게 교회 장소와 교회 위계 질서와 관련돼 있는 반면에, 개신교 세례식은 현재와 관련성을 가진 것으로 특징지어진다.

　개신교 세례식은 오늘날 이벤트-문화 요소들을 수용하고 있고 세례를 부분적으로 야외로 이동시켰다. 두 경우 다 세례 프락시스의 **미학적인** 구성에 대한 새로운 관심은 간과될 수 없다. 여기에서 세례를 주일 오전 예배에 "통합"시키는 것이 극복되고 있다. 마찬가지로 세례를 가까운 가족으로 국한된 토요일 오후쯤의 사적인 행사로 여기던 것도 극복되고 있다. 그 외에는 너무나 상이한 두 개 모델에서 공통적인 것은 세례 프락시스의 새로운 영향력이 공개 석상에 미치고 있다는 것이다.

제5장

요약

이미 첫 번째 부분의 역사적인 회고에서 형태 면에서나 내용적인 해석의 측면에서 세례의 다양성이 주목받았는데, 이러한 다양성을 현재 다시 한번 마주하게 된다.

경험적으로 통계학적인 접근은—세례 프락시스의 모든 연속성 가운데에서—변화에 대한 암시를 증명하고 있는데, 많은 곳에서 변화가 이제 막 시작됐고, 다른 곳에서는 이미 신속하게 앞서 나가고 있다.

한편으로 세례는 많은 사람에게 교회 회원 자격의 한계를 넘어선, 매력적인 의식이다. 다른 한편으로—처음에는 국가의 압력 수단으로 나중에는 일반적인 풍습으로 안정화된—아이들 세례의 당연성이 감소하고 있다. 무엇보다 결혼하지 않은 개신교 엄마들의 아이들에게서 세례 단절이 생겨났는데, 이러한 단절은 적어도 부분적으로는 그러한 아이들을 몇 백 년 동안 차별 대우를 한데서 그 이유를 찾을 수 있다. 가족이라는 담론의 변화, 구체적으로는 결혼하지 않은 부모들의 자녀들 수가 증가하는 것에 직면해 미래 세례 프락시스의 심각한 문제가 두드러지게 나타난다.

질적인 방식을 통해 들여다본 인간의 입장에 대한 깊은 통찰 역시 양면성을 깨닫게 한다.

한편으로 특별히 어려운 삶의 상황에서 포용적이고, 더불어 그 외의 사회적 차별로부터 자유로운 세례의 잠재력이 빛을 발한다.

그 외의 우리 사회 어디에 심각하게 아픈 아이의 탄생에 관해 감사하게 되는 의식이 있을까?

다른 한편으로 폭력으로 관철됐던 세례의 강제적 성격의 잔재들이 아직도 관찰된다. 사람들은 교회, 또는 구제 사업과 관련된 일자리를 얻기 위해 회원 자격을 갖춰야 하는 법적인 이유로 해서 세례를 받는다.

이러한 문제의 원인은 교회 행정적인 문서들에 있다. 여기에서 세례와 교회 회원 자격은 법적 결과와 연결된다. 세례는 교회법이라는 담론에 종속되고, 조직적이고 재정적인 결과를 지닌 교회의 정통 의식으로 등장한다. 그와 함께 "교회"는 한결같이 구체적인 고유 조직 형태와 직접적으로 동일시된다.

전체적으로 다음과 같은 사실이 주목을 끄는데, 즉교회 행정적인 문서들은 "믿음"과 "세례"의 내용을 정확히 알고 있는 것처럼 보인다. 세례의 소통적인 근본 특징은 약해진다. 그와 함께 시간이 지나면서 삶의 많은 영역을 규정하는 담론인 소통과의 연결 능력을 상실했다는 것은 점점 교회 사역의 문제로 드러나고 있다.

목회 현장에서 교회 탈퇴와 관련된 어려움들이 증가하고 있다. 교회를 탈퇴한 사람들을 엄격하게 "불신자"로 지정하는 것은 경험적으로 근거가 부족하다. 신학적으로 그것은 세례의 반복 불가능성 속에서 표현되는 것처럼, 세례의 각인 성격과 긴장 관계에 놓여 있다.

다른 교회들의 세례 프락시스를 살펴보는 에큐메니컬한 관찰은 흥미로운 자극들을 불러일으킨다. 오랫동안 화해하지 못하던 유아 세례와 성인 세례의 반목은 끝을 향해 가고 있다. 교리적인 표준을 권위주의적으로 제정하는 것은 감소하는 사람들의 수에 부작용만을 일으킬 뿐이다. 일상에서의 요구 사항들로 전달되는 사람들의 견해와 그와 함께 연결된 담론들은 교회 사역을 위해 점점 더 많은 중요성을 획득하고 있다.

개별적으로는 성인 세례에서 공의회 이후의 각성과 정교회의 세례 프락시스는 서방교회에서 견고한 입회와의 분리라는 문제에 주목하게 한다. 독일 개신교는 세례받은 아이들에게 성만찬을 개방함으로 세례로부터의 예전적인 분리(여기에서는 입교 때의 첫 성만찬임)를 해결하는 방향으로 첫걸음을 내딛고 있다. 거기에 더해 정교회의 세례 프락시스는 징표를 전달하는 소통의 거대한 보물을 지니고 있다. 그러나 그것은 물론 맥락적인 변형 없이 그대로 전달하거나 전수받을 수 있는 것은 아니다.

목회의 통과 의례-프락시스에서 그리고 교회 또는 구제 사업의 직업 법률에서 세례와 (조직)교회 회원 자격과의 얽힘의 어려운 문제를 위해 감리교회는 양자택일을 제공하고 있다.

감리교회는 세례 때에 개별적인 교회에서 회원 자격과 직접 동일시할 수 없는 보편적인 교회와의 관련성을 강조한다. 오히려 세례는 교회 소속으로 이끈다. 구체적인 (조직) 교회로의 가입은 그와 연결된 회원 의무와 함께 그것을 뛰어넘어서 하나의 고유한 의식이다.

그것을 통해 감리교회는 세례와 교회와의 관련성을 확정한다. 하지만 교회법이라는 담론을 통한 세례의 변화는 피하고 있다.

오순절교회들은—그 외에는 신학적으로 어려운—성령 세례의 구성과 세례와 적용의 관련성을 강조한다. 그래서 그들은 세례 프락시스와 윤리적인 담론과의 연결의 의미에 주목한다.

세례를 거부하거나 자유 선택적으로 내세우는 기독교 공동체들은 다양한 방식으로 다시 한번 법적으로 굳어진 세례 프락시스의 문제에 주의를 기울이게 한다. 이러한 입장의 생성을 살펴보면, 다음과 같은 사실을 가리킨다. 즉 국가적으로 규정된 사제직과 그 보수 행동의 거부가 이러한 세례 비판의 중요한 이유라는 것이다. 또한, 여기서부터 세례와—끊임없이 권력을 형성하는—법과의 관련성을 보다 명확하게 규정하는 것이 필요해 보인다.

마지막으로 최근 혁신적인 자극들과 모델들은 미래의 세례 프락시스에 대한 첫 번째 전망을 열어준다. 이 모델들은 삶과 근접한 세례의 가능성을 현재의 맥락과 그와 함께 현재의 담론과의 연결 속에서 의사소통해야 할 필요성을 보여준다. 거기에서 주목할 만한 것은, 제안들이 구체적인 예전 수행을 뛰어넘어 특히 가족이라는 최근의 담론과 연결된다는 것이다.

중요한 것은 교회 사역뿐만이 아니라, 마찬가지로 가족에서 종교적 사회화의 재설정을 위한 자극이 되고 있다는 점이다.

세례식에서는 세례와 구체적인 교회 조직과의 밀접한 연결이 감소하고 있다. 동시에 세례 프락시스는 세례 축제를 통해 대중매체에 접근하고 있다. 로마 가톨릭의 예전의 단계별 세례 준비 과정의 모델처럼 교회 중심적인 모델들은 분명히 반대 방향을 가리킨다. 하지만 많은 사람이 주교가 도모하는 교회 연결을 혼자서(스스로) 미학적인 결과로 변형시킬 것인지 그래서 위계적인 권력 특징을 벗어 던질 것인지 아닌지 묻고 있다.

확실히 세례 프락시스는 움직이고 있다. 세례의 계속 발전과 그와 함께 복음 소통의 지원을 위해 다음 장에서는 지침을 다룰 것이다.

기본적인 참고 문헌: Christian Grethlein, Taufpraxis zwischen Kontinuität und Wandel-Herausforderungen und Chancen, in: ZThK 102 (2005), 371-396; Michael Kappes/Eberhard Spiecker (Hg.), Christliche Kirchen feiern die Taufe. Eine vergleichende Darstellung, Kevelaer 2003; Christoph Muller, Taufe als Lebensperspektive. Empirisch-theologische Erkundungen eines Schlüsselrituals (PTHe 106), Stuttgar 2010; Regina Sommer, Kindertaufe - Elernverständnis und theologische Deutung (PTHe 102), Stuttgart 2009.

제3부

세례 프락시스에 대한 전망:
소통적이며 생활 실천적인 가능성

제1장 교회와 배타적인 관련성의 문제
제2장 개념적 틀로서 복음의 커뮤니케이션
제3장 그리스도인 됨을 이해하기 위한 토대로서
    세례 예식의 징표들
제4장 전망: 교회에 올바른 방향을 제시하는 세례 프락시스

세례 프락시스의 미래와 교회의 미래는 깊이 연관돼 있다. 그것은 세례와 교회 회원 자격이 직접 연결된 현재 교회법의 규정을 보면 명약관화하다. 감리교회처럼 이러한 연결이 느슨한 경우에도 마찬가지다. 세례는 나사렛 예수의 사역과 죽음에 직접 관련돼 있기 때문이다. 예수가 존재와 가치 설정에 대해 주는 자극은 교회에는 근본적인 것이다. 이미 형용사에서 파생된 헬라어 '퀴리오스'(kyrios, 주[主])라는 단어의 어원이 이에 대해 주목하고 있다. 바울은 이러한 관련성을 그리스도 몸의 비유에서 신학적으로 명확하게 기술했다(고전 12:12 이하; 롬 12:4 이하).

세례 프락시스와 교회가 밀접히 연관돼 있다는 것은 미래를 내다볼 때, 세례 프락시스의 향후 발전과 동시에 교회 회원(교인)의 변화를 내다본다는 것을 시사한다. 교회 행정 기획부는 지난 몇 년 동안 그와 같은 다양한 예측을 했다. 특히, 2006년 독일개신교연합(EKD)에서 내놓은 문서인 "자유의 교회"(II.2.3)에서 이와 관련된 기세가 분명해졌다. "과학과 기술의 예측"을 통해 얻은 통찰들은 이와 같은 행태가 문제가 될 수 있음을 드러내고 있다. 복잡한 사회적 상황들을 파악하고, 거기에서 "신호"와 "잡음"을 구별해 내는 것은 정말 어려운 일이다.[1]

게다가 예측들이 위험하지 않은 것도 아니다. 거기에는 "자기 만족적 예측"뿐 아니라 "자기 부정적 예측"도 있다.[2] 이러한 것에 중점을 두고 2006년 독일개신교연합(EKD)-문서가 20년 동안 독일 개신교의 발전에 미친 영향을 연구한 것은 흥미로울 수 있다. 현재 독일교회의 미래에 대한 예측들은—"알 수 없는 미지"[3]에 대해서는 고려하지 않았음에도—특수한 위기와 연관돼 있다. 왜냐하면, 현저한 변화들이 드러나고 있기 때문이다. 이러한 변화의 진행은 수많은, 부분적으로는 다시 상호 의존적인 요소

---

[1] Nate Silver, The Signal and the Noise. The Art ans Science of Prediction, London 2012.
[2] A. a. O. 216-220.
[3] A. a. O. 420을 보라.

들에 좌우된다. 근본적인 것은 교회 회원 자격과 세례에 대해 여기던 당연함이 감소하고 있다는 것이다. 많은 사람에게서 세례에 대한 당연함이 다른 것들과 나란히 하나의 선택으로 변하고 있다.

교회라는 조직에 대한 비판적 시각의 증가가 그와 연관돼 있다. 교회 탈퇴는 한 설문 조사에 나타난 것처럼[4] 젊은이들에게는 잠재하고 있는 현 주제다. 다양한 사건들이 오랫동안 고민하던 교회 탈퇴를 강행하도록 한다. 피우스(Pius) 형제들 제명의 무효화,[5] 취업하면서 내야 하는 종교세 납부의 무,[6] 교회 재산과 그것을 낭비하는 뉴스들이 그러한 것일 수 있다. 이러한 것들을 통한 교회 회원 수의 감소는 일반적인 인구 통계학상의 변화와 함께 그 사이 주교의 설교에서도 당연한 것이 된 것처럼 보인다.

베스트팔렌주(Westfalen)에서 최근 선출된 개신교 의장은 8년 후 의장직을 마칠 때 당신 교회의 모습을 어떻게 상상하는가에 대한 질문에 다음과 같이 대답했다.

> 좀 작아지지만, 정장이 어울리고, 올곧고, 강하고, 여전히 국민교회이며, 본질적인 것에 집중하고 있을 것이다.[7]

어려운 예측보다 더 근본적인 것은 다음의 질문이다.

2006년 독일개신교연합(EKD)-문서가 시사했던 것처럼, 교회 회원 수와 "세례 비율"에 집중하는 것이 신학적으로 교회가 우선적으로 해야 할 행위인가?

---

[4] Michael Ebertz/Monika Eberhardt/Anna Lang, Kirchenaustritt als Prozess: Gehen oder bleiben? Eine empirisch gewonnene Typologie (KirchenZukunft konkret 7), Berlin 2012, 209.
[5] 예를 들어, a. a. O. 33을 보라.
[6] 예를 들어, a. a. O. 33을 보라.
[7] 2011년 11월 17일 FAZ(프랑크푸르터 알게마이네 차이퉁[Frankfurter Allgemeine Zeitung] 프랑크푸르트 일간신문) 4에서 인용.

이때 먼저 중요한 것은 미래를 충분히 반영한 세례 프락시스의 개념적 틀이다. 이미 언급했던 몇 개의 개혁적인 권고들과 모델들은 그에 대해 제안해주고 있다(-> II.4). 여기에서 세례 프락시스를 고려해 학습 장소 이론에 맞게 틀을 확장하는 것은 교회론에 대한 세부 작업을 필요로 한다.

구체적으로 말하자면, "교회"와 "교회 공동체"는 세례 프락시스를 신학적으로 성찰할 수 있는 충분한 틀을 주고 있는가?

그 다음 단락에서는 복음과의 소통이라는 실천신학적 개념의 형태로 하나의 대안을 소개하고자 한다. 그것은 신학적으로 좀 더 명확하게 그리고 경험적으로 오늘의 삶과 연결해 세례 프락시스에 대해 논의 할 가능성을 제공한다.

세 번째로, 이러한 시도들을 수용하고 계속 추진해 나가는 것은 세례 프락시스를 내용적으로 더욱 명료하게 하는 데 중요하다. 이에 접근하기 위해 예시적으로 "성례"(Sakrament) 개념을 택하고자 한다. 성례의 개념은 교회 행정적인 공지나 일상 언어에서도 자연스럽게 세례에 적용된다. 이 개념은 과거 정황들과 논의들에 근거하고 있다. 성례 개념의 현재적 변형은 폭넓게 이뤄지지 않고 있다.

끝으로 나의 연구는 교회의 형태라는 질문에 집중할 것이다. 거기에서 중요한 것은 예측이 아니다. 오히려 세례를 받는다는 것이 미래에는 어떤 의미가 있을 것인지에 대해 탐색할 것이다. 나의 논지는 다음과 같다.

세례 프락시스는 교회의 방향을 설정할 수 있다. 그러므로 세례는 현존하는 교회 조직을 위해 기능해서는 안 된다.

거기로부터 교회의 형성 방식을 위한 광범위한 결과들이 나오리라 예측한다.

제1장

교회와의 배타적인 관련성의 문제

    교회 문서들을 살펴보면 알 수 있는 것처럼(-> II.2), 교회 문서들은 세례를 일차적으로 교회(회원) 가입으로 규정한다. 그 결과 얼마 전부터 세례는 예식서에 주일 대예배에 삽입됐고, 실제로 많은 곳에서 그렇게 드려지고 있다. 여기에서 "공동체"를 어떻게 이해하고 있는지 좀 더 자세하게 살펴보는 것이 도움이 된다. 신약성경을 살펴보면, 다음과 같다. 지금까지 "공동체"(Gemeinde) 또는 "교회"(Kirche)는 사회 형태인, 교회 공동체와 국교회와 동일시됐는데, 이것은 신약성경에서 "에클레시아"(Ekklesia)로 표시된 신학적 실상을 단지 부분적으로만 이해하는 것이다.

    이와 연관된 결핍은 구체적으로 목회현장에서 세례와 교회 회원 자격을 연결할 때(-> II.1.2) 나타난다. 이러한 것은 세례 프락시스를 설명하고 더 발전시키기 위해 개념적 틀을 신학적으로, 개념적으로 더욱더 정확하게 규정할 때에만 극복될 수 있다.[1]

---

[1] Christian Grethlein, Praktische Theologie, Berlin 2012, 139-141을 보라.

1. 세례의 초점을 교회 회원 자격과 교회에 맞추게 되면(-> II.2) 예배 방식에 직접적인 영향을 미치게 된다

개혁교회뿐 아니라 연합교회와 부분적으로 루터교회도 그 사이 세례가 주일 대예배에 들어간 것을 통상적인 경우로 본다. 그래서 독일개신교연합(EKU)의 교회 생활 규칙에서는 다음과 같이 말하고 있다(1999년).

> 14항: ① 세례는 해당 예배서의 규정에 따라 예배 때 베푼다.
> ② 교회예배 외에서의 세례, 가정 세례 혹은 병원에서의 세례는 단지 이유가 있는 예외적 경우에만 행해진다.[2]

독일 개신교-루터교회 연합(VELKD)의 지도 원리에서는 세례의 특별한 의미에 대해 좀 더 유의하고 있다.

> 세례는 해당 예식서에 따라 예배 때에 혹은 특별한 세례 예배 때—일반적으로 교회에서—베풀어진다. 세례는 공동체의 축제이고, 축제 형식은 특별한 주의가 요구된다. 세례를 받는 유아나 부모, 형제자매 그리고 대부는 가능하면 예배의 준비와 진행 중에 포함돼야 한다.[3]

명백하게 위 두 개의 문서에서 "공동체" 개념은 규범적이고[4] 확정적인

---

[2] Ordnung des kirchlichen Lebens der Evangelischen Kirche der Union. Im Auftr. des Rates hrsg. von der Kirchenkanmzlei der Evangelischen Kirche der Union, Berlin ²2001, 33.
[3] Leitlinies des kirchlichen Lebens der Vereinigten Evangelisch-Lutherischen Kirche Deutschlands (VELKD). Handreichung für eine kirchliche Lebensordnung, Gütersloh 2003, 40.
[4] 또한, Jan Hermelink, Kirchliche Organisation und das Jenseits des Glaubens. Eine praktische-theologische Theorie der evangelischen Kirche, Gütersloh 2011, 168-173을 비

사회 규모로 사용되고 있는데, 외형상으로 "공동체"라고 할 수 없는 세례 가족과는 대조적이다. 이러한 표현 방식 뒤에는 세례 프락시스(와 교회론)에 대한 심각한 신학적인 문제가 감춰져 있다.

신약성경에서는 세례와 공동체와의 밀접한 연관성이 결코 불가피한 것이 아니기 때문에, 근본적으로 이러한 언어 사용에 반대해 비판적으로 이의를 제기할 수 있다. 에티오피아 여왕의 내시는 빌립에게 세례를 받았고, "기뻐하면서"(행 8:39) 자기의 길을 갔다. 여기서는 공동체와 연관됐다는 아무런 기록이 없다.[5] 분명한 것은 내시가 예수의 제자가 되기 위해 예수를 경험한 것으로 충분했다는 것이다. 물론 다른 곳에서는 세례를 받는 것이 공동체에 속하는 것의 전제가 되고 있다(예를 들어, 행 2:41). 그러므로 에티오피아 내시에 관한 소견을 무리하게 요구해서도 안 될 것이다. 그런데도 이 이야기는 세례가 공동체(생활)라는 담론에 귀속되는 것에 대해 근본적인 의문을 제기한다.

그러므로 신약성경으로 눈을 돌려 유일하지는 않지만, 그리스도인의 공동체를 나타내는 가장 중요하고 빈번하게 쓰인 개념인 "에클레시아"가 쓰인 지점을 자세히 살펴보면, 더욱 혼란스러운 결과가 나온다. 네 개의 다양한 사회 형태가 같이 "에클레시아"로 나타나고 있다.

① 전 지구권을 포괄하는 인간 세계(고전 4:17; 마 16:18)
② 수리아와 길리기아와 같은 주(州)에 있는 그리스도인들(행 15:41)
③ 고린도와 같은 도시의 그리스도인들(고전 1:2)
④ 마지막으로 그리스도인들이 모이는 "가정집"(롬 16:5; 몬 2)[6]

교하라.
[5] Jürgen Roloff, Die Apostelgeschichte (NTD 5), Göttimgen 1981, 139을 보라.
[6] 유사하게 바울서신을 중심으로 Hans-Joachim Eckstein, Gottesdienst im Neuen Testament, in: Ders./Ulrich Heckel/Birgit Weyel (Hg.), Kompendium Gottesdienst, Tübingen

그러므로 "가정집"으로서 세례 가족에게 에클레시아의 성격이 부여될 수 있는데, 이는 지역교회의 성격에 뒤지지 않는 것이다. 다만 그리스도와의 관련성이 중요하다. 그리고 이러한 관련성은—세상 심판(마 25:31-26)에 대한 말씀이 분명하게 보여주는 것처럼—언어로 명시화 돼야만 하는 것은 아니다.

이러한 결과는 사회가 엄청 유동적이고, 그에 따라 **사회 형태가 변하고 있는** 조건에서 주목할 필요가 있다. 종종 숫자가 줄어가는 회원들의 저조한 참여율에 대해 불평하는 것은 도시 지역에 위치하는 단체뿐만이 아니다. 사회적으로 지방이나 주 관할 지역에 자리 잡고 있는 거대 조직인 정당들이나 노동 조합들 역시 전체적으로 결속이 느슨해지고 있고, 회원들이 줄고 있다.

이와는 반대로—시민 사회라는 범례의—다른 두 개의 영역은 사람들과 그들의 일상을 위해 중요하다. 가족의 형태가 여러 지역의 다세대 가족[7]으로 계속 변함에 따라 이웃이 더욱 중요해졌는데, 전통적인 의미에서가 아니라 현대의 유동성이라는 조건 때문에 그렇다. 유치원에서부터 시작해 친구와 부모, 조부모를 넘어 간병인까지 아우르는 사회적 네트워크가[8] 생성되고 있다. 많은 사람이 이와 같은 도움 없이 일상생활을 해낼 수 없다. 이러한 네트워크에서는 안정성과 유연성이 상호 요구된다. 이를 통해 가족이라는 담론은 현저하게 넓어지고 역동적이 된다.

전자 커뮤니케이션의 새로운 형태는 최근까지는 상상할 수 없던 방식으로 전 세계적인 접촉을 가능하게 한다. 특히 모바일 전자 커뮤니케이션은

2011, 22-41, 40을 보라.

[7] 예를 들어, Hans Bertram, Die verborgenen familiären Beziehungen in Deutschland. Die multilokale Mehrgenerationenfamilie, in: Martin Kohli/Marc Szydlik (Hg.), Generationen in Familie und Gesellschaft, Opladen 2000, 97-121을 보라.

[8] 이러한 복잡한 사회이론적 개념의 이론적 배경을 위해서는 Harrison White, Identity & Control. How Social Formations Emerge, Princeton ²2008.

많은 사람의 실생활과 취업을 위해 더욱 중요해지고 있다. 그와 함께 이제까지 존재와 가치 설정의 영역에서 주변에 놓여 있던 전통과 의사 소통 형태가 직접적인 관련성을 맺을 가능성이 있다. 인터넷에서 기도-채팅을 살펴보면, 그러한 교환 과정의 생생함을 예시적으로 보여준다.[9] 미디어 커뮤니케이션이라는 확대된 담론은 존재설정과 가치설정의 영역에서 하부 담론을 형성하고 있다.

오늘날 교회법에서 사용되고 있는 공동체 개념은 원래 19세기 말에 있었던 공동체 운동에 근거한다. 에밀 슐체(Emil Sulze)와 같은 목사들은 도시가 폭발적으로 성장하고 그와 더불어 교구가 성장하는 것에 대해 혁신적으로 반응했다.[10] 19세기말 이후에 설립된 교회 건물들이 오늘날 이에 대한 증거들이다. 새롭게 확산된 사회 형태인 협회(Verein)의 양식으로 교회 사역을 조직한다는 것은 당시로서는 진보적인 것이었다.

오늘날 이러한 것을 고집하는 것은 많은 사람의 삶의 관계를 놓치는 것이다. 그러므로 (예를 들어, 장로회 체계에 규정된) '공동체,' 구체적으로 지역 교회 공동체에 방향을 맞추는 것은 일방적인 것이다. 확실하게 에클레시아 형태로서의 교회 공동체는 그 이상의 의미를 갖는다. 그러나 공동체 생활이라는 개념에 표현된 기독교 신앙 실천에 대한 교회의 배타적인 요구는 많은 사람과 교회 성도들 다수의 다른 생활 영역과 긴장 관계에 놓인다. 마찬가지로 생각해 봐야 할 것은 예배의 실제를 고려해 봤을 때, 소위 대예배에 "끼워 넣기 식"[11]으로 베풀어지는 세례다.

---

9   Anna-Katharina Lienau, Gebete im Internet. Eine praktisch-theologische Untersuchung (Studien zur Christlichen Publizistik 17), Erlangen 2009을 보라.
10 또한, 이와 관련된 논의에 대해서는 Christian Möller, Lehre vom Gemeindeaufbau Bd. 1, Göttingen ²1987, 138-159을 보라.
11 세례서의 "사용을 위한 서문" Agende 2 für die Evangelische Kirche der Union Band 2. Im Auftrag des Rates herausgegeben von der Kirchenkanziel der Evangelischen Kirche der Union, Berlin 2000, 10.

매 주일 오전 예배의 긴장도와 세례의 흐름을 서로 의미있게 연결되도록 연출하는 것은 어렵다. 5분 혹은 10분내에 세례를 감동적으로 베푸는 것은 불가능할뿐 만 아니라, 도리어 세례의 의미를 약화시킨다. 소위 끼워 넣기 식의 세례는 교회론적인 입장에서 나온 결과로서, 공동체 생활이라는 담론에서는 실용적일 수 있다. 그러나 이 입장은 예전적이며 의례적인 결과들을 깊이 숙고한 것이 아니다. 목회 현장에서 이러한 세례-방식(Tauf-Modus)은 소위 공동체와 수세자와 함께 예배드리러 온 사람들 사이에 긴장감을 유발시킨다. 특히 유아 세례 때에, 노년층을 겨냥하고 있는 주일 예배에서 아이들의 소란은 피할 수 없다.

2. 세례를 공동체 담론과 배타적으로 연결하는 것이 성경적, 교회론적, 예배 실천적인 이유들 때문에 문제가 되지만, 목회 현장에서는 세례와 교회 구성원 자격을 연결하는 것(→ II.1.2) 때문에 어려움이 생기고 있다

이것은 신학적으로는 논란의 여지가 없다. 그러나 앞에서 언급했던 것처럼, 교회(혹은 사회사업) 시설에서 직장을 얻을 때, 세례와 교회 구성원 자격을 연결함으로써 그리스도의 제자라는 세례의 해방적인 기본 특징을 어둡게 하는 일이 드물지 않게 나타나고 있다. 교회 구성원의 수가 더 급감하는 경우, 이러한 문제는 더 커지게 될 것이다. 예를 들어, 베를린-브란덴부르크-슐레지엔의 오버라우지츠(Berlin-Brandenburg-schlesische Oberlausitz)개신교 교회에서의 예외 규정은(-> II.1.2) 경고음이지 해결 방안은 아니다.

더 나아가 교회를 탈퇴한 대부들의 문제를 떠올려보자. 세례 프락시스는 대부 추천을 거부하고 사람에 의해 만들어진 합법적인 규정들을 거부함으로써 과거 교회 조직의 복잡한 권력 형성을 계승하고 있다. 다시 말해, 예수 그리스도의 제자가 되는 것이 아니라, 암암리에 종교 공무원의 결정이 되는 것이다.

대부직을 거절하면서 반강제적으로 연결되는 교회 당국의 태도는 신학적으로 문제가 있다. 왜냐하면, 예수의 복음 커뮤니케이션은 인습적인 분리와 배제를 극복함으로써 두각을 나타내기 때문이다. 예수에게 중요한 것은 오로지 사람들이 도래하는 하나님 나라를 받아들이는 것이다.

그것은 대부의 교회 구성원 자격을 통해서라기보다는, 오히려 세례 예배 때 대부의 중보 기도에서 표현되고 있지 않은가?

그뿐만 아니라 경험적인 관점에서 봤을 때, 행정적 배제는 교회 구성원 자격이 선택이라는 것에도 맞지 않는다. 적어도 서독의 교회 탈퇴자들 가운데 60%는 다음 항목에 긍정적으로 답하고 있다.

"나는 교회를 탈퇴했다. 왜냐하면, 교회 없이도 기독교인이 될 수 있기 때문이다."[12] 또한, 지난 독일개신교연합(EKD)-회원 설문 조사의 다른 자료들도 다음과 같은 결론을 내놓았다.

"교회 탈퇴 결정이 자동적으로 기독교와의 결별을 의미하지 않는다."[13]

보이는 교회와 보이지 않는 교회[14]에 대한 신학적 구분을 통해 자신을 경계 짓는 교회에서 그러한 것을 계속해서 부정할 수 있을까?

---

[12] Wolfgang Huber/Johannes Friedrich/Peter Steinacker (Hg.), Kirche in der Vielfalt der Lebensbezüge. Die vierte EKD-Erhebung über Kirchenmitgliedschaft, Gütersloh 2006, 483.

[13] Wolfgang Pittkowski, Konfessionslose in Deutschland, in: Wolfgang Huber/Johannes Friedrich/Peter Steinacker (Hg.), KIrche in der Vielfalt der Lebensbezüge, Die vierte EKDßErhebung über KIrchenmitgliedschaft, Gütersloh 2006, 89-110, 93.

[14] 루터를 예로 들면 Dorothea Wendebourg, Kirche, in: Albrecht Beutel (Hg.), Luther Handbuch, Tübingen 2005, 403-414을 참조.

3. 그러므로 다양한 관점들로부터 다음과 같은 결론이 도출된다

즉 세례를 독단적으로 교회 내지는 교회 공동체와 관련시키는 것은 문제가 있다는 것이다. 신약성경의 관점에서 교회 공동체가 예수 그리스도의 제자라는 자리를 대신할 위험이 있다. 신학적으로는 신약성경의 에클레시아의 넓이와는 반대로, 특정한 사회 형태들이 규범적으로 너무 높아질 위험이 있고, 경험적으로는 변하고 있는 생활 세계와의 연결점을 잃어버릴 위험이 있다.

세례와 교회 회원 자격이 밀접한 관련성을 맺음으로써 세례받았다는 해방적인 기본 자극이 흐려지게 되거나, 심지어는 역으로 되는 경우들을 목회 현장에서 만나게 된다. 마지막으로 공동체와의 연결이라는 이유로 세례가 주일 대예배에 들어감으로써 예전에 적합한 세례를 베푸는 데 방해가 되고 있다. 세례의 독립성을 재획득하는 것이 관건이다.

거기로부터 다음과 같은 교회법적이고 예전적인 결론을 도출해 낼 수 있다. 세례와 교회 회원 자격과의 직접적인 관련성은 심사숙고돼야 한다. 감리교회에서 나타나는 교회 소속과 교회 회원 자격 사이의 구별은 계속될 것으로 보인다.

여기에서 예전 참여를 위해서 결정적인 것은 교회 소속이고, 바울의 용어로 말하자면 그리스도 몸의 지체다. 세례는 고유한 예배로서 예전적으로 드려져야 하는데, 이때 이러한 것은 주일 공동체 모임이 될 수 있다. 공동체 모임이 세례 예배로 꾸며진다면 말이다. 근본적으로 세례에 집중하는 축제들은 개인과 교회를 위한 세례의 근본적인 의미를 표현하고 있다. 예배 실행으로 그것은 세례와 연결된 표징을 적절하게, 즉 구체적인 사건으로 소통하기 위한 전제 조건이다.

제2장

개념적 틀로서 복음의 커뮤니케이션

세례의 이론과 실천에 있어서 만약 성경적인 근거와 교회론적이고 경험적인 이유로 배타적으로 (제도적) 교회와 너무 밀접하게 관련돼 있다고 여겨진다면, 적합한 개념적 틀을 찾아야 할 것이다. 이미 1950년대 말에 네덜란드 출신으로 잠시 인도네시아 선교사로 활동했던 선교학자이자, 교회연합 운동가인 헨드릭 크레머(Hendrik Kraemer)는 현재 교회의 근본적인 문제에 주목했다.

오늘날의 교회는 세속화됐고 해체라는 말로 개념화되는 대중 사회에서 살고 있다. 이 사회는 이례적으로 역동적이다. 그러나 교회는 많은 관계에서 여전히 오래됐고, 안정적이며 제한된 세계에서 사는 것처럼 행동한다.[1]

이에 반해 크레머는 커뮤니케이션 개념을 도입해 더 적절한 교회 이해가 무엇인지 파악하려고 했다. 에른스트 랑에(Ernst Lange)는 이러한 교회 연합 운동의 자극들을 수용했으며, 실천신학적인 프로그램을 위해 "복음의 커뮤니케이션"이라는 개념을 발전시켰다.

---

[1] Hendrik Kraemer, Die Kommunikation des christlichen Glaubens, Zürich 1958 (engl London 1956), 91.

우리는 복음의 커뮤니케이션에 대해 말하는 것이지, 결코 '선포'나 '설교'에 대해 말하는 것이 아니다. 왜냐하면, 복음의 커뮤니케이션이라는 개념은 말하고자 하는 사건에 대해 원칙적으로 대화 형태를 강조하기 때문이다. 그 외에도 이 개념은 성경 증언에 대한 해석이 이뤄지고 있는 중요한 교회의 모든 기능, 다시 말해 설교에서부터 심방 사역과 입교 교육에 이르기까지 교회의 기능들을 동일한 과정의 단계와 관점으로 가시화하기 때문이다.[2]

랑에 자신은 아쉽게도 일찍 사망함으로써 여기에 서술된 것들을 더 체계적으로 완성하지 못했다. 그사이 이러한 개념은 더욱 새로운 커뮤니케이션 이론과 교회론적인 관점을 수용하면서 실천신학 작업을 위해 개념적인 틀을 정할 가능성을 얻게 된 것 같다.[3] 앞으로의 내용에서 나는 세례 프락시스를 위해서 이러한 개념적 틀을 제시하려고 한다.

이를 위해 우선 "커뮤니케이션"과 "복음"이라는 두 개의 개념을 분명히 해야 한다. 이러한 배후관계 이전에 나는 담론 이론에 근거해 세례 프락시스가 상황과 관련돼야 한다는 제1장에서의 도전을 수용할 것이다. 이것은 문화와의 관계와 관련해 세분화 돼 서술돼야 한다.

이러한 해석학적 숙고에 따라 나는 세례 프락시스를 복음의 커뮤니케이

---

[2] Ernst Lange, Aus der "Bilanz 65", in: Ders., Kirche für die Welt. Aufsätze zur Theorie kirchlichen Handeln, hg. v. Rüdiger Schloz, München 1981, 63ß160, 101; 교회 이해를 위한 결론들을 위해서는 Jan Hermelink, Die homiletische Situation. Zur jüngeren Geschichte eines Predigtproblems (APTh 24), Göttingen 1992, 179-184을 참조.

[3] Norbert Mette, Einführung in die katholische Praktische Theologie, Darmstadt 2005; Fritz Lienhard, La démarche de théologie pratique, Brüssel 2006 (Grundlegung der Praktischen Theologie. Ursprung, Gegenstand und Methoden [APrTh 49], Leipzig 2012); Wilfried Engemann, Kommunikation des Evangeliums – ein interdisziplinäres Projekt, in: Christian Grethlein/Helmut Schwier (Hg.), Praktische Theologie. Eine Theorie- und Problemgeschichte (APrTh 33), Leipzig 2007, 137-232; Christian Grethlein, Praktische Theologie, Berlin 2012을 참조.

션 형태로서 현대 문화의 정황 속에서 분석하고자 한다.

계속해서 나는 하나님과의 의사소통이라는 커뮤니케이션의 다른 형태와의 관련성 속에서 세례를 다룰 것이다. 그럼으로써 지금까지 별로 주목받지 못했던 연관성에 대한 통찰들이 생겨날 것이다.

마지막으로 나는 오늘날의 세례 프락시스에서 복음의 커뮤니케이션의 세 가지 차원에 전념하려고 한다. 여기에서 나타나는 것은 제2장 마지막 부분에서 언급했던 혁신 모델들이 실제로 세례 프락시스의 지속 발전 가능성을 기대하도록 한다는 것이다.

1. 커뮤니케이션이 오늘날 사회학과 문화학에서 핵심 개념으로 부상하고 있는 것은 우연이 아니다

전통과 규범이 파괴되면서 타협하는 과정이 이전보다 더 높은 수준으로 요구되고 있다. 겉보기에 당연한 것에 대해서도 캐묻게 됐고, 재차 커뮤니케이션을 통해 설명해야만 한다.

"커뮤니케이션"을 통해 관계를 형성하고 어느 정도 안정감을 유지하는 자기 본위의 사회적 필요는 간과될 수 없다. 이러한 필요는 다음과 같은 배경에서 이해될 수 있다. 즉 다양한 토대에 기반을 둔 사회적 다양함(독립성)과 다양한 지위(다원화), 개별 인간이 오랫동안 고정된 사회적 제도로부터 분리(개인화)되면서 중재와 통합을 위한 새로운 규칙들이 필요하게 됐다는 것이다.[4]

---

[4] Manfred Faßler, Was ist Kommunikation?, München ²2003, 27.

그동안 커뮤니케이션 과정은 다양한 학문의 영역과 다양한 질문들이 제기되는 가운데, 특히 담론 이론적인[5] 문제 제기 가운데 분석됐다. 세례 프락시스에서 중심을 이루는 존재 설정과 가치 설정 영역에서의 커뮤니케이션 행위를 위해[6] 다음과 같은 통찰이 중요하다.

기호학에서 커뮤니케이션은 "전달 사건과 참여 사건"[7]으로 완성된다. 커뮤니케이션은 "다양한 상황 속에서 기호라는 기초 위에서 사람들을 통해"[8] 일어난다. 이 경우 주안점은 기호다. 기호는 특정한 암호로 이뤄지는데, 예를 들어 단어 암호, 신체 암호, 소리 암호, 물건 암호, 사회적 언어들이다.[9]

앞에서 언급한 것과 같은 커뮤니케이션을 확고히 하는 요인들은 (인간을 위한) 심리학과 (상황을 위한) 사회학과 같은 연구 영역으로 안내한다. 이러한 학문이 특별한 것은 왜 이따금 방해물들이 커뮤니케이션 과정을 위해 유익한 것으로서 입증될 수 있는가를 설명할 수 있다는 점이다. 이를 통해 새로운 해석들이 생기며, 진척된 통찰들을 얻을 수 있다.[10]

---

5 이에 관한 기고문으로는 in: Reiner Keller/Hubert Knoblausch/Jo Reichertz (Hg.), Kommunikativer Konstruktivismus. Theoretische und empirische Arbeiten zu einem neuen wissenssoziologische Ansatz, Wiesbaden 2013을 참조.
6 여기서는 하버마스의 도구적, 전략적, 의사소통적 행동의 차이가 배경에 놓여 있다. Jürgen Habermas, Theorie des kommunkativen Handelns Bd. 1. Handlungsrationalität und gesellschaftliche Rationalisierung, Frankfurt 1981, 385.
7 Wilfried Engemann, Kommunikation des Evangeliums – ein interdisziplinäres Projekt, in: Christian Grethlein/Helmut Schwier (Hg.), Praktische Theologie. Eine Theorie- und Problemgeschichte (APrTh 33), Leipzig 2007, 137-232, 141.
8 Wilfried Engemann, Einleitung. Zur Rezeption der Beiträge dieses Bandes, in: Ders., Personen, Zeichen und das Evangelium. Argumenatationsmuster der Praktischen Theologie (APrTh 33), Leipzig 2003, 15 이하.
9 이에 관해 명료하면서도 구별된 것으로는 Karl-Heinrich Bieritz, Liturgik, Berlin 2004, 44-46.
10 Wilfried Engemann, Kommunkation der Teilhabe. Die Herausforderung der Informationsmaschinen, in: Ders., Personen, Zeichen und das Evangelium. Argumenatationsmuster der Praktischen Theologie (APrTh 33), Leipzig 2003, 255-269, 266을 참조.

심리학적으로, 의사소통을 할 때 다양한 영역들이 구분된다. 모든 메시지는 이러한 관점에서―근본적으로 동급인―네 개의 소식을 포함하고 있다.

① 내용
② 자기 알림
③ 의사소통자들 간의 관계
④ 호소[11]

이러한 네 영역은 커뮤니케이션이라는 상호관련성에 상응해 메시지의 발신자뿐만이 아니라 수신자와도 관련이 있다. 메시지는 다양한 문화와 다양한 삶의 배경에서 나오기 때문에 커뮤니케이션은 특히 비언어적 영역에서는 복잡하고 잘못 이해되기 쉽다.[12] 세례 프락시스를 이해하는 데 있어서 단순히 언어적 표현에만 집중하는 것으로는 충분하지 않다. 세례와 관련된 기호들은 세련된 표현을 구사하는 교양층과 고상한 사회적 배경까지 넘어서 아우를 수 있는 소통의 가능성을 열어준다.

사회학적으로 체계 이론은 커뮤니케이션의 이해를 위해 중요한 공헌을 하고 있다. 체계 이론은 커뮤니케이션으로 말미암은 이해의 "불확실성"[13]을 암시하고 있다.

2개의 블랙박스는 어떤 우연들 때문에 언제나 서로 연관성을 갖게 된다.

---

[11] 이에 관한 상세한 예들로는 Friedemann Schulz von Thun, Miteinander reden Bd. 1-3, Reinbek 1981, 1989, 1998.
[12] Dagmar Kumbier/Friedemann Schulz von Thun (Hg.), Interkulturelle Kommunikation: Methoden, Modelle, Beispiele, Reinbek ⁴2010을 보라.
[13] Niklas Luhmann, Die Unwahrscheinlichkeit der Kommunikation, in: Ders., Soziologische Aufklärung 3. Soziales System, Gesellschaft, Organisation, Opladen 1981, 25-34.

각자는 자신의 경계 내에서 복잡한 자기 지시적인 작업들을 통해 자신의 고유한 행동을 결정한다. 그래서 자신에 의해 가시화된 것은 환원법이 필요하다. 각자는 동일한 것을 다른 것들에 종속시킨다.[14]

그러므로 커뮤니케이션은 여기에서 자율적인 시스템으로 구성된다. 이와 함께 커뮤니케이션 본래의 역동성이 나타난다. 이 역동성은 분석을 통해 이해될 수 있거나 심지어 기능적으로 규정될 수도 없다. 메시지 기술로부터 유래된 반복과 선택이라는 개념들은 의사소통 과정에 대해 보다 정확하게 이해할 수 있게 해 준다.[15] 커뮤니케이션은 이미 알고 있는 것에 대한 재수용을 통해서만 이해되고, 새로운 선택은 새로운 관점으로 이끈다. 그러므로 선택의 여지를 만드는 것과 이미 알고 있는 것을 수용하는 것은 똑같은 정도로 복음의 커뮤니케이션을 위해 중요하다.

사회 언어학 연구들은 커뮤니케이션의 사회적 차원에 주목한다. 이 연구들은 사회 계층 이론과 관련해 커뮤니케이션을 분석할 때 단순한(restringiert) 암호(code)와 세련된(elaboriert) 암호 사이를 구분하고 있다.[16] 단순한 암호에서 언어적 표현은 투박해 보이지만, 명료성과 직접성 및 감성적이라는 특성을 지닌다.

이와는 반대로 세련된 암호는 언어적으로 섬세하지만, 추상적이고 거리를 두며 감정이 결여돼 있다. 이러한 이론은 더욱 최근의 생활 환경 스타일 모델과 삶의 스타일 모델을 통해 형성됐고 계속 발전된 것이다. 이 이론은 소통을 위해서는—예나 지금이나 시대에 맞는—소통자들의 사회적 정황의 가치를 강조한다.

---

[14] Niklas Luhmann, Soziale Systeme, Grundriß einer allgemeinen Theorie, Frankfurt 1984, 156.
[15] Dirk Baecker, Form und Formen der Kommunikation, Frankfurt 2007 (2005), 21을 보라.
[16] Basil Bernstein, Studien zur sprachlichen Sozialisation, Düsseldorf 1972을 보라.

마지막으로 후기구조주의 이론가들은 커뮤니케이션의 권력 형성에 주목한다. 이를 위해—제1부에서 역사적인 회고를 위해 동원된—담론 개념이 도움이 된다.

> 나는 모든 사회에서는 담론이 생산되면서 동시에 통제되고, 선택되고, 조직되고 유도된다고 전제한다. 그것도 확실한 절차들을 통해서 이뤄진다. 이 절차들의 과제는 담론의 힘과 위험을 억제하고 예상할 수 없는 사건의 가능성을 없애며, 힘들고 위협적인 실체를 피하게 하는 것이다.[17]

세례 프락시스의 역사에서 이러한 관점은 지금까지 소홀히 해왔던 의사소통 행위의 상황화를 지각하도록 한다. 이것은 드물지 않게 문제가 많은 배제와 연결돼 있다.

분명한 것은 다양한 과정에서 커뮤니케이션의 불안전성과 결과 개방성 및 이와 함께 방해에 대한 무저항력과 갱신의 가능성이 나타난다는 것이다. 그로부터 나의 연구들은 신학과 연결한 복음이라는 개념을 설명할 수 있을 것이다.

2. "복음"은 바울에게 있어서 핵심 개념이고, 공관복음 기자들에게도 그렇다[18]

바울은 나사렛 예수의 사역과 죽음을 요약하고 있다. 문법적으로 눈에 띄는 것은, 복음과 관련된 동사 "유앙겔리제스타이"(*euangelizesthai*)가 거의

---

[17] Michel Foucault, Die Ordnung des Diskurses, Frankfurt [10]2007 (불어 1972), 10 이하.
[18] 상세한 참고 자료에 대해서는 Christian Grethlein, Praktische Theologie, Berlin 2012, 158-170을 보라.

능동태와 수동태 사이에 있는 중간태에서만 나타난다는 것이다. 이러한 헬라어의 독특한 문법은 의사소통의 상호성에 일치한다. 발신과 수신은 상호 의존적이며, 일방적으로 한쪽의 소통자에게 귀속시킬 수 있는 것이 아니다(예를 들어 "선포" 개념이 이를 암시해 준 것과 같다).

복음은 핵심적으로 하나님 나라의 도래와 관계된 것이다. 예수는 구약성경에서 유래한 이 담론을 수용했으며, 세 가지 방법으로 이것을 소통했다.

첫째, 예수는 비유들을 말씀하실 때 일상에서 일어나는 일들을 언급했으며, 그것을 하나님 나라의 지평 속에 세우셨다. 그로 인해 당시의 상황에 기반을 둔 새로운 관점이 생겨났다. 그 외의 통상적인 위계 질서와 입장들에 대해서는 급진적으로 의문이 제기됐다.

종교사적으로 당시에 비유의 장르를 사용하던 다른 이야기꾼들과 비교해 보면, 예수 비유의 독특성이 나타난다. 예수는—그 외 통상적인—긴 설명을 덧붙이지 않았다. 그는 "오히려 동시대인들의 세계와 하나님 나라를 연결하고자 했다"(비교, 눅 11:20).[19] 여기로부터 청중에게는 해석의 여지가 생겨났다. 청중은 출구가 열려 있는 가르침과 학습 과정으로 들어가게 됐다. 그러므로 청중의 몰이해에 대해서 기록된 것은 이상한 일이 아니다(막 4:10-12를 보라).

내용적으로 예수의 비유들을 분석하면 다음과 같다.

① 비유들은 끊임없이 인상적인 그림들을 포함하고 있다. (…)
② 종종 식사 모티브가 나타난다. 식사 모티브는 유대인의 관습에 따라 끊임없이 기도와 축복과 연결된다.

---

[19] Jürgen Becker, Jesus von Nazaret, Berlin 1996, 183.

③ 예수로 말미암은 구체적인 도움들이 기록돼 있다. 또한, 이때 예수가 아버지라고 부르는 하나님과의 교제가 전제돼 있다.[20]

다양하게 표현되고 있는 "랍비"라는 호칭은 예수가 이야기한 것이 **가르침과 배움**으로 여겨졌다는 것을 보여준다.

둘째, 예수는 신약성경의 보도에 따르면 하나님 나라의 도래, 즉 복음을 식사 공동체의 형태 속에서 소통했다. 당시에는 모든 사람이 배부르게 먹고 마시는 것이 당연한 것이 아니었다. 먹는 것과 마시는 것 외에 이 식사 시간의 특징적인 것은 평등하고 포용적인[21] 성향이었다.

그래서 예수는 예전적이고 윤리적인 이유로 소외됐던 "세리와 죄인들"을 위해 이러한 식탁 공동체를 열었고, 이로 인해 예수는 비난을 받았다(마 11:19). "탐식가이며 주정꾼"이라는 예수에 대한 욕이 이러한 것을 보여주고 있다. 이러한 공동체적인 즐김의 의사소통 방식 또한 —가르침과 배움의 과정처럼— 오해됐다.

셋째, 복음의 커뮤니케이션 방식으로 예수는 삶을 도운 것을 지적할 수 있을 것이다. 예수는 치유 속에서 개개인에게 관심을 기울였으며, 이야기와 식사 공동체 안에서 소통했던 복음으로의 통로를 그들에게 열어주었다. 이때 육체의 회복과 연결된 죄의 용서는 전 인간을 포함한 예수 행위의 넓이를 암시한다. 예수 행위의 역동성은 (당시) 질병 때문에 주어진 공동체적이며 예전적인 분리를 극복했다는 것을 유념할 때에만 이해될 수 있다.

여기에서도 커뮤니케이션 불통이 일어난다. 그래서 예수는 자신이 받아들여지지 않는 곳에서는 치유할 수 없었다(예를 들어, 막 6:5 이하). 더구나

---

[20] Christian Grethlein, Praktische Theologie, Berlin 2012, 164.
[21] Hal Taussing, In the Beginning was the Meal. Social Experimentation & Early Christian Identity, Minneapolis 2009, 48 이하를 보라.

(안식일에 대한) 제의적 규정보다 삶에 도움을 주는 것을 더 우선으로 여기는 예수의 태도는 불쾌감을 유발했다.

그러므로 신약성경의 핵심 개념으로서의 복음은 예수 사역의 근본적인 특징인 의사소통의 특징을 암시하고, 이 책에서 선택한 세례에 대한 커뮤니케이션 이론의 접근이 적합하다는 것을 증명하고 있다.

예수는 세 가지 소통 방법으로 하나님 나라 담론을 수용했다. 즉 가르침과 배움, 공동체적 축제와 삶의 도움이다. 이 세 가지는 분석적으로만 서로 분리될 수 있다. 예수 사역의 반전은 그러한 것들이 의사소통적으로는 서로 분리될 수 없다는 것이다. 이미 언급했던 예수 비유들의 탁월한 내용과 식사 시간과 연결된 말씀들, 치유와 죄 용서와의 관련성들이 이것을 보여준다.

거기에서 매번 눈에 띄는 것은 예수의 의사소통 행위의 평등하고 포용적인 특징이다. 그는 가난한 사람들과 장애인들, 여인들과 아이들, 예전에서 배제된 사람들을 당시의 인습을 고려하지 않고 하나님 나라 담론에 받아들였고, 특히 배타적인 함의를 제거했다. 거기에서 매번 오해와 몰이해가 등장했다는 것은 계속되는 복음 소통의 기본적인 특징을 가리킨다. 복음의 소통은 매번 강요 없이 이뤄진다. 그리고 이와 함께 거부와 오해 때문에 의사소통이 방해된다.

예수 사역에서 볼 수 있는 하나의 예는 복음의 소통이 예수에게조차 결말이 개방적이라는 것을 보여준다. 예수는 가나안 여인과 논쟁할 때 (마 15:21-18;-> I.1.5) 자기의 입장을 완전히 바꾸었다. 처음에 그는 무뚝뚝하게 딸에 대한 이 여인의 간청을 거절했다. 예수는 이스라엘로 자신의 활동 범위를 한정지었고, 신학적으로 이를 이스라엘에 한정해 보내신 하나님의 위임으로 정당화했다. 하지만 여인의 간청은 인종에 근거한 예수의 배척을 극복했다. 이스라엘에 속하지 않은 여인과의 대화에서 예수는 지금까지 이스라엘에 한정시켰던 것을 뛰어넘어야 한다는 것을 발견했다. 이 여인의 반박을 통해 비로소 복음의 확산이 예수에게 분명해졌다.

마지막으로 이러한 성경의 결과는 또한 미디어 이론의 구별을[22] 통해 보완될 수 있다. "복음"은 중계 매체와 저장 매체로 나타난다. 복음은 참여자들 사이에서 시대에 맞는 구어적인 상호 작용 속에서 일어나며, 책의 형태로 문서화된다. 두 경우 모두 커뮤니케이션에 관한 것이다. 한편으로 얼굴과 얼굴을 맞대는 경우 결론이 개방적이고, 다른 한편으로 문서화된 경우에는 겉보기에는 닫혀있으나, 해석의 여지가 있다. 기독교 역사의 관점에서 볼 때, 두개의 매체 유형은 필수적이다. 이 둘은 한편으로는 박물관적인 경직성을, 다른 한편으로는 빗나간 신령화를 막아준다.

세례에서 복음의 두 가지 미디어 형식은 서로 결합돼 있으며, 서로를 보완한다. 비언어적 상호 작용도 포함하고 있는 면대면-커뮤니케이션은 신약성경 본문, 일반적으로 마태복음 28:16-20의 낭독을 통해 복음의 근본 동인과 연결된다.

3. 세례 프락시스를 위에서 서술한 "복음의 커뮤니케이션"이라는 개념의 관점에서 규정한다면 그로부터 다음과 같은 결과가 나타날 것이다

세례 프락시스는 세 가지 커뮤니케이션 방식을 포함하고 있다. 그것은 가르침과 배움, 공동체적 축제, 삶의 도움이다. 실천신학적 카테고리 안에서는 다음과 같이 변형된다. 즉 세례 프락시스는 교육적, 예전적, 봉사

---

[22] Jochen Hörisch, Der Sinn und die Sinne. Eine Geschichte der Medien, Frankfurt 2001, 71 이하를 보라.

적 차원을 갖는다. 세례 프락시스의 표현 방식은 동일하게 성경에 나타나고 있는 예수의 근본 동인과 연결돼 있고, 또한 그것을 통해 발의됐으며, 오늘날 일상에서 접하게 되는 실천과 연관돼 있다. 커뮤니케이션으로서의 세례 프락시스는 결과가 개방적이다.

그래서 세례 프락시스의 상황화라는 과제가 제기된다. 세례가 오늘날의 문화와 사회에 연결되는 점과 단절되는 점이 (언어와 비언어적으로) 소통돼야 한다. 구체적인 분석은 루터 세계연맹 연구단체에서 작성한 것처럼 예배 해석학적인 구분에 목표를 두고 있다. 이 분석은 네 가지로 구분된다.

① 예배에 관해서 문화 포용적("transcultural"),
② 상황적("contextual"),
③ 반문화적("counter-cultural"),
④ 문화적 상호 작용("cross-cultural")의 차원이다.

예배의 해석학을 위해 작성된 이러한 구분은 복음의 커뮤니케이션과 세례 프락시스의 일반적 영역에 직접적으로 적용될 수 있다.

세례에 관해 『리마 문서』에 요약된 에큐메니컬 운동에서 세례의 공통점과 여기서 파생된 동기들은 세례 프락시스를 위한 좋은 기초를 제공하는데, 여기서는 세례의 문화 포용적 특징을 진지하게 수용하고 있다.

『리마 문서』에 나와 있는 세례 단락의 목차에 따라, 다섯 개 관점이 중요하다.

첫째, 세례는 (교회 조직으로의 입회가 아니라) 예수 그리스도와 관련돼 있다. 따라서 세례의 도입은 다음과 같이 시작된다. "기독교 세례는 나사렛

예수의 사역과 죽음, 부활에 근거하고 있다."²³

둘째, 이러한 예수 그리스도 지향성은 세례의 의미를 묘사하는 데에도 내재돼 있다. 세례의 의미가 내포하는 것은 다음과 같다.

① "그리스도의 죽음과 부활에 참여,"
② "회심, 용서, 씻음", "성령의 선물,"
③ "그리스도의 몸의 지체가 됨,"
④ "하나님 나라의 징표"(9-11; 3.-7.).

셋째, "세례와 믿음"과의 관계와 관련해 『리마 문서』는 다음과 같이 제시한다. 즉 세례는 "그리스도 안에서 일평생 성장하는 것"과 관련이 있다는 것이다(11;9.). 여기에 "인류가 새롭게 되고 자유롭게 될 수 있다는"(12;10.)—교회의 영역을 능가하는—희망이 속해 있다.

넷째, 이때 지속적인 "기독교 가르침"의 의미(13;12.)가 분명하게 드러나게 되기 때문에 세례 프락시스의 교육학적 차원이 부각된다. 교회 일치 운동가들은 축제를 위해 세례와 성찬의 관계를 진지하게 받아들일 것을 제안한다.

다섯째, 그들은 세례 예배의 근본적인 요소들을 통합하고 있다.

> 세례와 관련된 성경의 선포, 성령을 부름, 악에 대한 거부, 그리스도와 삼위일체 하나님에 대한 신앙고백, 물의 사용, 수세자가 하나님의 자녀로서 그리고 교회의 지체로서 새로운 정체성을 받아들이고, 복음의 증인들이

---

[23] Taufe, Eucharistie und Amt. Konvergenzerklärungen der Kommission für Glauben und Kirchenverfassung des Ökumenischen Rates der Kirchen, Frankfurt 1982, 9 (1.). 여기서와 다음에서는 간행물 페이지 숫자는 괄호에 나타난 첫 번째 숫자와 목차의 두 번째 숫자를 표시함.

되도록 부름 받았다는 선언(16; 20.).

세례의 이와 같은 문화 포용적인 특징 외에 세례 프락시스의 구체적인 형식들에 대한 상황화(좁은 의미에서)는 필수적이다. 이것은 비판적일뿐 아니라 건설적인 함의를 갖는다.

종종 전통적인 제의와 행동 양식은 이전의 상황화 과정에 근거하고 있지만, 이후의 삶의 변화는 그에 상응하는 담론과 함께 이뤄지지 않고 있다. 세례와 주일 공동체 예배의 결합은—공동체라는 당시의 담론 내에서는—19세기 말엽[24]에 있었던 조합 개념의 수용으로 해석될 수 있다.

새로운 세례 축제는 그와는 반대로 그 후 실행됐던 사회적 변형들을 주목한다. 새로운 세례 축제는 조합의 형태를 따르지 않는 복음의 커뮤니케이션 참여를 목표로 한다. 흥미롭게도 이 경우 대화라는 현재의 담론과 결합해 부분적으로 행사와 같은 형식들이 (재)발견되고 있는데, 이에 대해서는 세례에 관한 첫 번째 보고에 이미 나와 있다(→ I.1.2).

상황화가 필요하다고 하더라도, 감춰지지 않아야 될 것은 복음의 커뮤니케이션은 모든 문화에 대해 비판적인 질문을 포함하고 있다는 사실이다. 우리 사회의 특징을 이루고 있는 경제적이고 사회적인 분리는 예를 들어, 복음의 평등적이고 포괄적인 해방 동기와 대립하고 있다. 그에 상응해 세례 프락시스는 특정한 생활 환경에 대해서만, 관심을 가져서는 안 된다.

제2부에서(-> 1.3) 어느 정도 상세하게 인용했던 경제적으로 가난한 세례 받는 아이 엄마의 예는 중요한 도전들을 시사하고 있다. 그중의 하나는 무엇보다도 언어에 관한 것이다. 좀 더 정확히 말하면, 형식적 교양층의 세련 어법에 맞춰진 세례 프락시스는 그들에게 충분하지 않다는 것이

---

[24] 개별적인 제안들로는 Rudolf Roosen, Die Kirchengemeinde – Sozialsystem im Wandel (APrTh 9), Berlin 1997, 60-87을 보라.

다. 오히려 소통의 다차원성을 고려해 사람들과 함께 세례를 경축하는 것이 근본적으로 중요하다. 존속하고 있는 법적인 규정들과 전해 내려오는 교리적 표상들은 이때 점점 더 방해거리로 여겨지고 있다. 그것들은 복음의 내용에 대해 정체된 견해를 포함하며, 전해져 오는 담론에 속박됨으로써 배제들과 결합하고 있다.

넷째, 문화적 상호 작용의 관점은 세례 프락시스의 표현 방식을 위한 세례의 교회 일치성을 풍성하게 만들도록 자극한다.

제2부에서(→ 3) 제시한 예들은 부분적으로 적절한 자극들에 근거하고 있는데, 예를 들자면, 노르웨이 루터교회(세례 중심적 교회 구조) 혹은 미국의 로마 가톨릭 주교교회(예전적 단계별 성인 세례 예비자 교육)가 그렇다. 그 사이 많은 교회 공동체에서 당연시되는 세례 초는 불과 몇십 년 전만 해도 로마-가톨릭교회(그리고 동방정교회)에서만 보편적으로 사용되던 것들인데, 이 또한 에큐메니컬 운동에서 넘어온 결과다. 1952년만 해도 예를 들어, 독일 개신교루터교회연합(VELKD)총회는 세례 초를 도입한다는 결정을 할 수 없었다.[25]

4. 복음의 커뮤니케이션 안에서의 세례 프락시스의 특별한 특성은 복음 커뮤니케이션의 핵심 척도인 하나님 담론과 관련해 구분될 때, 좀 더 분명해질 것이다

사람과 소통할 때와 마찬가지로 "…에 대해서," "…와 함께," "…로부터"의 영역으로 구분될 수 있다. 즉 하나님에 대해, 하나님과 함께, 하나

---

[25] Uwe Steffen, Taufe. Ursprung und Sinn des christlichen Einweihungsritus, Stuttgart 1988, 180을 보라.

님으로부터의 소통이다. 여기에서 유효한 것은 각각의 형태는 다른 두개의 형태들에 관여하고 있다는 사실이다.

기독교 역사적으로 잘 알려지고 시도된 의사소통의 형태들을 중요성에 따라 정리해 본다면, 대략 아래의 틀(표5)로 정리될 것이다. 이 틀은 본질에 대한 다양한 영역들을 보여주고 있다.[26]

도표 5: 하나님이라는 담론 내에서 의사소통의 형태들

	하나님에 대한 소통	하나님과 함께 하는 소통	하나님으로부터의 소통
기본적인 기초	이야기	기도	축복
세목별 나열	서로 이야기하기	노래하기	치유하기
기독교 역사적 특징	설교하기	성만찬축제	세례

하나님으로부터의 소통에 소속된 것들은(축복, 치유하기, 세례) 세례 프락시스를 위해 새로운 관점들을 열어준다. 이러한 것은 세례 예식 자체 안에서 한 사람이 삼위일체 하나님 이름으로 세례받는 것(수동태)을 통해 표현된다. 표 5는 세례 프락시스와 그리스도인들의 축복과 치유 프락시스와의 관련 가능성에 주목하고 있다.

축복은—종교사적으로 오래됐고, 의사소통적으로 기본적으로—좋은 것을 바라는 인류학적인 기본 사실과 연결돼 있다. 좋은 것을 바라는 것(축하)은 오늘날 많은 사람이 매력적으로 느끼는 의사소통의 한 형태다. 예를 들어, 학교 예배에서 (구 동독에서도) 축하해 주는 것이 이러한 것을 보여

---

[26] 내용적으로 이러한 구별에 대해서는 Christian Grethlein, Praktische Theologie, Berlin 2012, 493-571.

준다.²⁷ 축복은²⁸ 구조적으로 세례와 일치한다. 즉 하나님으로부터 기인하였고, 그래서 의사소통적으로는 소원으로만 표현될 수 있는 격려²⁹에 이어 파송이 온다.

이와 함께 축복은 윤리적 함의를 갖는다. 그것은 나르시시즘적인 경향을 간과할 수 없게 된 사회 공동체 안에서 중요하다. 왜냐하면, 축복하시는 하나님이 "우주의 달콤한 아빠"(a cosmic sugar daddy)³⁰로 기능할 수 있는 위험은 단지 그렇게만 막을 수 있기 때문이다. 축복의 중심은 내용적으로 피조물 측에 놓여있다. 그래서 축복은 원초적인 종교 경험과 연결되고 큰 사전 지식 없이도 직접적으로 접근할 수 있다.

말하자면 세례에 대한 매개는 의사소통적인 측면에서 치유를 표현하고 있는데, 이는 예전적인 전통에서 병자에게 기름을 바르는 것으로 표현되는 것과 같다.³¹ 인간은 하나님의 도움을 청한다. 여기에서 생겨나는 하나님과의 소통은 신약성경에서는 예수를 따르는 것과 연결되며,—적어도 기본적으로—예전적으로는 지속해서 현재형이다. 이때 피조물의 영역과 예수 그리스도와 관련된 영역들은 직접 서로 연결된다.

19세기 말엽 이후부터 한동안 치유는 완전히 의학계로 옮겨진 것처럼 보였다. 하지만 그 사이에 의학의 한계가 분명해졌다.³² 병 때문에 불가피

---

27 Michael Domsgen, "Mama, Herr D. hat mich gesegnet". Schulgottesdienste in Ostdeutschland, in: Arbeitsstelle Gottesdienst 20/1 (2006), 27-35.
28 역사적 관점 하에서 그리고 아론의 축복과 관련해서는 Michael Meyer-Blanck, Gottesdienstlehre, Tübingen 2011, 517-521을 보라.
29 Christian Grethlein, Grundinformation Kasualien. Kommunikation des Evangeliums an Übergängen des Lebens, Göttingen 2007, 65을 보라.
30 Christian Scharen, Blessing, in: Bonnie Miller-McLemore (Hg.), The Wiley-Blackwell Companion to Practical Theology, Malden 2012, 80-88, 82.
31 기름 바름의 역사적 배경과 오늘날의 발전을 위해서는 Christian Grethlein, Grundinformation Kasualien. Kommunikation des Evangeliums an Übergängen des Lebens, Göttingen 2007, 358-389를 보라.
32 이미 A. M. Klaus Müller, Wende der Wahrnehmung. Erwägungen zur Grundlagenkrise in

하게 직면하게 된 자신의 종말에 대한 통찰은 자연 과학의 변수와 기술적인 처방으로 다룰 수 있거나, 전혀 해결될 수 있는 것이 아니다.

제2차 바티칸 예전 헌장[33]에 나와 있는 "울트마 운티오"(ultima unctio, 최후의 기름 바름)는 병자에게 기름을 바르는 것인데, 이것이 새롭게 부각되고 있고, 미국과 캐나다 루터교회의 "특별 예배"(Occasional Services, 1982)가 중요한 자극을 주고 있다. "치유 예식"(Healing rites)은 인간 존재에 대해 양면적인 입장을 취한다. 그러나 치유 예식은 하나님의 치유 행위에 대해 희망하도록 한다.

영어의 "치료"(curing)와 "치유"(healing)[34]의 구별은 이전에 치유라는 담론에 있었던 배타성을 극복하고 있다. 치유에 대해 간청은 할 수 있으나, 육체적 쾌유가 목표여서는 안 된다. 치유는 하나님께서 선물로 주신 생명을 포함하며, 그래서 생물학적 종말을 뛰어넘는다. 치유와 관계된 기름 바름은 하나님의 동행하심에 대한 징표로서 심지어 죽음을 넘어서고 있다. 이와 함께 육체의 차원은 예전에서 새로운 주목을 받는다. 예전에서 공동체적으로 경축하는 것과 봉사와 목회 상담에서 삶을 돕는 것은 서로 관계가 있다.

이것은 세례 프락시스를 위해 새로운 관점을 열어준다. 위에서 언급했던 의사소통 이론의 분류가 옳다면, 세례 프락시스의 갱신은 축복과 치유 프락시스와 밀접한 관련을 이룬다. 물 붓는 행위 뒤에 축복이 이어지는 것은 우연이 아니다. 많은 사람은 보호와 안위에 대한 희망과 세례를 연결시킨다. 그와 함께 기독교 역사적으로 봤을 때 세례 때와 유사한 문제들이

Physik, Medizin, Pädagogik und Theologik, München 1978, 54-99을 보라.

[33] Rainer Kaczynski, Feier der Krankensalbung, in: Sakramentliche Feiern I,2 (GDK 7,2), Regensburg 1992, 241-343, 300-302을 보라.

[34] Marcus Felde, Summary an Healing Rites, in: Anita Stauffer (Hg.), Baptism, Rites of Passage, and Culture (Lutheran World Federation Studies 1/1999), Genf 1998, 145-150, 147을 보라.

축복과 치유 때에도 나타났다.

축복이라는 담론에서도 교회화가 관찰된다. 많은 사람에게 축복은 목사들에게 주어진 "거룩한" 행위로 간주한다. 이렇게 되면, 축복은 일상과의 직접적인 관련성을 잃어버리게 된다. 그래서 축복은 가장 근본적으로 가족의 의사소통 속에서 정착됐다는 종교 심리학적 견해가 시선을 끌고 있다.

> 엄마가 웃으며 아이의 침대로 몸을 숙일 때, 아이에게는 태양이 떠오른 것이다. 아이의 존재 근간(엄마)이 아이를 향하고 있다. 종교 언어의 영역에서 이러한 이미지는 아론의 축복(민 6장)에서 수용됐다. '여호와는 그의 얼굴을 네게 비추사, 여호와는 그 얼굴을 네게로 향하여 드사' 어린아이 때의 경험에 기초해 이러한 말씀은 성인들에게서도 직접 공감될 수 있다. 엄마의 얼굴은 아이를 향하고, 아이에게 안정감을 구체화한다.[35]

성경 교수법으로 축복은 본문의 실존적인 의미를 이해하기 위한 매력적인 해석학적 접근을 제공한다.[36] 예전적 축복들, 구체적으로 통과 의례와의 관련성에 대해 청소년들이 흥미롭게 여기는 것으로 나타나고 있다.[37]

초기에 아픈 사람들과 함께 기도하고, 아픈 사람들을 위해 기도하는 치유를 장로들의 임무라고 모두 인식하게 됐을 때, 빠르게 신령화가 이뤄지기 시작했다. 그리스도는 구원론적 의미에서 "의사"(*medicus*)로 간주됐다.

---

[35] Hans-Jürgen Fraas, Die Religionsität des Menschen. EIn Grundriß der Religionspsychologie, Göttingen 1990, 169; 또한, Kerstin Lammer, Segnen, in: Klaus Eulenberger/Lutz Friedrichs/Ulrike Wagner-Rau (Hg.), Gott ins Spiel bringen. Handbuch zum Neuen Evangelischen Pastorale, Gütersloh 2007, 229-236을 보라.

[36] 예를 들어 Beate Peters, Geh mit Gott! Auf dem Weg wie Sara und Abraham, Göttingen 2006을 보라.

[37] Christian Grethlein, Fachdidaktik Religion, Göttingen 2005, 279를 보라.

원래는 몸의 회복을 돕던 조력들이 생의 마지막에 행해지는 일회적인 예전적인 일로 굳어졌다(소위 임종의 기름 바르기). 하지만 위로와 도움을 필요로 하는 병자들의 직접적인 욕구는 계속됐다.

그사이 병원 목회 상담은 독일에서도 대부분 기도와 기름 바름으로 표현되는 병자에 대한 특별한 관심을 재발견했다. 이때 기름 바름-예배의 단계별 구조는 아래와 같다.

① 나옴, 마음을 염: 느끼기, 숨 쉬기, 침묵하기, 노래하기, 기도하기
② 하나님이 하신 선한 일에 대해 듣기: 대화
③ 하나님이 하신 선한 일 경험하기: 기름 바르기
④ 밖으로 동행[38]

이렇게 기름 바름-예배를 드리고 그때에 몸과 관련된 징표를 둘러싼 경험들을 비축한 교회에서는 세례도 더욱 세심하게 치러질 수 있다. 그리고 역으로, 세례의 몸의 징표를 세심하게 표현하는 교회들은 그것을 통해 치유-예배로 갈 수 있는 통로를 확보한다.

5. 세례 프락시스는 복음 커뮤니케이션의 관점에서 혁신 모델들에서 관찰할 수 있는 세례 담론 확장을 수용하고 있고(→ II.4), 그것을 조직적으로 좀 더 정확하게 규정하려고 한다

여기에서 가르침과 배움의 과정도 공동체 축제와 삶의 도움과 마찬가지

---

[38] Waldemar Pisarski, Gott tut gut. Salbungsgottesdienste. Grundlagen und Modelle, München 2000, 72.

로 고려돼야 한다. 이때 중요한 것은, 이것을 본질적으로, 추상적인 교육으로, 예전적으로 혹은 봉사적으로 표현하는 것이 아니라, 세례 자체의 과정으로부터 발전시키는 것이다. 이와 같은 노력들은 중요한 통찰들을 낳는다. 세례가 베풀어질 때 세례받는 태도는 원칙적으로 모든 인간적 노력을 상대화한다. 물론 인간의 노력은 선행하는 하나님의 사랑에 대한 반응으로 하나님 통치의 관점에서 중요하다. 사실 복음은 커뮤니케이션에 의존하고 있다.

하지만 커뮤니케이션은 내용적으로 나사렛 예수의 죽음과 사역의 동인과 연결돼 있으며, 이를 통해 삶을 개척하는 가능성을 얻게 된다.

이러한 인간적 행위의 상대성은 교회 현장에 도전을 준다. 즉 관례적인 조직 관련 노력들에 대해 근본적인 의구심이 생겨나는 것이다. 교회의 중요한 사역인 복음의 커뮤니케이션은 조직화될 수 없다. 복음의 커뮤니케이션은 (결과가 개방적인) 교류 안에서 발생하거나 혹은 중단된다. 그러므로 지금까지의 교회 구조와 사역 형태들을 보존하고자 하는 노력들이 오늘날 관찰되는데, 그러한 것은 신학적인 관점에서 문제가 있다. 그리고 경험적으로도 별로 전도유망하지 않다.

가르침과 배움의 의미는 명시적으로 소위 말하는 지상 명령(마 28:16-20)에 기인하는데, 이것은 개신교 세례 예배 그리고 대부분 다른 교파의 세례 예배[39]에서도 낭독되는 것이다. 그 외에 세례 대화와 세례 격언, (이와 관련된) 세례 설교는 배움의 과정들을 자극한다. 징표의 사용도 이러한 차원(-> 3)을 강화한다. 이러한 것들은 일상의 삶의 현장과 세례를 연결할 수 있게 하고, 세례 준비와 세례 후 교육을 포괄적으로 지향할 수 있다. 커뮤니케이션 이론적으로 이러한 것들은 기초성과 개방성을 통해 다양한 해석

---

[39] 또 하는 개관에 대해서는 Michael Kappes/Eberhard Spiecker (Hg.), Christliche Kirchen feiern die Taufe. Eine vergleichende Darstellung, Kevelaer 2003, 56-59를 보라.

을 위한 기초를 제공하고, 그와 함께 교육과 삶의 스타일과 입장에서 드러나는 차이를 넘어서 소통하도록 한다.

예식(Ritus) 자체는 공동체적 경축을 포함하고 있다. 이때 중요한 것은, 세례의 역사 속에서 거듭 나타나고 있는 배제를 극복하는 것이다. 미혼모와 그 자녀들에 대해 수백 년 동안 행해진 교회의 억압(-> I.6.5)은 잘못 발전된 이러한 예의 하나다. 그것은 오늘날에도 여전히 세례 프락시스를 어렵게 한다.

이와는 대조적으로 세례 예배가 다양한 사람들에게 개방돼 있으며, 특정한 환경을 긍정하는 것으로 잘못 이해돼서는 안 된다는 점에 주의해야 한다. 소위 말하는 공동체 관련성은 드물지 않게 이렇게 좁게 사용됐고, 또 사용되고 있다. 왜냐하면, 이때 수용된 공동체(생활)라는 담론은 공동체에 맞지 않게 복음의 커뮤니케이션에 참여하는 형태들을 제외하기 때문이다.

세례 마지막에 실시하는 성만찬은 이러한 포괄적인 성격을 강조할 수 있다. 물론 이때 앞서 해결돼야 할 것은 종파적으로 다른 비 개신교인을 성만찬에 참여하지 못하게 할 것인지와 그렇게 세례의 포괄적인 기본 특징을 손상할 것인지이다.

포용이라는 관점에서 보면, 오랫동안 교회법에서 금지됐으나 비로소 세례 축제를 통해 다시금 야외에서 세례 베푸는 것이 주목받은 것은 환영할 만하다. 누가복음 14:23은 세례 프락시스에서 구체화될 수 있다.[40] 구체적인 장소 선택을 위해 다음과 같은 시금석은 의미가 있다.

---

[40] 예속 혹은 배척을 위한 장소의 의미에 대해 Ellen Eidt, Inklusive Gottesdienste, in: Johannes Eurich u. a. (Hg.), Kirchen aktiv gegen Armut und Ausgrenzung, Stuttgart 2011, 408-425, 419-421을 보라.

① 공개적으로 접근할 수 있는 장소
② 기억하기에 좋은 것이 있는 장소
③ 세례의 영적 사건을 공감할 수 있는 장소(크리스티안 페히트너[Kristian Fechtner])[41]

마지막으로 삶을 위한 도움의 차원을 명료하게 해야 한다. 이것은 가난한 사람들에게도 기쁜 세례 축하가 되게 함으로써 시작된다. 세례 축제들(-> II.4.5)은 여기서 바른 방향으로 진일보한 것이다. 이 세례 축제들은 세례를 선물로 기획하고,[42] 시민들의 교회 참여를 통해 교회의 문지방을 낮추며, 다른 지역 출신들과 다른 삶의 양식을 지닌 사람들에게 여지를 열어 준다. 봉사의 관점에서는 편부모(대부분 엄마)의 아이들이 특별한 관심을 받는다. 독일에서 가난의 위협을 받는 모든 아이의 거의 절반은 편부모 밑에서 자라고 있다.[43] 더구나 통계상으로 세 명 또는 더 많은 자녀를 둔 가정의 아이들이 더 많이 가난의 위협을 받고 있다.[44]

복음 커뮤니케이션의 틀에서 세례 프락시스는 배제 없이 세례 행위가 성취되도록 노력하는 것이다. 이를 위해 무엇보다 가난한 사람들이 참여 가능하도록 해야 한다. 여기서 중요한 것은 단지 외형적인 스타일을 어떻게 할 것이냐를 묻는 것이 아니다. 오히려 복음의 커뮤니케이션의 본질적인 특별함이 손상될 위험에 처해 있느냐는 것이다. 바로 복음의 평등적이며 포용적 특징 말이다.

---

[41] Sabine Bäuerle/Doris Joachim-Storch, Tauffeste feiern. Entscheidungs- und Gestaltungshilfe, 5, einsehbar unter: www.zentrum-verkuendigung.de/material/downloads.
[42] A. a. O. 3 이하.
[43] Bundesministerium für Famillie, Senioren, Frauen und Jugend (Hg.), Famillienreport 2011. Leistung, Wirkungen, Trends, Berlin 2012, 100을 보라.
[44] A. a. O. 101을 보라.

제3장

그리스도인 됨을 이해하기 위한 토대로서 세례 예식의 징표들

    세례 프락시스에 대한 혁신 모델을 살펴볼 때(-> II.4) 돋보이는 것은 시대에 맞게, 즉 오늘날의 삶의 세계와 담론에 연결되도록 세례를 규정하려는 노력이다. 1989년의 베를린 세례 명제는 이와 관련된 중요한 자극들을 모았고, 계속해 나갈 수 있도록 자극을 주었다. 그와 함께 상세한 설명을 제공하지는 않았지만, 세례 명제들은 당연히 **성례 개념**을 사용했다. 세례를 "성례"라고 부르는 것은 오늘날까지 교회 문서에서만이 아니라 일상 언어 표현에서도 일반적이다.

    더욱 상세히 살펴보면, 역사적으로 이 개념은 모호하고 내용을 정확하게 규정하는 데 별로 적합하지 않은 것으로 보인다. 하지만 이 개념은 신학과 교리 역사가 진행되는 가운데 생겨난 통찰들과 문제들을 수용했고, 이에 대한 지식과 검토는 미래의 세례 프락시스를 위해 의미 있는 것이다. 특히 성례라는 담론은 세례를 좀 더 큰 맥락으로 분류하는 데 유용하고, 복음의 커뮤니케이션에 대한 공헌을 좀 더 명확하게 이해하도록 돕는다.

    현대 예배학에 등장하는 징표 행위로서의 세례 이해는 세례 프락시스를 구체적으로 표현하는 방식을 지원한다. 나는 징표 개념을 수용 미학적으로 설명한 후에 세례 예배의 가장 중요한 징표들의 도움을 받아 이러한 것을 예시적으로 보여주려고 한다. 징표들은 존재와 가치에 대한 의견을 정하려 할 때 해석의 여지를 열어준다. 예수 그리스도와의 관련성을 통해 징표들은 명백한 방향을 지니며, 다양한 담론에 연결할 수 있다. 그러므로 모든 사람은 스스로 징표들을 해석할 수 있으며 규정할 수 있다.

1. 사실 "성례"(Sacrament)는 성경적 개념이 아니다

"성례"는 우선 서방에서만 2-3세기에 서서히 신학 용어로 확고한 위치를 차지했다. 그런데도 중세시대 이후 지속해서 세례를 성례로 이해했다. 이어지는 부분에서 이러한 개념의 역사를 회상하거나 혹은 복원하는 것은 중요하지 않다.[1] 오히려 미래의 세례 프락시스를 위해 의미 있는 몇몇 통찰들과 문제점들을 기억해야 한다.

우선 성례의 담론을 언급할 수 있다. 이 개념에 대해서는 심지어 오늘날까지 일반적인 이해가 존재하지 않고 있는데, 교회연합운동의 의견 일치는 말할 것도 없다.[2] 하지만 현존하는 도전에 직면해 공동의 문제 제기와 통찰들은 존재한다.

그러므로 다양한 교회에서 세례와 성만찬은 예수의 죽음과 사역에 직접 연결돼 그를 모방하도록 이끄는 두 개의 의식들로서 특별한 의미가 있다. 오랫동안 축제의 형식으로 행해져 온 이 의식들이 (유아 세례)의 서구적 전통에서 서로 분리됐다(-> I.5.1). 세례와 성만찬은 상이한 방법으로 예수 그리스도를 따르는 것을 강조하며, 이것을 통해 서로를 보완한다. 세례 때에는 수세자와 예수 그리스도와의 개인적 관계와 수세자의 삶이 강조된

---

[1] 구체적이며 중요한 본문 자료에 대해서는 Gunter Wenz, Sakramente I. Kirchengeschichtlich, in: TRE Bd. 29 (1998), 663-684.
[2] 오랫동안 성례의 수에 대해 논의됐으며, 오늘날 조직신학적 관점으로는 Gunter Wenz, Sakramente II. Systematisch-theologisch, in: TRE Bd. 29 (1998), 685-695, 689-691 을 보라.

다. 그에 반해 성만찬에서 함께 먹고 마시는 축제의 형식에서는 강조점이 예수 그리스도와 연합한 자들의 공동체성에 있다. 개인성과 사회성, 이 두 가지는 그리스도인의 삶에서 포기할 수 없는 요소들이다.

그러므로, 만약—동방 정교회와 로마 가톨릭 성인 세례 프락시스와 유사하게—개신교 교회의 세례 예배에서 성만찬을 행하는 것이 고려된다면, 이는 신학적으로 환영할 만할 일이다. 그러면 성만찬 축제가 세례 회상의 한 형태가 될 수 있을 것이다. 물론 그것은 오로지 신학적 전망으로부터 오는 자극이다. 어린이 성만찬과 같은 각성을 제외하고 대부분 개신교도에 성만찬이 낯설다는 사실은 이것과는 긴장 관계를 이룬다. 그러므로 세례 프락시스에 대한 적절한 혁신은 대부분의 개신교 교인이 별로 중요하게 생각하지 않았던 성만찬의 의미에 대해 성찰하도록 요구한다.

이때 다양한 영역들을 고려해야 한다. 특히, '교회의 날'에 시도됐던 축제 성만찬(Feierabendmahl)[3]과 같은 중요한 자극들은 결국 교회 구성원 다수에게 뻗치는 길을 찾아내지는 못했다. 그 자극들은 교회 공동체에서 드려지는 "일반적인" 주일 성만찬에 거의 영향을 주지 못했다. 또한, 어린이를 성만찬에 참여시키려는 발의는[4] 단지 산발적으로만 새로운 형식을 이루었다.[5] 전체적으로 이러한 자극들은(아직) 목회 현장을 변화시키지는 못했

---

[3] 이와 관련된 자료에 대해서는 in: Georg Kugler (Hg.), Forum Abendmahl, Gütersloh 1979; Rolf Christansen/Peter Cornehl (Hg.), Alle an einem Tisch. Forum Abendmahl 2, Gütersloh 1981을 보라.

[4] 이러한 출발점에서 대해서는 Comenius-Institut (Hg.), Abendmahl mit Kindern. Entwicklung in den evangelischen Kirchen in der Bundesrepublik Deutschland und in der Deutschen Demokatischen Republik. Dokumentation 1977-1982 (Comenius-Institut Dokumentation 4), Münster 1983을 보라.

[5] 예를 들어 Eberhard Kenntner, Einführung von Abendmahlsfeiern mit Kindern in der Ev. Kirchengemeinde Rheinbuch 1982-1990, in: Thema: Gottesdienst (hg. von der Beratungsstelle- und Studienstelle für den Gottesdienst der Evangelischen Kirche in Rheinland) 12 (1998), 23-32를 보라.

다. 축제의 형식과 의의[6]는 여전히 대부분의 성만찬 축제에서 서로 큰 긴장 관계에 놓여 있다.

복음의 소통이라는 관점에서 특히 눈에 띄는 것은 봉사의 차원[7]이 약화된 것이다. 봉사는 원래 성만찬 축제의 중요한—가난한 사람들에게는 매력적인—부분이었다. 오늘날에도 가난한 사람들의 식사를 위한 봉사의 성격이 있는 발의가 있기는 하다. 예를 들어, 뷔르템베르크에 있는 베스퍼 교회들(Vesperkirchen-식사 봉사하는 교회) 또는 타펠(Tafeln-봉사 기관)들이다. 하지만 여기에서 봉사의 동기는 (대부분) 예배와 관련성 없이 남아있다.

더 나아가 로마 가톨릭교회가 제한적으로 성만찬을 허락하는 프락시스는 문제가 있다. 왜냐하면, 이것은 식사의 포용적 특징과는 엄격하게 상반되며, 축제 형식과 의의를 서로 분리하기 때문이다. 헨니히 슈뢰어(Hennig Schröer)는 다음과 같이 확언했다.

> 만일 교회 일치를 추구하는 성만찬 공동체가 세례 공동체를 따르지 않는다면, 그것은 하나의 스캔들이다.[8]

계속해서 성례 이해에서 루터가 작성했던 것처럼 소통의 기본 특징이 강조된다. 성례에는 주는 것뿐만이 아니라, 받는 사람도 속한다.

---

6 Karl-Adolf Bauer, "Da Wurden ihre Augen geöffnet, und sie erkannten ihn" (Lukas 24,31a). 성만찬에서 경축 구성과 의미 내용의 관계에 대해서는 in: Thema: Gottesdienst (hg. von der Beratung- und Studienstelle für den Gottesdienst der Evangelischen Kirche im Rheinland) 29 (2009), 3-57.

7 또한, 근본적으로는 Christian Grethlein, Gottesdienst und Diakonie. Evangelische Annäherungen an ein schwieriges Thema, in: Benedikt Kranemann/Thomas Sternberg/ Walter Zahner (Hg.), Die diakonale Dimension der Liturgie (QD 218), Freiburg 2006, 41-57을 보라.

8 Hennig Schröer, Sakramente III. Praktisch-theologisch, in: TRE Bd. 29 (1998), 696-703, 701.

이러한 새로움의 핵심들은 다음과 같은 조건에서 이해된다. 루터 문서의 원문과 함께 우선 묘사하는 (의미 있는) 신성한 상징과 묘사된 영적인 호감의 차이를 고수하고, 이러한 묘사 관계의 통일성이 사건의 통일성으로 이해되고, 수취인에게 보내는 것은 그 자체로 필수적이어서 이러한 고유성으로 말미암아 실제로는 이러한 전달이 성공적이고, 다시 말해 영적인 훌륭함의 묘사를 통해 받는 사람이 그것을 그에게 보낸 훌륭함을 실제로 받았을 때, 즉 루터에게서는 결국 소통은 믿음 안에서 발생하는 것이다.[9]

성례와 믿음의 관계에서 나타나는 이러한 특징은 교리적으로 다뤄진다. 실천신학의 관점에서는 커뮤니케이션 과정의 표현 방식이 문제다. 거기에 더해 2.1에서 서술한 관점들과 지시들이 고려돼야 한다. 실제적으로 그로부터 예전 교수법적 도전이 생겨나는데, "참여자들과 함께 하는 예전 사역"이다.[10]

그래서 세례 프락시스는 세례를 원하는 사람들과 그들과 친밀한 사람들의 참여를 위한 공간이 지금까지보다 훨씬 더 강하게 개방돼야 한다. 이러한 것은 주일 오전 예배에 세례를 "첨가"하는 것과는 상반되는 것임은 분명하다.

동시에 지금까지 일반적으로 사용해 오던 세례 수여 문구(이것은 세례를 교권화하는 가운데 생겨난 것이다.→ 1.3.1)는 심사숙고되어야 한다. 최소한 청소년들과 성인들에게는 옛날의 질문으로 돌아가는 것이 사건의 소통적 기본 특징에 더욱더 적절할 수도 있다.

---

[9] Eillert Herms, Sakrament und Wort in der reformatorischen Theologie Luthers, in: Ders./ Lubomir Zak (Hg.), Sakrament und Wort im Grund und Gegenstand des Glaubens, Tübingen 2011, 1-49, 14.
[10] 결혼예식을 위해서는 Kristian Fechtner, Kirche von Fall zu Fall. Kasualien wahrnehmen und gestalten, Gütersloh ²2011, 171.

결국, 성례를 실행하는 것은 복음 소통을 위한 육화(肉化)의 의미가 있다. 하지만 이러한 의미는 역사적으로 의사소통의 사건과 그에 상응하는 징표의 물질화를 폐지함에 따라 이상한 방향으로 발전하게 됐다. 안녕과 구원에 대한 민중의 경건 노력은 복음의 해방적인 근본 동인과는 더 이상 관련성이 없는 실천들을 생산해 냈다.

예전적 수행을 정확하게 해야 한다는 두려운 경각심이 열린 소통을 대신했다. 물과 빵 같은 성례의 요소들이 축제의 상황과 분리돼 미신적인 관례에 삽입됐다.

이와 같은 신학적 문제점에도 불구하고, 민중 경건의 조치들은 적어도 간접적으로나마 복음의 소통을 위해 감각적으로 지각할 수 있다는 것이 의미가 있다는 것을 보여주고 있다. 세 자녀를 둔 25세 미혼모의 세례 증서가 들어있는 "세례함"은(→ II.1.4) 이와 같은 태도를 보여주는 것이다.

그러므로 소위 세례 프락시스의 외형에 대해 지금까지보다 더욱 관심을 기울여야 한다. 특히 세례 때 사용되는 징표들은 참여자들이 생애사와 관련해서 이해할 수 있을 정도로 소통할 수 있어야 한다.

2. 로마 가톨릭 예배학자 클레멘스 리히터(Klemens Richter)는—교회 연합의 의도로—성례를 "상징 행위"(Symbolhandlungen)로 강조하면서 예전학적인 일치를 공식화하고 있다

그것으로 성례를 "베푸는 것"이 권리의 담론을 지향하는 것이라는 말은 극복되고, 소통의 영역을 근거로 개방된다. 중요한 것은 징표들이 소통되는 공동의 축제이다. 그 결과로 교육적 차원이 주목을 받게 된다. 리히터는 1990년대 가톨릭과 개신교 두 종파가 작업한 상징 교수법[11]을 일반적인 담론인 상징과 관련해 주목하고 있다.

처음에는 적합한 존재론적 관련성과 함께 상징과 의미 사이의 두 관련성에서 출발한다. 여기에서 (움베르토 에코[Umberto Eco]의) 기호학에 대한 새로운 해석이 계속된다.[12] 기호학은 징표사용의 삼중의 관련성을 부각하는데, 마치 기호 삼각형에서 (징표 형태로서 기표, 의미로서 기의, 계속되는 연상으로서 지시 대상) 표현된 것과 유사하다.[13] 그러므로 징표는 해석 과정, 즉 의사소통이 들어설 자리를 필요로 한다.

그러므로 징표를 매개로 해 소통의 과정에 참여하는 사람들은 근본적인 의미를 얻게 된다. 그들을 제외하고 징표는 의미가 없을뿐더러, 오히려 그들은 자신들의 의사소통 행위들 안에서만 의미를 획득하게 된다. 그리고 이러한 것은 각각의 문화적인 상황과 그 담론들을 통해 분명해진다. 그러므로 초를 조상 숭배 때 사용하는 문화에서 자란 일본 그리스도인은 저녁마다 즐겨 거실에 초를 켜두는 서독 그리스도인과는 다르게 세례 초를 인식하게 된다.

그래서 다음에 나오는 다양한 세례의 징표에 대한 구체적인 경험에 근거한 언급들은 세례에 참여하는 사람에게 다만 그들의 공통적인 발견을 위한 자극들을 줄 수 있을 것이다. 물론 이러한 자극들은 이를 위해 근본적인 공간들과 주제들, 다양한 담론들과의 연결 가능성을 강조하고 있다.

거기에 더해 의식(Ritus)에서는 소통하는 과정들이 징표와 함께 이뤄진

---

[11] Klemens Richter, Sakramente III. Praktisch-theologisch und liturgisch, in: [4]RGG Bd. 7 (2004). 769f., 770.
[12] Michael Meyer-Blanck, Vom Symbol zum Zeichen. Symboldidaktik und Semiotik, Rheinbach [2]2002을 보라.
[13] 다양한 용어들의 좋은 전망에 대해서는 Rudi Fleischer, Verständnisbedingungen religiöser Symbole am Beispiel von Taufritualen – ein semiotischer Versuch, Diss. theol. Mainz 1984, 418.

다. 즉 의식에서는 구체적인 징표사용에 선행되는 무엇인가가 있고 그 후에 각각의 해석 과정에 영향을 미치는 다른 것이 뒤따른다. 그래서 하나의 초도 축제에서 공식적으로 켤 때와 이미 처음부터 타고 있을 때와는 다르게 작용한다.

3. 이어서 나는 개신교 세례 예배의 예식 순서에서 볼 수 있는 5개의 근본적인 징표들을 살펴보고자 한다

이때 순서는 방향의 의미가 있고, 방금 언급한 것처럼 이해를 분명하게 한다.

물을 붓는 행동 전에 수세자의 이름(name)이 호명된다. 이와 함께 세례에서 개인으로서 인간은 인상적으로—하나님과 사람들 앞에서—강조된다. 인간이 번호와 바코드로 관리되는 시대에서 이러한 것은 문화 비판적인 울림을 준다. 부모들은 다양한 이유에서 자녀의 이름(영어로는 기독교적 이름)을 선택한다. 종종 듣기에 좋아서, 친분이 있는 사람들 때문에, 특정한 시사성이 중요한 이유가 된다. 이때 가끔은 기독교 역사에서 의미 있는 이름들이 주어질 때가 있다.[14] 그러면 그 이름을 통해 세례 설교를 할 수 있는 좋은 가능성이 생겨난다.

'레네'와 '파트릭'은 예식장에서 일하는 가족의 두 자녀인데, 이 남매가 세례받을 때, 두 이름에 대한 해석은 넓은 지평을 열어주었다. '레네'라는 이름은 라틴어로 '레나투스'(*renatus*, 거듭난 자)이고 이 이름이 이미 세례를 가리키고 있다는 것을 설명했을 때, 아이들과 부모는 주의 깊게 경청했다.

---

[14] 동방교회에서는 성인 이름의 수여하는 것이 오랜 전통이다.

그리고 성인 파트릭의 삶의 몇 가지 에피소드에 관한 이야기는 같은 이름을 가진 초등학생에게 깊은 감동을 주었다.[15]

이름과 세례라는 담론의 이와 같은 결합은 세속적인 것들이 (위의 경우에는 원래 기독교적인 의미를 함축하고 있는 이름들인데) 어떻게 복음으로 소통돼질 수 있는지에 대한 하나의 예다. 이때 이름은 각 사람의 가장 깊은 곳과 관계한다. 왜냐하면, 너무나 다양한 기억들이 그의 이름이 불리는 것과 연결되기 때문이다. 이름을 부르는 것에는 확실히 양면성이 있다. 이름은 칭찬할 때 뿐만 아니라, 혼날 때도 불리니 말이다. 이러한 양면성은 이미 잘 알려진 죽음과 생명 사이에 존재하는 세례의 긴장감을 강조한다. 그러므로 이름을 다정하게 부르는 것이 중요하다.

물은 세례를 베푸는 데 근본적인 것이다. 처음에는—동방 정교회에서는 오늘날까지도—강력하게 사용됐던 물이 독일의 개신교 세례에서는 이따금 방울방울 떨어질 뿐이다. 물과 연결된 정결이라는 특성은 그와 함께 식별할 수 없을 정도로 후퇴하게 된다. 교회 일치를 추구하는 입장에서 분명한 것은 최소한 물 붓는 것이 세례에 속한다는 것이다. 각 지역에 따라 물에 다양한 의미가 부여된다. 즉 바닷가에서는 건조한 지역이나 그 외의 지역과는 다르게 위험과 선물이라는 의미가 공존한다. 바울에 의해 부각된 죽음과 부활의 관련성은 그렇게 해서 직접 현재적인 것이 될 수 있다. 모든 인간이 공통으로 알고 있는 것은 인간은 직접 물에 의존할 수밖에 없다는 것이다. 다시 말해, 마시고, 씻고, 신선함을 위해서다.

다음에 나오는 예(例)는 교회를 방문한 취학 준비반 아이들의 경험에서 나온 것이다. 세례 반에 담겨 있는 물을 감지했을 때 어떻게 생산적인 해

---

[15] Christian Grethlein, Grundinformation Kasualien. Kommunikation des Evangeliums an Übergängen im Leben, Göttingen 2007, 143.

석 과정이 작동할 수 있는지에 대한 예를 보여준다. 한 유치원 선생님은 다음과 같이 보고했다.

> 우리가 교회라는 공간을 경험하기 위해 처음 교회에 갔을 때 아이들은 세례 반을 보고 감탄했다. 한 아이는 특히 세례 반이 금으로 도금된 것에 매혹됐는데, 세례 반은 물 때문에 투명하게 빛나고 있었다. 그때 한 아이가 말했다. '아기는 분명 금으로부터 무언가를 받는 걸 거야.' 이 시기는 (…) 우리도 성탄절 놀이를 준비하던 중이었고, 그 놀이에서 아기 예수는 금빛 찬란한 모습으로 그림에 등장했다. 그렇게 아기 예수의 모습에 관해 이야기하게 됐다. 세례를 받을 때 아이는 이름만 얻게 되는 것이 아니라, 그때부터 또한 '그리스도인'이라고 불리게 된다. 세례 행위는 이에 대한 하나의 상징이다. 모든 아이, 모든 그리스도인은 광채로부터 무엇인가를 받는다. 수세자에게 그것은 하나님의 사랑에 대한 기쁜 소식이고 동시에 이러한 광채를 그의 삶에서 잃어버리지 말라는 당부이기도 하다. 다섯 살 된 아이들은 도대체 어떻게 그 광채가 자기들과 함께 있는 것인지와 자신들도 그 광채를 받았는지 되물었다. 우리는 그저 그것에 동의할 수밖에 없었다. 그래서 우리는 다음에 있을 세례식을 위해서 장식을 준비하기로 약속했다. 이 수세자를 위한 그리스도인의 작은 세례 공동체로서 모든 아이가 금박 종이로 황금별 띠를 만들었다. 자신들도 이미 그리스도의 광채를 받은 아이들이라는 것을 알리기 위해서 말이다.[16]

아이들 스스로가 세례로 가는 통로를 개척한 이러한 발견을 위해 전제된 것은 물이 세례 반에 담겨 있었다는 것이다. 역사신학의 관점에서 다섯 살 난 아이들은 토마스 아퀴나스(Thomas von Aquin)가 수백 년 전에 따랐던

---

[16] A. a. O. 142 이하에서 인용.

발자취를 발견한 것이다. 토마스 아퀴나스는 물의 고유성으로부터 세례의 의미를 이해했던 사람이다. 그때 이 박식한 사람(토마스 아퀴나스)은 무엇보다도 물의 투명함에 근거해 빛에 대한 물의 감수성을 발견했고, 이 감수성을 그는 수세자들의 깨달음에 근거해 해석했다.[17]

그러므로 세례 프락시스는 교회 건물의 조형과 관리와도 관련이 있고, 물을 조심스럽게 다루는 것과도 관련이 있다. 세례 반에 있는 물은 잠재적인 세례 회상이고, 어쩌면 심지어 세례로 초대하기도 한다.

물을 붓는 행위 후에 수세자를 축복하는 안수가 이어진다. 이러한 것은 예전적인 축제를 넘어서 대부나 부모의 의미 있는 참여를 가능하게 한다. 왜냐하면, 축복은 개신교의 이해에 따르면 목사들(=사제들)의 전유물이 아니기 때문이다. 오히려 세례 예배에서 공동의 축복 안수는 그에 상응하는 가족 프락시스를 수용할 수 있고 어쩌면 발의할 수도 있다(→2.4).

어린아이를 침대에 뉠 때 어른들은 아이의 머리를 쓰다듬으면서 잘 자라고 말한다. 세례에서 선포되는 축복, "하나님께서 네게 복을 주시며 너를 지키시기를 원하며"라는 이러한 매일 밤의 장면에서 밀접하게 세례를 회상하게 만든다. 또한, 세례 회상은—이생에서와 죽음을 넘어—자녀의 보호를 부모 스스로가 보장할 수 없다는 부담감을 덜도록 도와준다.

대부분 물 붓는 행위와 안수가 끝나고 세례 초에 불을 붙이고 초를 증정하는 순서가 이어진다. 세례 초는 세례 준비와 세례, 세례 회상을 서로 연결할 수 있는 좋은 가능성을 제공한다. 세례 초를 준비하는 것은 공개석상에 등장하거나 말하는 데 익숙하지 않은 부모나 대부들에게 세례에 참여하는 매력적인 형태다. 초의 장식에 대해 목사와 의견을 교환하는 것은 추상적인 신학 언명(*Theologumena*)을 넘어 구체적으로 세례에 대해 심사숙고

---

[17] 이와 관련된 증거에 대해서는 Rudolf Roosen, lebendig. Taufsymbole neu verstehen, Hannover 1990, 32을 보라.

할 수 있는 공간을 열어준다.

세례 후에 세례 초는 특별한 행사를 위해 점화될 수 있고 계속되는 통과의례의 경유지에 있는 사람들을 안내할 수 있다(-> II.4.3). 이때에도 초는 양면성을 지닌다. 초는 빛과 따뜻함을 선사하면서 동시에 소모돼 간다.

마지막으로 십자가의 징표가 세례에 속한다. 십자가는 다른 징표들을 집약하며, 십자가에 달리신 예수에 집중하도록 한다. 수세자는 세례에서 강력한 영웅도 권력자도 아니었던 나사렛 출신의 한 남자의 모범을 따른다. 나의 경험에 따르면, 십자가는 특별히 지원해야 하거나 혹은—나이든 사람들이면—자신들의 생애사에 있었던 실패를 뒤돌아보는 사람들의 세례에서 중요한 역할을 할 수 있다.

왜냐하면, 예수 부활에 대한 소망은 지금의 무거운 짐이 하나님의 영광으로 들려 올려질 것이라는 약속과 연결되기 때문이다. 이를 위해서 세례를 준비할 때 특별히 중요한 것은 정확히 듣는 것이며, 해석을 위한 도움으로 십자가를 신중하게 제시하는 것이다. 십자가는 위협이나 혹은 진정시키기로 잘못 사용돼서는 안 된다.

4. 오랫동안 세례에 사용됐던 성례 개념은 복음의 커뮤니케이션을 지향하는 세례 프락시스를 위한 중요한 통찰들을 제공한다

이 성례 개념은 성만찬과 세례의 관련성을 가리키고, 믿음을 강조함으로써 믿음의 소통의 성격과 더불어 참여자들의 의미를 강조한다.

그로부터 좁은 영역의 세례 프락시스를 뛰어넘는 도전들이 생겨난다. 무엇보다 성만찬이 다수의 개신교인에게 그다지 매력적이지 않다는 것이 시급하게 해결해야 할 문제이다. 복음의 커뮤니케이션이라는 이론의 틀 속에서 세례를 하나님으로부터의 소통이라는 다른 형태에 귀속시키는 것은 새로운 관련성을 보게 하는 눈을 열어준다.

그러므로 축복과 치유는 세례 프락시스의 맥락에서는 기초적인 실행들이다. 하나님의 사랑과 축복과 치유에서 행해지고 기대되는 경험들은 세례 사건에서 예수 그리스도를 모방함으로써 집중적으로 수용된다. 동시에 세심한 세례 프락시스는 축복과 치유가 세례 회상과 그리스도인의 삶의 중요한 형태임을 암시한다.

끝으로 세례의 징표들을 통해 세례를 경축할 때 현대인들에게도 그 의미가 열리며, 독립적이고 생애와 관련된 학습이 가능하게 된다.

전통적이며 신학적인 해석들은 이와 같은 이해 과정들을 풍부하게 할 수 있다. 그러나 그것들을 구어적으로 반복한다고 해서 현장에 있는 참여자들의 소통을 대체하는 것은 아니다.

제4장

전망: 교회에 올바른 방향을 제시하는 세례 프락시스

요약하면서 나는 다시 한번 대부분 사람에게 교회와 교회 회원 자격에 관한 입장에 근본적인 변화가 있다는 것을 생각하게 된다.

당연하게 여기는가 하면, 하나의 옵션이라는 입장. 그로부터 교회 사역을 위해 어떠한 결과들이 생겨났는가?

내가 제안하고 싶은 것은 신학적으로는 근본적이고, 경험적으로는 매력적인 세례 프락시스를 출발점으로 삼을 것과 그와 연관된 기능으로 교회를 규정하라는 것이다.

1. 오래전부터 교회에 대한 대부분 사람의 입장에 근본적인 전환이 일어났다

오랫동안 국가에 의해 강요됐고, 그래서 사회적으로 지배적이었던 교회 회원에 대한 당연함이 하나의 옵션이 됐다(→ 1.7과 II). 이러한 변화가 로마 가톨릭교회에서도 점차 두드러지고 있고,[1] 지속될 가능성이 크다.

---

[1] Martin Engelbrecht, Pforten im Niemandsland? Die Kasualien als brüchiges Band an die Kirchen im Lichte älterer und neuerer Ritualtheorien, in: Johannes Först/Joachim Kügler (Hg.), Die unbekannte Mehrheit: Mit Taufe, Trauung und Formung durchs Leben. Eine

이때—길게 실행된 입장의 변화에서 대부분 그러한 것처럼—비동시적인 것의 동시성이 일어난다. 한편으로는 세례의 법률적인 확정이 작용한다. 구체적으로 말하자면, 독일 국가교회에서 확정된 교회 회원 자격과 세례의 동일화다. 특히 교회 조직의 재정 지원은 현실적인 부분에서 그에 기인하고 있다. 하지만 신학적인 담론이 법률적인 담론과 연결됨으로써 실제적인 문제가 생겨난다. 이러한 것을 예시적으로 보여주는 것이 교회와 구제 사업에서 일하는 사람들에게 교회 회원 자격과 세례를 요구하는 것이다.

교회 회원이 줄어들면서 포괄적인 세례의 강제적 특징이 나타나고 있는데, 이것은 복음의 해방적인 근본 동인에 대립하는 것이다. 세례는 받았지만, 교회를 탈퇴한 사람들과 통과 의례 영역에서 만나게 되는 목회적 관계의 어려움도 이러한 긴장 영역에 속한다.

다른 한편으로는 **믿음에 대한 담론**이 변하고 있다. 설문 조사에 따르면, 많은 사람이 교회 회원을 신앙과 동일시하고 비회원을 불신앙과 동일시하는 이제까지의 교회 내부적인 논리를 더 이상 나누지 않는다. 그들은 자신들의 신앙과 조직화된 교회를 구분한다. 동시에 세례에 대한 그들의 관심은 부분적이지만 크다. 심지어 서독의 무종교인의 다수는 자신의 자녀들이 세례받기를 열망한다고 진술한다(-> II.1.3).

많은 사람이 그들 자녀의 세례에 관한 관심을 구체적으로 표현한다. 그들이 바라는 것은 그 가운데에서도 무엇보다 "삶의 위협과 불가항력에 직면한 일생 가운데 있는 '보호와 축복'이다."[2]

---

empirische Untersuchung zur "Kasualfrömmingkeit" von KatholikInnen - Bericht und interdiszipiinäre Auswertung (Werkstatt Theologie. Praxisorientierte Studien und Diskurse 6), Berlin [2]2010, 89-123, 120을 보라.

2 로마 가톨릭의 관점에서 본 통과 의례에 대해는 Rainer Bucher, Die Entdeckung der Kasualienfrommen, Einige Konsequenzen für Pastoral und Pastoraltheologie, in: Johannes Först/Joachim Kügler (Hg.), Die unbekannte Mehrheit: Mit Taufe, Trauung und Formung

2. 이러한 상황에서는 단지 두 개의 결과만이 있는 것 같다

많은 사람의 태도와 입장을 결핍된 것으로 규정하고, 존속하고 있는 교회의 규범에 적응하려고 노력하는 것이다. 경험적으로 이러한 방법은 목표로 이끌지 못한다는 것을 많은 것들이 말해준다. 예를 들어, 많은 곳에서 교회(생활)라는 담론 때문에 규정된 노력이 실패했다는 것은 명백하다.

심지어 두 개의 큰 종파인 개신교와 가톨릭에서조차 그렇다.[3] 반대로 교회 규범들을 사람들의 태도에 맞출 수 있다. 이 사람들은 돌보는 (그리고 나서는 돈을 내기도 하는) 고객으로 간주하고 있다. 그것은 어쩌면 경영학적 담론에서는 의미 있을지 모르나, 신학적으로는 문제가 있다. 이렇게 되면 복음이 확연히 축소되기 때문이다.

이에 반해 내가 지지하는 것은 복음의 소통적 특징을 출발점으로 삼는 것이다. 우선 요한에게 세례를 받으신 예수님을 따르는 삶이 가능하다는 것을 이해하고 이 점에서 사람들을 굳세게 하는 세례 프락시스다. 이와 함께 교회의 담론은 세례의 담론에 귀속되거나 종속된다.

이처럼 접근할 때, 세례는 특정한 세례 할당을 채우거나 국가와 유사한 기관의 존립을 보장하기 위해 존재하는 것이 아니다. 세례 프락시스가 목표로 하는 것은 사람들이 예수 그리스도를 따르는 삶을 가능하도록 하는 것이다. 교회의 임무는 생애사적으로 아주 다양한 길에 서 있는 사람들을 그 점에서 지지하는 것이다. 교회는 보조 시스템이지, 통치 시스템이 아니다. 다원주의라는 조건에서 규범화와 규격화의 경향을 지닌 관청이라는 조직 유형은 이를 위해서는 오히려 방해되는 것으로 입증되고 있다.

---

durchs Leben. Eine empirische Untersuchung zur "Kasualfrömmingkeit" von KatholikInnen - Bericht und interdiszipiinäre Auswertung (Werkstatt Theologie. Praxisorientierte Studien und Diskurse 6), Berlin ²2010, 125-159, 136이다.

[3] 지금 가톨릭에서 더욱 분명하게 나타난 것으로는 a.a.O, 131을 보라.

따라서 교회 행동 논리의 전환이 중요하다. 그것은 본래 내용으로 규정할 수 있어야지 조직적으로 규정할 수 있는 것이 아니다. 필수적으로 변화해야 할 부분은, 세례 프락시스 개념과 내용적 규정이 복음의 소통이라는 구상을 통해 진귀한 의식을 실행하는 협소한 진행이 되지 않도록 막는 것이다. 의식의 집행은 각자에게 의미 있는 것이어야 한다.

여기에서 소개된 세례 프락시스에 대한 집중은 신약성경에서 세례와 함께 결합한 약속들을 수용한다. 그러나 실제적인 근거 없이 이러한 신학적인 근거만으로는 충분하지 않다. 어쩌면 기독교 역사가 보여주는 것처럼, 교회 사역이 실행됐을 다른 가능성이 존재했을 수도 있다.

세례 프락시스에 대해 보여준 집중은 오늘날 경험의 측면에서 가까이 있다. 왜냐하면, 이러한 의식은 입증된 바와 같이 심지어 교회 회원이 아닐지라도 독일인의 다수에게 매력적이기 때문이다.

더구나 세례는 신체적인 실행으로서 인식론적 영역을 뛰어넘는 특별한 소통을 가능하게 한다. 이로써 세례는 예수를 통해 시작된 복음 소통의 평등하고 포괄적인 성격에 부합된다. 왜냐하면, 복음은 커뮤니케이션의 작용에서 교육을 받은 중산층의 추종자들과 같은 특정한 그룹들에 한정된 것이 아니기 때문이다.

구체적으로 위에서 언급한 세례의 징표들은 한편으로 개인적이고, 동시에 공동의 의식(Ritus)과 관련된 커뮤니케이션을 허락한다. 다른 한편으로 세례의 징표들은 세례 준비와 회상을 위해 교수법적인 가능성을 제공하는데, 세례 징표들은 일상생활 가운데서 현재적이고 최신 담론과 접촉할 수 있기 때문이다.

생애사와 관련된 해석에 대한 이러한 구상은 로마서 6장과 루터의 세례 신학 및 『리마 문서』에서 나타나고 있는 핵심적인 통찰인 생물학적인 죽음을 넘어 전 생애를 아우르는 세례의 과정적인 특징과 일치한다.

3. 하지만 이러한 접근은 세례 프락시스가 알맞게 설계될 때만 실천이 될 수 있다

이때 복음의 커뮤니케이션이라는 구상이 유념해야 할 것은 세 개의 커뮤니케이션 방법에 주의를 기울이는 것이다. 그것은 바로 가르침과 배움, 공동체적 축제와 삶의 도움이다. 그러므로 세례 프락시스를 예전적이고 (종교)교육학적이고 사회봉사적 관점에서 성찰하는 것은 가치가 있다.

예전적인 측면에서 봤을 때 많은 개신교 교회에서 세례를 주일 예배에 끼워 넣는 식의 관행은 축제의 근본 필요 조건들에 반하는 것이다. 축제는 참여자들이 감정적으로 동조하며 만날 수 있는 시간과 자유로운 공간이 필요하다. 서구에서 수백 년 동안 성만찬이 세례로부터 분리돼 온 것은 이러한 관점에서 극복돼야 한다. 다양한 종파들의 성만찬 때 행해지고 있는 배제 관행도 에큐메니컬한 관점에서는 당연히 비판을 받을 만하다. 그와는 반대로 최근 행해진 세례 축제에서 나는 미래지향적인 자극을 목격했다.

그것은 특별히 세례의 사회 봉사(diakonisch) 차원과 관련해서도 중요하다. 미혼모들이 자녀들이 세례를 받는 것에 대해 유보적인 자세를 취하는 것은 수백 년 동안의 억압과 만연했던 가난 때문이라고 설명할 수 있는데, 이는 예시적으로 사회 봉사 커뮤니케이션 방식의 현실을 지적하고 있다. 아픈 아이들이 세례받은 예들은(-> II.1.4) 세례의 소통적이며 정치적인 잠재력에 대해 어느 정도 긍정적인 예감을 준다.

다운 증후군으로 예견된 태아들의 다수가 낙태되고 있는 사회에서 이러한 사람들의 세례는 위로가 될 뿐 아니라 사회 비판적이다. 그것으로 교회가 예전 행위의 영역을 넘어서는 책임을 맡고 있다는 것이 조직적으로는 사회 봉사적 지원 방안에서와 많은 그리스도인의 적절한 참여에서 뚜렷이 표현되고 있다.

마지막으로 기억해야 할 것은 가르침과 배움의 과정의 중요성은 세례 프락시스를 위해 중요한 교육학적인 담론과 관련돼 있다는 것이다. 오늘날 다양한 종교 교육의 노력이 존재하는 것이 사실이다. 하지만 늦게 잡더라도 계몽주의 이후로 협소한 수업 방식이 실행되고 있음이 확인된다. 이러한 수업이 종종 일상의 삶과 분리되는 것은 거의 필연적인 것이었다. 대체로 지루한 학교 종교가 생겨났다.

우선 학교 영역에서 서서히 이러한 발전에 대해 비판적으로 논의됐으며, 수업 방식을 뛰어넘는 종교 교육적 접근법이 중요하게 대두됐다. 이와 관련된 종교 교육적 슬로건은 다음과 같다. 그것은 사회 봉사적 배움,[4] 교회 공간 교육,[5] 학교 생활[6] 또는 학교 문화,[7] 학교에서의 영적 돌봄이다.[8] 교회 교육적으로 어린이 예배[9]와 입교 교육 사역[10]의 새로운 조직 모델은 일반적으로 관철되지는 않았을지라도 이와 유사한 방향을 가리킨다.

수업 시간이나 혹은 수업 이외의 시간에, 학교에서, 교회 또는 가정에서 이뤄지는 이러한 노력의 경우에 다양성이 큰 강점이다. 왜냐하면, 이러한 다양성은 다양한 출신 성분의 사람들의 생애와 관련된 배움의 과정을 위한 공간을 열어주기 때문이다. 그러나 이와 함께 모종의 불명료성과 심지

---

4 예를 들어, Christoph Gramzow, Diakonie in der Schule. Theoretische Einordnung und praktische Konsequenzen auf der Grundlage einer Evaluationsstudie (APrTh 42), Leipzig 2010을 보라.
5 예를 들어, Thomas Klie (Hg.), Der Religion Raum geben. Kirchenpädagogik und religiöses Lernen (Grundlegungen 3), Münster 1998을 보라.
6 예컨대, Bernd Schröder (Hg.), Religion im Schulleben, Christliche Präsenz nicht allein im Religionsunterricht, Neukirchen 2006을 보라.
7 예를 들어, Martina Kumlehn/Thomas Klie (Hg.), Protestantische Schulkulturen. Profilbildung an evangelische Schulen, Stutttgart 2011을 보라.
8 Michael Wermke/Ralf Koerrenz (Hg.), Schulseelsorge ein Hanbuch, Göttingen 2008
9 예를 들어, Eun-Ju Kim, Kindergottesdienst in der Kirse, Norderstedt 2001을 보라.
10 예를 들어, Marcell Saß, Frei-Zeiten mit Konfirmandinnen und Konfirmanden, Praktisch-theologische Perspektiven (APrTh 27), Leipzig 2005을 보라.

어 임의성의 문제를 준다. 세례에 대한 주제 설정은—초대하며 회상하는 의미에서—여기에서 계속된다. 하나님으로부터의 커뮤니케이션이라는 틀에서 그러한 구상은 축복과 치유와 더불어 세례와 밀접하게 연결된 두 개의 소통 형식에 주의를 기울이게 한다.

체계적인 요약과 방금 서술한 세 개의 소통 방식의 실현은 처음 초보적으로 작성된 "세례 윤리"의 과제를 표현한 것일 수도 있다.[11] 그것은 에큐메니컬하게 오순절교회와 침례교회로부터 중요한 자극들을 수용한 것이다. 세례 윤리가 현실성을 얻을 수 있는 것은 선택 사회에서 모든 사람이 근본적인 윤리적 질문 앞에 직면하는 것을 통해서다.

이때 세례를 통해 주어진 방향은 법적으로 협소해지지 않도록 설정될 수 있다. 오히려 세례에서 실행되는 개인의 모방은 자신의 삶을 위해 예수의 자극을 풍부하게 만드는 구체적인 길을 열어준다.

4. 내 연구의 의사소통 이론의 기본 입문에 따라 세 개의 복음 커뮤니케이션 방식들에서 기대할 수 있는 것은 교회 사역을 세례 프락시스 위주로 강력하게 전환해 이러한 것을 뛰어넘는 결과를 얻는 것이다

종교 사회학적 연구들은 독일교회의 모습이 변하게 되리라 추정한다. 지금까지 본래 조직적으로 설정된 교회 관청들의 개혁 노력은 현재 상태(*Status quo*)를 가능한 한 (길게) 유지하는 것을 목표로 삼고 있다. 이에 따라 법적인 규정들을 지킨 조직적인 구조와 사람들의 실제적인 입장 사이에서

---

[11] 예를 들어, Christian Scharen, Baptismal Practices and the Formation of Christans. A Critical Liturgical Ethics, in: Worship 76 (2002), 43-66을 보라.

생겨난 점진적인 간격을 축소하는 데 계속 전념하게 될 것이다. 교회 조직과 기독교를 동일화할 때 염세적인 전망은 불가피하며, 교회 관련 종사자들의 사기 저하와 맞물리게 된다. 내가 추측하기로는, 이때 경험적으로 드러난 변화의 변혁적 특징은 포착되지 않을 것이다.

이와는 반대로 세례 프락시스의 방향을 설정할 때 중심에 두어야 할 것은 예견된 감소와 해체가 아니라, 내용을 규정해야 하는 과제이다. 오랫동안 이어온 국가 혹은 시민 계급과의 동맹은 종말을 향해 가고 있다. 세례 역사를 살펴본 바에 따르면, 이러한 동맹이 우리의 문화 공간에서는 교회가 수없이 확장하는데 기여했다는 것을 보여준다. 그러나 그와 함께 나타난 복음의 중요한 내용적 결핍은 아마도 신자들의 떠남을 수월하게 하는 것 같다.

복음 커뮤니케이션의 평등적이고 포괄적인 특징에 대한 통찰은 미래 세례 프락시스를 위한 구상적인 틀과 그와 함께 교회의 형성 방식을 제공한다. 물려받은 법적이고 조직적인 규정들은 행정적이고 국가적인 모델에 맞추어져 있는 것들인데, 신학적이고 실용적인 관점에서 도움이 되지 않는 것으로 드러나고 있다. 이러한 규정들은 실제적인 커뮤니케이션에 집중하기 위한 새로운 개방에서 멀어져야 한다.

기본적인 참고 도서: Christian Grethlein, Praktische Theologie, Berlin 2012, v.a. 143-192; 550-568; Eberhard Hausschildt/Uta Pohl-Patalong, Kirche (Lehrbuch Praktische Theologie 4), Gütersloh 2013.

CLC 예배학 시리즈

1. **예배학 개론**
   크리스티안 그레트라인 지음 | 김상구 옮김 | 신국판 | 440면
2. **개혁주의 예배학**
   필립 G. 라이큰 외 2인 편집 | 김병하, 김상구 옮김 | 신국판 양장 | P&R | 704면
3. **예배학**
   로버트 E. 웨버 지음 | 이승진 옮김 | 신국판 | 256면
4. **미국 청교도 예배**
   홀톤 데이비스 지음 | 김상구 옮김 | 신국판 | 392면
5. **교회력에 따른 예배와 설교**
   로버트 E. 웨버 지음 | 이승진 옮김 | 신국판 | 272면
6. **예배의 역사와 전통**
   고든 웨익필드 지음 | 김순환 옮김 | 신국판 | 288면
7. **개신교 예배**
   제임스 F. 화이트 지음 | 김석한 옮김 | 신국판 | 384면
8. **개혁주의 예배**(개혁주의 시리즈 20)
   제임스 드 종 지음 | 황규일 옮김 | 국판 | 200면
9. **예배 공학**
   김양중 지음 | 신국판 | 320면
10. **웨스트민스터 총회의 실천: 성경해석과 예배모범**(웨스트민스터 총회 시리즈 3)
    리처드 A. 멀러, 로우랜드 S. 워드 지음 | 곽계일 옮김 | 신국판 양장 | P&R | 312면
11. **예배 건축가**
    콘스탄스 M. 체리 지음 | 양명호 옮김 | 신국판 | 520면

12. 예배와 설교
    마이클 J. 퀵 지음 | 김상구, 배영민 옮김 | 576면
13. 예배와 목회 돌봄
    닐 펨브로크 지음 | 장보철 옮김 | 신국판 | 336면
14. 초대교회 예배사
    김정 지음 | 크라운판 변형 | 256면
15. 개신교 예배서에서 본 한국교회와 예배서
    김상구 지음 | 신국판 | 272면
16. 기독교 예배학 개론
    제임스 F. 화이트 지음 | 김상구, 배영민 옮김 | 신국판 양장 | 480면
17. 예배와 영성
    최창국 지음 | 신국판 | 384면
18. 교회 예식 건축가
    콘스탄스 M. 체리 지음 | 안명숙 옮김 | 568면
19. 예배와 성찬식의 역사
    에드워드 폴리 지음 | 최승근 옮김 | 크라운판 양장 | 496면
20. 복음주의 예배학
    존 제퍼슨 데이비스 지음 | 김대혁 옮김 | 신국판 | 336면
21. 깊은 예배: 활기차면서도 경건한 예배 만들기
    토마스 G. 롱 지음 | 임대웅 옮김 | 신국판 | 200면
22. 예배, 종교개혁가들에게 배우다
    문화랑 지음 | 신국판 | 200면
23. 예배다운 예배
    박성환 지음 | 신국판 | 264면
24. 예배, 사회과학을 만나다
    네이선 D. 미첼 지음 | 안선희 옮김 | 국판 | 200면
25. 21세기 예배와 사역
    토드 E. 존슨 편집 | 최승근 옮김 | 신국판 | 568면
26. 빅 아이디어 예배
    데이비드 커리 지음 | 김대혁 옮김 | 신국판 | 256면

27. 디지털 시대의 예배
　　테레사 베르거 지음 | 안선희 옮김 | 신국판 | 220면
28. 성경에 따라 개혁된 예배
　　휴즈 올리판트 올드 지음 | 김상구, 배영민 옮김 | 신국판 | 372면
29. 간추린 예배의 역사
　　윌리엄 H. 윌리몬 지음 | 임대웅 옮김 | 국판변형 | 228면
30. 찬양신학: 침묵에서 노래하다
　　피터 J. 레이하르트 지음 | 안정진 옮김 | 국판변형 | 220면
31. 세례 프락시스: 과거, 현재, 미래
　　크리스티안 그레트라인 지음 | 김상구, 김은주 옮김 | 신국판 | 292면

도서 안내

교회의 아이들
크리스티안 그레트라인 지음 | 김상구, 김은주 옮김 | 신국판 | 304면

어린이 예배의 성경적·신학적·역사적·교육적·예전적인 이해를 토대로 어린이 예배의 활성화를 위한 대안들을 제시하고 있다. 따라서 교회학교 교역자, 교사, 어린이 예배 사역뿐만 아니라 청소년 사역에 관심 있는 자들에게 좋은 지침서다.

간추린 예배의 역사
윌리엄 H. 윌리몬 지음 | 임대웅 옮김 | 국판변형 | 224면

이 책은 2천 년의 예배 역사를 통해 우리가 드리는 예배의 뿌리를 소개하고 있다. 유대교의 성막과 성전, 회당, 식탁의 의미로부터 여러 전승을 통한 성찬과 세례의 다양한 해석, 중세시대를 통한 복잡한 예배 의식 그리고 종교개혁을 통한 예배의 단순화 과정을 간결하게 역사적 증거를 통해 기술하고 있다.